Eva Joanna Waellnitz

Vom Model zur wahren Schönhe

vianova
Verlag Via Nova

Eva Joanna Waellnitz

Vom Model zur wahren Schönheit

Wie Selbstliebe alles verändern kann

vianova
Verlag Via Nova

1. Auflage 2016

Verlag Via Nova, Alte Landstr. 12, 36100 Petersberg

Telefon: (06 61) 6 29 73

Fax: (06 61) 96 79 560

E-Mail: info@verlag-vianova.de

Internet: www.verlag-vianova.de

Umschlaggestaltung: Guter Punkt, München

Satz: Sebastian Carl, Amerang

Druck und Verarbeitung: Appel & Klinger, 96277 Schneckenlohe

ISBN 978-3-86616-363-8

Inhalt

Vorwort von Andreas Winter

„Wir sind nicht dazu verdammt, uns ein Leben lang durch die Brille unserer Kindheit zu sehen." Dieser ermutigende Satz von Eva Joanna Waellnitz macht es verkraftbar, ihr Buch zu lesen. Denn zu bewegend, zu tief berührend – und das Schlimmste, in der heutigen Welt noch zu normal ist ihre traurige Lebensgeschichte. Sie handelt von Missverständnissen, Überforderungen und der verzweifelten Suche nach Liebe. Eva Joanna beschreibt authentisch und analytisch, wie ihre Suche nach Anerkennung zur Sucht wurde. Diese Sucht, im Fachjargon „Narzisstische Persönlichkeitsstörung" genannt, betrifft Millionen von Menschen, meist Frauen, nicht selten Models, äußerlich attraktiv und innerlich zerrissen. Massive Frustrationen und unentdeckte seelische Misshandlungen im Kindesalter gehören zu den Ursachen.

Doch die Autorin will nicht anklagen, sie will Lösungen zeigen.

Lösungen, die an die Ursache der Störung gehen, nicht an die Symptome.

Ich habe Eva Joanna vor Jahren in einer meiner Ausbildungen zum psychologischen Gesundheitsberater kennengelernt. Ihr klarer, analytischer Verstand, ihre Fähigkeit, durch empathisches Verstehen zum Verzeihen zu gelangen, hat mich damals sehr berührt. Eine Frau, die durch so viele tiefe Täler gehen musste und dennoch so herzlich, so freundlich und so lösungsorientiert ist, macht genau die Mischung aus, mit der sie in der Lage ist, vielen anderen Frauen herauszuhelfen aus der ewigen Schleife von Groll und Hoffnung, Wut, Angst und Unterwürfigkeit.

Das Ergebnis kann sich sehen lassen. Auf die innere Schönheit folgt die äußere! Ich kenne den Effekt aus meiner eigenen Praxis, dass man einem Menschen sofort und mit jedem Tag deutlicher ansieht, wenn er sich von den Altlasten der

Kindheit befreit hat. Die Augen werden runder und offener, Fältchen ziehen sich glatt, sogar die Haare liegen wieder schwungvoller. Die gesamte Erscheinung folgt den mächtigen Gedankenimpulsen des Unterbewusstseins.

Eva Joanna zeigt mit ihrer ganzen Erscheinung, dass es sich lohnt, den eigenen dunklen Keller aufzuräumen. Ihr Buch ist dabei sicherlich eine wahre Hilfe. Ich wünsche mir, dass es nicht nur die betroffenen Frauen lesen, sondern auch die Mütter und Väter solcher Töchter, um zu verstehen, wie wichtig wir Eltern unseren Kindern sind – leider viel wichtiger, als uns bewusst ist. Wenn wir unsere Kinder nicht lieben, werden sie krank.

Liebe macht nicht blind, sondern schön.

Eva Joanna beweist es und zeigt, wie das geht.

Andreas Winter,
Diplompädagoge und Coach
Iserlohn im April 2016

Danksagung

Auf dem Weg zu meiner wahren Schönheit und zu meinem Lebensglück haben mich viele wunderbare Menschen begleitet, die meine Lehrer waren.

Sie kamen teilweise aus sehr unterschiedlichen Bereichen. Manche waren bodenständig, fast konservativ, andere eher vom Schlag „alternativ". Und dann waren da noch jene speziellen – im konventionellen Sinne sehr außergewöhnliche Persönlichkeiten –, mit denen ich die erstaunlichsten Heilungsrituale erleben durfte. Allein, also ohne sie, hätte ich meine Träume wohl nie verwirklichen können.

Ich habe oft lange Wege in Kauf genommen, auch über die Grenzen von Deutschland hinaus, um Hilfe oder neue Möglichkeiten der Bewusstseinsfindung in Anspruch zu nehmen. Ich wollte alles ausprobieren, erspüren, erfahren. Und ich bin sicher, dass alles Erlebte, jede einzelne Sitzung, jedes Erlebnis dazu geführt haben, dass ich meine wahre Schönheit und das Lebensglück finden konnte.

Bei einigen meiner Lehrerinnen und Lehrern habe ich auch das Wissen für meine heutige Praxis erlernt und dadurch zu meiner Berufung gefunden.

Ich möchte all diesen wundervollen Menschen für ihre Begleitung von Herzen danken!

Es gibt eine lange Reihe von vielen besonderen Menschen, die eine große Rolle in meiner Entwicklung gespielt haben, die mich in Sitzungen, in Weiterbildungen, durch ihre Bücher oder Vorträge und Seminare auf dem Weg zu meiner Heilung inspiriert und mich zum Leben erweckt haben.

Ein großer Dank geht an dieser Stelle an meinen Mentor, den Diplom-Pädagogen, Hypnosetherapeuten, Coach und Buchautor Andreas Winter, der mir letztendlich den entscheidenden Kick zum Schreiben dieses Buches gegeben hat.

Lieber Andreas, tausend Dank für Deine Unterstützung und Motivation!

Einen ganz besonderen Dank möchte ich an Jeannette Hagen für ihre professionelle Unterstützung bei der Korrektur dieses Buches aussprechen. Jeannette ist selbst Autorin und vermag es, Gefühlen und Ereignissen einen stimmigen Ausdruck zu verleihen. Dabei passt sie sich dem Stil und der Energie des Autors an.

Ich möchte mich auch herzlich bei meinem Mann Jürgen für seine großartige Unterstützung in allen Lebenslagen bedanken.

Danke Dir, mein Schatz, für Deine wunderbare Liebe, Dein Verständnis und Deine Wertschätzung mir gegenüber! Du bist wundervoll und ich würde Dich jeden Tag wieder heiraten! DANKE, dass ich Dich lieben darf!

Ich danke auch meinem treuesten und längsten Lebensbegleiter und meinem wohl größten Kritiker: meinem Sohn Thomas, der das größte Geschenk in meinem Leben war und ist. DANKE, dass es Dich gibt!

Trotz der zahlreichen Lehrer, denen ich begegnet bin, möchte ich Ihnen noch etwas ganz Wichtiges mitteilen:

Kein Lehrer, kein Arzt, kein Therapeut, kein Heiler, kein Zauberer der Welt kann Ihr persönliches Drama oder Ihr Leid wegzaubern! Es gibt auch keine „Happy-Pille“, die man sich schnell mal einwirft und alles wird gut.

Sie müssen selbst bereit sein, sich auf den Weg zu Ihrer wahren Schönheit und Ihrem Lebensglück zu machen. Beides ist nicht da draußen in der Welt zu finden, sondern nur in Ihnen selbst, in Ihrem eigenen Herzen.

Ich wünsche Ihnen, dass Sie DIE Entscheidung Ihres Lebens treffen und sich bald auf den Weg zu Ihrer wahren Schönheit und Ihrem Lebensglück begeben. Dafür ist es nie zu spät!

Einleitung

Ich freue mich sehr, dass Sie sich für dieses Buch entschieden haben, und ich bedanke mich ganz herzlich dafür, dass ich Ihr Interesse wecken konnte.

Sicher ist es kein Zufall, dass Sie dieses Buch gerade jetzt in Ihren Händen halten, vielleicht aus purer Neugier oder weil Sie bereit sind, etwas in Ihrem Leben zu verändern.

Ich behaupte, dass Sie sich bereits, entweder bewusst oder unbewusst, auf einen Weg begeben haben, der Sie verändern wird. Und dieses Buch kann vielleicht zu Ihrem Wegbegleiter werden.

Eventuell sind Sie einfach so auf der Suche nach den Antworten über die wahre Schönheit und dem Lebensglück oder Sie stecken gerade mit sich in einem Konflikt, der mit diesen Themen zusammenhängt. Oder Sie wollen mehr darüber aus einer anderen Perspektive erfahren. Lassen Sie sich einfach überraschen, was Sie erwartet, und vielleicht finden Sie passende Antworten auf Ihre Fragen oder erfahren auch, warum Sie Ihre wahre Schönheit und das Lebensglück bisher noch nicht leben.

Mag sein, dass Sie einiges finden, das Sie schon einmal gehört oder gelesen haben. Das liegt dann daran, dass ich die Lehren und Wege ja nicht selbst erfunden habe, sondern sie von vielen Meistern, weisen Menschen und Lehrern gelernt habe.

Wichtig jedoch ist, dass ich sie selbst erfahren und ausprobiert habe und dieses Wissens- und Erfahrungsspektrum nun an Sie und auch an meine Klienten weitergeben kann.

Mir ist klar, dass es auf dem Markt sehr viele Bücher gibt, die diese Thematik ansprechen, aber ich bin überzeugt, dass der persönliche Rahmen das Entscheidende ist. Außerdem kann man – so ähnlich die Bücher auch sein mögen – in jedem etwas für sich entdecken oder zumindest ein kleines Geschenk als Wegweiser für das eigene Leben finden.

Ich habe mich schon vor über 20 Jahren auf die Suche nach dem Glück gemacht, weil ich tief in meinem Herzen fühlte, dass ich nicht auf der Welt bin, um unglücklich zu sein, und ich war fast süchtig danach, den emotionalen Mangel in mir zu heilen und ein glückliches Leben zu leben. Und da es mir gelungen ist, möchte ich dieses Geschenk auch an Sie, liebe Leser, weitergeben.

Ich möchte meine Erfahrungen und mein Wissen mit Ihnen teilen, damit Sie sich auch, wie ich, bewusst für die positiven und sonnigen Seiten des Lebens entscheiden und lernen, die Türen der Vergangenheit endlich zu schließen.

Das ist mein persönliches Geschenk an Sie:

Etwas, das Sie ermutigt, Ihnen Zuversicht, Vertrauen und Hoffnung schenkt, Ihnen einen neuen Weg zur Selbsterkenntnis, zu Ihrer wahren Schönheit, zu Ihrem Lebensglück, zur Findung Ihrer Berufung, zu Ihren inneren Diamanten und Schätzen, zu Ihrer inneren Schöpfer-Quelle und zu Ihrer inneren Kraft zeigt.

Das Ziel dieses Buches ist, nicht nur zu erzählen, DASS ich die wahre Schönheit und das Lebensglück gefunden habe, sondern WIE es mir gelungen ist, das zu erreichen.

Ich möchte Sie in Ihren täglichen Sorgen auffangen, Ihnen zeigen, wie man das Leben meistern kann und woher man die nötigen Kräfte dazu nimmt.

Letztendlich möchte ich Ihnen einen verständnisvollen kleinen Ratgeber für Ihr Leben schenken, in dem Sie die eine oder andere Antwort oder Inspiration finden.

Das Buch ist in fünf Abschnitte gegliedert. Im Teil 1 schreibe ich über die Prägungen und Folgen meiner Kindheit mit dem Einfluss auf meine wahre Schönheit und das Glück im Leben, über den Modeljob und die Suche nach Anerkennung und Liebe in der Außenwelt, über meinen Selbstfindungsweg und meine Erkenntnisse, durch die ich meine wahre Schönheit entfalten und das Lebensglück finden konnte.

Im Teil 2 schreibe ich über den Einfluss der gesetzten Trends des „Schönheits- und Schlankheitsideals“ mit ihren Folgen für die Gesellschaft, im Teil 3 und Teil 4 finden Sie psychologische, wissenschaftliche und auch universelle Hintergründe zu den einzelnen Lebensthemen, ebenso mein Verständnis für das Leben, das mir geholfen hat, neue Horizonte in mir zu öffnen. Im Teil 5 wird es dann praktisch: Dort finden Sie eine Reihe von Tipps, Hausaufgaben und eine konkrete „To-do-Liste“.

Um Ihnen die Thematik noch verständlicher zu machen, werden Sie viele Zitate zahlreicher Schriftsteller, Meister, Lehrer, Psychologen, Philosophen sowie Geschichten und Legenden aus verschiedenen Kulturen und von verschiedenen wunderbaren Menschen vorfinden, die mich in den letzten Jahren inspiriert und genährt haben. Manche Themen werde ich öfter ansprechen, so merken Sie sich alles leichter. Denn wie heißt es so schön: „Die Wiederholung ist die Mutter der Weisheit“.

Nichts ist in diesem Buch erfunden, sondern jede Geschichte basiert auf wahren und authentischen Begebenheiten meines Lebens.

Ich öffne in diesem Buch mein ganzes Herz und die Tiefen meiner Seele, um Sie, liebe Leserin und lieber Leser, zu motivieren. Wichtig ist mir, Ihnen vor allem eins zu vermitteln:

Wenn es mir möglich war, meine wahre Schönheit und das Lebensglück zu finden, dann können SIE es auch! Wenn es mir möglich war, mein Leben so zu verändern, dass ich voller Freude sagen kann: „Ich lebe heute genau das Leben, von dem ich immer geträumt habe, und genieße es“, dann können Sie es auch.

Ob ich eine Expertin auf dem Gebiet der wahren Schönheit und des Lebensglücks bin, fragen Sie sich vielleicht. In erster Linie bin ich eine Frau, die kurz vor ihrem fünfzigsten Lebensjahr steht, der es gelungen ist, aus all den Konflikten und der Scheinwelt auszubrechen und den eigenen Weg zu finden, die wahre Schönheit zu entdecken und sie zu leben. Das macht mich vielleicht nicht zur Expertin, aber es hat mich dazu geführt, dass ich anderen dabei helfen kann, ebenso ihr Glück zu finden.

Während ich als Model gearbeitet habe, war ich über viele Jahre eine fleißige Beobachterin. Ich habe menschliche Dramen erlebt, habe gelernt, wahres Glück von Scheinglück zu unterscheiden. Dazu durfte ich spannende Abenteuer erleben, hatte Spaß und habe tolle Menschen kennengelernt. Durch die unterschiedlichen Aufträge war ich viel auf Reisen. Wer reist, lernt immer auch etwas über sich und über das Leben. 20 Jahre habe ich als Model gearbeitet, zehn Jahre davon hauptberuflich. Ich habe alle Facetten der Schönheit erfahren, auch ihre hässlichen Seiten.

Aus all diesen Erfahrungen ist dieses Buch entstanden, und wie Sie vielleicht schon ahnen, geht es mir nicht darum, Ihnen Schönheitstipps zu geben oder Ihnen zu verraten, was Sie tun müssen, um auf einen Laufsteg zu kommen. Wir werden den Fokus nach innen richten. Denn auch wenn die Redewendung vielleicht abgegriffen erscheinen mag, aber letztendlich ist es so: Wahre Schönheit kommt nun mal von innen.

Meiner Ansicht nach sollten wir erst dann, wenn wir gut in uns verankert sind und eine stabile emotionale Basis geschaffen haben, an beziehungsweise mit unserem Äußeren arbeiten. Es ist für mich immer wieder erstaunlich, wie wirksam dann selbst kleine Veränderungen sind: ein leichtes Make-up, eine andere Haarfarbe oder ein schönes Tuch. Wahre Schönheit braucht keine Klunker, keine schreienden Farben. Was nicht heißt, dass die nicht auch sein dürfen. Wichtig jedoch ist, dass wir von innen heraus strahlen und leuchten. Stellen Sie sich einen Tannenbaum vor. Was nutzt uns der tollste und teuerste Weihnachtsschmuck, wenn der Tannenbaum schwach und wackelig ist. Nichts. Es sieht albern und im schlimmsten Fall sogar traurig aus, wenn wir ihn mit Schmuck behängen.

Mein eigener Weg zu meiner wahren Schönheit und zu meinem Lebensglück war sehr steinig und durch viele Lebenskrisen geprägt. Anfangs dachte ich, dass der Modeljob mir hilft, meine Kindheitserfahrungen zu überwinden, dass ich durch die Anerkennung von außen etwas in mir heilen könnte. Aber das war ein Trugschluss.

Heute stehe ich nur noch gelegentlich vor der Kamera, und ich tue das mit einer gänzlich anderen Grundhaltung und mit einem anderen Gefühl als früher. Aber dazu später. Viel wichtiger ist, dass ich heute vor allem meine Berufung lebe und der Fokus darauf gerichtet ist, Menschen auf ihrem Weg zum eigenen Glück und zur eigenen inneren Schönheit zu begleiten.

Das zu tun, ist eine Motivation, die aus meinem Herzen kommt und mich in meiner Gesamtheit erfüllt, in der ich mein Wissen und natürlich auch all das, was ich aus meinen Erfahrungen gelernt habe, weitergeben kann.

Ich arbeite heute in meiner eigenen Praxis als Heilpraktikerin für Psychotherapie, ganzheitlicher Coach, Hypnose- und Reinkarnationstherapeutin, Entspannungstherapeutin, Ernährungs- und Gesundheitsberaterin, unter anderem nach Hildegard von Bingen. Und wenn Sie sich fragen, wie man vom Model zur Therapeutin wird, dann kann ich Ihnen heute sagen, dass diese Welten gar nicht so weit auseinanderliegen, wie es auf den ersten Blick vielleicht scheint. Es ist nicht so, dass auf der einen Seite nur Oberflächlichkeit herrscht, während man auf der anderen Seite in die Tiefe geht. Es ist auch nicht schwarz und weiß. Vielmehr ging es auf meinem Weg darum, zu erkennen, dass der Mensch immer als solcher zählen sollte. In der Modelbranche ist das meistens nicht der Fall. Da geht es vor allem um den schönen, makellosen Körper und um das Gesicht, das gewissen Maßstäben entsprechen muss. Ganz wichtig ist natürlich die Ausstrahlung. Doch was tun, wenn man von innen heraus nicht strahlt? Dann kann man das hin und wieder überspielen. Das kostet allerdings unendlich viel Kraft und es funktioniert auch nicht dauerhaft. Irgendwann lässt der Erfolg nach.

Ich war mir dessen bewusst und darum musste ich mich auf die Suche begeben. Musste in der Dunkelheit die bunten Farben entdecken, mich mit mir selbst, mit meinen Tiefen beschäftigen.

Dieses Buch verfolgt nicht den Zweck, jemanden persönlich anzugreifen oder zu kritisieren, auch nicht die Modebranche, denn ich habe ja zu diesem kleinen „Universum" gehört, lebte auch in dieser Scheinwelt. Sie hat mich über viele Jahre nicht nur ernährt, sondern ich konnte vor allem sehr viel lernen. Das Modeln war ein großer Teil meines Lebens und, ja, es war auch meine Lebensschule, wenn man so will, ein Ort, wo ich meine Persönlichkeit entwickeln konnte, mich selbst kennenlernte.

Dafür bin ich heute unendlich dankbar!

Mit diesem Buch möchte ich den vielen Frauen und auch den vielen Mädchen, die von Schönheit oder sogar von einem Modeljob träumen, die Augen öffnen. Es ist nicht alles so, wie es scheint oder wie es häufig in den Medien dargestellt wird.

Ich hatte die Gelegenheit, über viele Jahre hinter die Kulissen des Model-Business zu schauen, durfte erfahren, was es mit uns macht, wenn wir die Schönheit nur in der Außenwelt suchen. Und ich durfte erleben, wie großartig es ist, wenn man sie in sich selbst entdeckt.

Ich wünsche mir von Herzen, dass ich Ihnen mit meiner Geschichte dabei helfen kann, dass auch Sie Ihre eigene wahre Schönheit und Ihr Lebensglück in sich selbst finden können.

Teil 1

Wahre Schönheit ist unser Lebensglück

Die Suche nach der wahren Schönheit beginnt

Meine Modelkarriere begann ich im Alter von 29 Jahren. So ein später Einstieg ist in dieser Branche ziemlich unüblich. Die meisten Models beginnen ihre Karriere schon viel früher – oft noch als Mädchen. Vielleicht muss man dazu sagen, dass es auch in der Modelszene so wie im Fußball ganz unterschiedliche Ligen gibt. Die großen Topmodels steigen meist in einem Alter von 30 oder Mitte 30 bereits wieder aus. Wer jedoch so wie ich nicht zu den „Model-Stars" gehört, der hat eine gute Chance, auch über dieses Alter hinaus noch gefragt zu sein. Das liegt überwiegend daran, dass gerade ältere Menschen zunehmend in den Fokus der Werbebranche rücken und damit auch die älteren Models benötigt werden, um eine glaubhafte Botschaft zu vermitteln. Meine älteste Kollegin war übrigens 92 Jahre alt.

Wie gesagt, gehörte ich nicht gerade zur Model-Oberliga, nicht zu den Gesichtern, die man von den Laufstegen der Welt kannte. Das lag einfach daran, dass ich damals mit einer Konfektionsgröße 38 viel zu „dick", mit 29 Jahren viel zu „alt" war und weil ich nicht den Kriterien entsprach, die für diese Oberliga aufgestellt wurden. Dazu kam, dass ich als Mutter einfach auch nur begrenzt flexibel war. Ein Jetset-Leben kam für mich überhaupt nicht infrage.

Und um das Ganze noch mehr zu entromantisieren: Ich wurde auch nicht entdeckt, sondern bewarb mich selbst bei einer Modelschule in Düsseldorf. Sie gehörte zu den wenigen seriösen Schulen, die sich auf diesem Markt tummeln, und so konnte ich dort wichtige Erfahrungen für meinen zukünftigen Job sammeln.

Ich wurde ein „kleines Sternchen", ein Model, das in Fernsehwerbungen, in Zeitschriften, in Katalogen abgebildet oder auch auf Plakaten in Schaufenstern zu sehen war. Ich schaffte es sogar, auf internationalen Shows zu laufen oder als Model für bekannte Fotografen zu arbeiten. Trotzdem zählte ich nie zur Elite der Modelwelt, wurde auch nicht bei den internationalen Agenturen geführt. Ich sage das ganz ohne Gram, denn die Arbeit als „Zweitligist" war nicht weniger spannend und aufregend, als wenn ich in der Top-Liga gespielt hätte. Ich konnte viel von der Welt sehen und viele Aufträge waren eine große Bereicherung für mich und mein Leben. Aber es war eben auch eine Scheinwelt. Eine Welt, in der die Schönheit an erster Stelle stand.

Was ist eigentlich die wahre Schönheit?

„Nicht der Spiegel kann dir zeigen,
wie schön du bist, sondern nur dein Herz!"
Eva Joanna Waellnitz

Die Redewendung „Wahre Schönheit kommt von innen!" ist Ihnen sicher bekannt. Aber stimmt sie auch? Ja, ganz sicher. Ich habe das nicht nur selbst erfahren, sondern konnte es bei vielen Menschen, die ich auf ihrem Weg begleitet habe, miterleben.

Natürlich kann man die Fassade verschönern, kann sich schminken, gut anziehen, die Haare stylen. Aber all das ist fragil und kann nicht über einen Mangel an Selbstliebe hinwegtäuschen. Nach vielen Jahren der Suche habe ich die Schönheit IN MIR gefunden. Spannenderweise nahm mit diesem Prozess auch mein Erfolg als Model zu. Aber vor allem, was viel entscheidender war, fühlte ich mich endlich glücklich, angekommen und pudelwohl in meiner Haut. Darüber möchte ich Ihnen in diesem Buch erzählen.

Die wahre Schönheit verbirgt sich im Menschen selbst. Manchmal könnte man auch sagen, sie versteckt sich dort, denn auch wenn es nur eine Metapher ist – unsere innere Schönheit hängt offensichtlich auch damit zusammen, wie wir uns als Kinder entfalten konnten. In der Kindheit wird der Grundstein für unser Leben gelegt. In dieser Zeit entstehen emotionale Strukturen und Glaubensgrundsätze, nach denen wir unser Leben ausrichten. Es ist immer wieder erstaunlich, wie sehr wir an diese Programme gekettet sind und wie sehr wir daran glauben, dass sie der eigenen persönlichen Wahrheit entsprechen.

Als Kinder haben wir keine Wahl. Wir können unser Familien-System nicht wählen, sondern müssen uns an die Vorgaben und Forderungen, die von unseren Eltern oder der Umwelt an uns herangetragen werden, brav anpassen, ob sie mit unserem Willen oder Glauben übereinstimmten oder nicht. Sie kennen das sicher, es waren immer die anderen, die besser wussten, was für uns als Kind gut sein sollte. Und mit all diesen „Tue dies, tue das!“ – Sätzen im Kopf verlassen wir unser Elternhaus und gehen in die weite Welt hinaus.

Je nachdem, was wir in der Kindheit gelernt haben, kann es sein, dass das Gefühl für die innere Schönheit gar nicht aktiviert wurde, dass unsere Selbstliebe durch seelische oder auch körperliche Verletzungen in der Kindheit abgespalten wurde und sich ihren Platz in den Tiefen des Unterbewussten gesucht hat.

Das ist mit ein Grund dafür, warum manche Menschen mit ihrem Leben hadern, ständig unglücklich und unzufrieden sind. Dann mangelt es ihnen vor allem an Ausstrahlung. Man kann das oft schon an der Körperhaltung ablesen, die zusammengefallen, statt aufrecht ist. Man sieht es an den Mundwinkeln, die nach unten gerichtet sind, so, als hätte der Mensch nichts mehr, worüber er sich freuen, worüber er lachen kann. Das Gesicht wirkt angespannt und ein Leuchten in den Augen sucht man vergebens. Wer den Zugang zu seiner inneren Schönheit, zu seiner Quelle nicht hat, dem fehlt meist jeglicher Glanz. Das sind dann die Menschen, die wir entweder übersehen, oder jene, die wir zwar sehen, weil sie sich äußerlich schmücken, die wir aber nicht wirklich ernst nehmen, weil sie es im Grunde ihres Herzens selbst nicht tun.

Grundsätzlich ist es das Emotionale in uns, das den Ausschlag dafür gibt, wie wir nach außen wirken. Ähnlich wie Schimmel in der Wand ist es nicht immer gleich sichtbar. Und selbst wenn es sichtbar ist, lässt sich die Wand immer noch ein wenig bearbeiten und neu streichen. Das heißt aber nicht, dass der

Schimmel dadurch beseitigt ist. Das klingt jetzt vielleicht drastisch, wenn wir uns so eine verschimmelte Wand vorstellen. Aber es trifft leider sehr passend auf alle unsere Bemühungen zu, das Gift, das aus unserem Inneren kommt, zu übertünchen. Vielleicht wird nach einer kosmetischen Korrektur die Haut faltenloser und straffer, aber die Energie, die darunter wohnt, ist immer noch sichtbar und spürbar. Nicht nur für den Menschen selbst, sondern auch für sein Umfeld. Von dieser Energie hängt viel ab: unser inneres Gefühl, unsere Gedanken über uns selbst, unsere Gedanken über die Mitmenschen und das Leben, unser Glück in der Partnerschaft, unser Glück im Beruf und letztendlich unsere Gesundheit. Aber dazu später.

Es geht an der Stelle überhaupt nicht darum, jemanden zu kritisieren, der sich einer kosmetischen oder plastischen Behandlung unterzieht. Solch eine Kritik steht mir nicht zu, und letztendlich hat jeder das Recht, sein Leben selbst zu gestalten. Manchmal ist es auch so, dass kleine Korrekturen einen Menschen glücklicher machen, weil er nun nicht mehr unter seinen „Problemzonen" leidet. Spannend ist aber in diesem Zusammenhang zu beobachten, dass kosmetische Korrekturen besonders dann gut gelingen und vor allem ohne Komplikationen ablaufen, wenn der Betroffene bereits eine positive Grundeinstellung hat. Andererseits zeigt sich oft, dass der kosmetisch gezauberte schöne Schwan nach einiger Zeit genauso unglücklich ist wie vorher. Wenn die emotionale Grundlage, die Basis im Inneren, nicht vorhanden ist, dann kann man noch so viel operieren oder abnehmen. Der Mensch wird sich trotzdem nicht schön finden.

Und wer glaubt, dass innere Schönheit etwas mit dem Alter zu tun hat, damit, dass sie abnimmt, je älter wir werden, der irrt. Es spielt keine Rolle, ob wir 20 oder 70 sind, denn jedes Alter bringt etwas Schönes mit sich. Viele Menschen nutzen noch im hohen Alter die Möglichkeit, etwas aus ihrem Leben zu machen, sich weiter zu entwickeln, sich neuen Aufgaben, Interessen oder Hobbys zu widmen. Das ist es, was zählt.

Ich möchte Ihnen die Geschichte einer Model-Kollegin erzählen, die ich vor einigen Jahren bei einem Foto-Shooting kennengelernt habe und die mein Herz tief berührt hat.

Die Geschichte von Cora

Vor ein paar Jahren (damals war ich 42 Jahre alt) wurde ich als Fotomodel für den Möbel-Katalog einer bekannten Firma gebucht. Es ging darum, eine familiäre Szene darzustellen. Also hat man mir einen Mann, zwei Mädchen und eine alte Dame namens Cora zur Seite gestellt, die in diesem Szenario die Großmutter darstellen sollte. Da sich die Visagistin etwas verspätete, hatten wir Gelegenheit, ins Gespräch zu kommen. Wie es so ist, kamen wir schnell auf unsere Kinder zu sprechen, und als Cora über ihre Tochter erzählte, fielen wir fast aus allen Wolken. Die Tochter war nämlich 72 Jahre alt und wir wollten es nicht glauben, aber Cora selbst war 92 Jahre alt.

Natürlich hat man ihr angesehen, dass sie keine 60 mehr war. Aber ihr Gesicht und ihr Körper waren Natur pur. Dazu ihr wundervolles, aufgeschlossenes, humorvolles Wesen, ihre Weisheit, Klugheit und Intelligenz, ihre positive Einstellung zum Leben, ihre offene Kommunikationsart – damit hat sie uns einfach verzaubert. Cora war dankbar für dieses Leben und sie strahlte voller Lebensglück und Lebensfreude. Und das mit 92 Jahren! Für mich bleibt sie als eine Frau, die ihre innere Schönheit erkannt, gelebt und gewürdigt hat, im Herzen. Ich muss oft an sie denken und meine, dass sie ein Vorbild für viele Frauen ist.

Als ich ihr damals begegnet bin, entstand ein Wunsch in mir:

In 50 Jahren, so dachte ich an diesem Tag, bin ich im Alter von Cora. So gerne wäre ich dann so schön wie sie! Danke, liebe Cora, für diese Botschaft!

Viele Menschen wissen und fühlen nicht, wie schön sie sind. Weil man es ihnen nie gezeigt hat. Weil man ihnen nie gesagt hat, dass sie liebenswert sind, und weil man sie nicht so akzeptiert hat, wie sie als Kind waren, sondern sie nur kritisiert hat.

Deshalb haben sie gelernt, sich selbst zu misstrauen, sich nicht zu lieben und nicht zu akzeptieren. Sie verloren den Glauben an sich und das Vertrauen in das Leben, haben nie gelernt, Respekt und Achtung vor der eigenen Person zu haben. All das, weil man es ihnen nicht gezeigt hat oder, anders ausgedrückt, sie nie hat spüren lassen, dass sie so in Ordnung und liebenswert sind, wie sie sind. Die Folge ist ein schwacher oder verkümmerter Selbstwert. Menschen, die das betrifft, können sich meist nicht lange im Spiegel anschauen, weil das, was sie wahrnehmen, beschämend und so kaum auszuhalten ist.

Ich habe die Spiegel-Übung häufig in meinen Seminaren durchgeführt und habe die Teilnehmer gebeten, sich selbst wenige Sekunden anzuschauen. Es war immer wieder verblüffend, dass wirklich kaum jemand das lange aushalten konnte.

Aber was gehört zu wahrer Schönheit? Was bringt uns den Glanz und das Strahlen in die Augen zurück?

1. Liebenswert zu sein und sich auch so zu fühlen, so wie man ist, mit seinen Stärken und Schwächen.
2. Sich selbst zu lieben, sich bedingungslos anzunehmen, so wie man ist, ohne sich mit anderen zu vergleichen.
3. Zur Selbstliebe gehört automatisch auch, sich so zu akzeptieren, wie man ist.
4. Respekt und Achtung vor der eigenen Person zu haben.
5. Einen starken Glauben an sich und Vertrauen in sich und in das Leben zu haben.
6. Einen guten Selbstwert zu haben.
7. In Harmonie, Frieden und Wohlbefinden mit sich zu sein und auch mit den Menschen, die uns im Leben weh getan haben.
8. Sich die eigenen Fehler zu verzeihen und zu erkennen, dass es keine Fehler waren, sondern Lernhilfen, die uns dabei unterstützt haben, in unsere Kraft zu kommen.
9. Nicht perfekt sein zu müssen.
10. Liebe- und verständnisvoll, geduldig und fair mit sich umzugehen.
11. Die eigene Wahrheit zu leben und sich nicht durch andere manipulieren zu lassen.
12. Genau zu wissen, wer man selbst wirklich ist.
13. Dem eigenen Herzen zu folgen.
14. Einen Beruf auszuüben, der einem selbst Freude bereitet.
15. Die eigene Berufung zu leben.
16. Die eigenen Talente zu leben.
17. Gleichgewicht auf allen Ebenen herzustellen: für den Geist, für die Seele und für den Körper, und gut für sich zu sorgen.

18. Lebensfreude zu entwickeln.
19. So häufig wie möglich zu lachen.
20. Einfach mit sich zufrieden zu sein.
21. Das Gefühl zu haben: Ich bin für mich die Nummer eins!

Die Liste ist lang, ich weiß. Aber nichts ist unmöglich!

Natürlich wird das nicht an einem Tag gelingen. Um diesen Zustand zu erreichen und ihn dauerhaft zu leben, ist es ein ganzes Stück Arbeit. Dieser Prozess braucht Disziplin und viel Geduld. Wie eine Pflanze, die wächst und gedeiht, Wasser und Dünger, Licht und Pflege braucht, um irgendwann ihre Blüten hervorzubringen, so benötigen auch wir manchmal Pflege und Hilfe von außen und natürlich von uns selbst, um unsere ganze Schönheit zu entfalten.

Im nächsten Kapitel möchte ich Ihnen einen kurzen Einblick in meine eigene Kindheit gestatten. Es hilft Ihnen, besser zu verstehen, was mich bewegt hat, die verlorenen Schätze, die ich gerade aufgelistet habe, zu finden. Vielleicht werden Sie sich an manchen Stationen meiner Geschichte selbst sehen und intuitiv erspüren, wo Sie noch unter emotionalen Defiziten leiden oder an welchen Punkten Sie sich unterstützen lassen können. Vielleicht finden Sie auch die eine oder andere Antwort auf Fragen, die Sie sich schon immer gestellt haben. Jedenfalls wünsche ich Ihnen viele neue Erkenntnisse beim Lesen!

Das hässliche Entlein

Sicher kennen Sie die Geschichte vom hässlichen Entlein, das als Schwan in eine Entenfamilie geboren wird, dort von allen verstoßen wird und darum seinen Wert, seine Schönheit lange Zeit überhaupt nicht erkennen konnte. So wie dem Entlein, ergeht es vielen Menschen. Nicht, dass sie in „falsche“ Familien geboren werden, aber eben oft in solche, in denen das Kind mit seinen Anlagen, seiner Schönheit, seinem ganzen Reichtum, den es mitbringt, überhaupt nicht gesehen wird.

Auch ich hatte nicht das Glück, in eine intakte und harmonische Familie hineingeboren zu werden. Unsere Familiensituation lässt sich eher mit kompliziert bis dramatisch beschreiben. Meine Eltern waren alles andere als füreinander geschaffen. Ihr Zusammenleben war eher ein Gegeneinander als ein Miteinander.

Gegenseitige Verletzungen und Verachtung bestimmten den Alltag. Liebevolle Umarmungen oder eine behütende Nestwärme habe ich als Kind selten bekommen. Das hat mich geprägt. Ich möchte Ihnen ein wenig mehr darüber erzählen, weil ich glaube, dass es für den eigenen Entwicklungsprozess hilfreich ist, zu sehen, dass andere Menschen es geschafft haben, sich aus ihren Prägungen herauszuarbeiten. Wir sind nicht dazu verdammt, uns ein Leben lang durch die Brille unserer Kindheit zu sehen.

Mein Vater arbeitete als leitender Beamter bei der Kripo im polnischen Geheimdienst. Er bewegte sich zu Zeiten des Kalten Krieges in hochrangigen politischen Kreisen und war dadurch einer ständigen, enormen Anspannung und Verantwortung ausgesetzt, die nicht selten in durchaus auch gefährlichen Situationen mündeten. Ich weiß nicht, ob er zu sensibel für diesen Job war, jedenfalls kompensierte er den Stress durch einen erhöhten Alkoholkonsum. Wie Sie sich vorstellen können, tat das weder ihm noch der Familie gut. Wir alle litten unter seiner Sucht.

Man erzählte mir, dass gleich nach meiner Geburt deutlich zu sehen und zu spüren war, dass mein Vater mich offensichtlich meinem Bruder gegenüber bevorzugte. Vielleicht, weil meine Eltern auf mich fünf Jahre gewartet haben, und vielleicht auch, weil ich ein Mädchen war. Den wahren Grund kennt keiner. Trotzdem war es so, dass mein Vater mich auf seine Art hofiert hat. Ich war für ihn die kleine Prinzessin und dementsprechend war er für mich wie der Gott. Er ließ mir fast alles durchgehen, war mir für nichts böse und ich fühlte mich von ihm sehr geliebt.

Mein Bruder wurde von unserem Vater nicht angenommen, wurde oft gehänselt, geschlagen, erniedrigt. Das tat mir damals so leid, aber ich konnte nichts tun. Mein Bruder wurde für alles zur Verantwortung gezogen. Selbst dann, wenn es um etwas ging, das nicht er, sondern ich angestellt hatte. Es war so ungerecht, er bekam sogar Schläge, als ich mir wehgetan hatte.

Trotz der Liebe, die ich von meinem Vater bekam, hatte ich auch immer wieder Angst vor ihm. Besonders dann, wenn ich gesehen habe, wie er sich gegenüber meiner Mutter und meinem Bruder brutal verhielt. Ich war mir nie sicher, ob ich vielleicht eines Tages von ihm genauso behandelt werden würde.

Als ich fünf Jahre alt war, wurde meine Mutter inhaftiert. Sie wurde für etwas belangt, das sie nicht begangen hatte, und weil sie eine der Führungskräfte eines großen Unternehmens war, hat sich die Klärung der Sachlage über 22 lange Monate ausgedehnt. Für mich war das eine ganz schreckliche Zeit. Tag für Tag wartete ich auf meine Mama, habe sie unendlich vermisst und viel geweint.

Unser Vater war in dieser Zeit selten da. Oft kam er erst am Abend heim, meist weil sein Job ihn zeitlich sehr beansprucht hat, doch manchmal war er auch einfach so fort. Wenn er abends kam, haben wir meist schon geschlafen. Es war nicht nur eine sehr einsame Zeit für mich, sondern auch eine grausame, denn ich war ungeschützt der Gewalt meines Bruders ausgeliefert, der sich während der Abwesenheit unserer Eltern auf seine ganz spezielle Art und Weise um mich „kümmerte".

Heute bin ich sicher, dass er mit dieser Aufgabe, auf mich aufzupassen, total überfordert war, zumal er alles verantworten musste. Er wurde ausgeschimpft und geschlagen, er war immer der Schuldige. Obwohl ich sehr unter ihm litt, so mochte ich doch nicht in seiner Haut stecken.

Um mich zu schützen, verbrachte ich die Nachmittage überwiegend allein zu Hause, während mein Bruder mit seinen Freunden draußen unterwegs war. Das verschaffte mir ein bisschen Sicherheit und trotzdem hatte ich immer Angst, weil ich nie wusste, wann er auftauchen und wie er sich verhalten würde. Mein Bruder war mir gegenüber unberechenbar und aggressiv.

Durch die ambivalente Liebe zu meinem Vater, die lange Abwesenheit meiner Mutter und sicher verstärkt durch den Konflikt mit meinem Bruder fühlte ich mich schon als kleines Kind sehr einsam, irgendwie verlassen und nicht angenommen. Manchmal sogar etwas sonderbar, so, als würde ich nicht dazugehören, nicht in dieses Leben passen. Mir war damals schon bewusst, dass bei uns in der Familie etwas Grundsätzliches nicht stimmte, aber ich konnte natürlich noch nicht richtig erfassen, was es war, geschweige denn, dass ich es artikulieren konnte.

Ich merkte nur, dass ich mich anders fühlte, nicht so war wie die anderen Kinder. Dass meine Familie eben auch anders war als die meisten Familien, die ich kannte. Dafür habe ich mich schon als Kind geschämt. Ich hatte den Eindruck, mit mir stimme etwas nicht, sonst würde man mir doch Geborgenheit und Nähe geben und mir zeigen, dass ich liebenswert bin. Eine typische Reaktion, die man bei Kindern, die in instabilen Familienverhältnissen aufwachsen, häufig beobachten kann. Sie nehmen die Schuld auf sich, meinen, dass mit ihnen selbst etwas nicht in Ordnung sein kann. So habe ich leider das Gefühl, bedingungslos geliebt zu werden, nie erfahren und es unbewusst meine ganze Kindheit und Jugend lang vermisst.

Die schlimmsten Momente in dieser Zeit waren die Abende, kurz vor dem Einschlafen, wenn es still wurde. Dann lag ich immer knapp an der Bettkante, weil ich meinen Kuscheltieren und Puppen viel Platz einrichten musste. Sie halfen mir, die Einsamkeit wenigstens ein bisschen zu beherrschen und mir das Gefühl zu geben, dass ich nicht ganz allein und verloren bin. Wie Soldaten lagen sie aufgereiht neben mir. Sie sollten mich beschützen und sie waren damals auch irgendwie meine Familie. Wenigstens waren sie immer für mich da.

Zwei Jahre nach Inhaftierung und anschließender Freisprechung kehrte meine Mama als gebrochene Frau zurück. Emotional angeschlagen und psychisch instabil. Sie war nicht mehr die Mama, die ich kannte. Sie war völlig verändert und so veränderte sich auch die Situation bei uns zuhause. Leider völlig anders, als ich es erhofft hatte. Der Druck wurde größer. Angst, Schmerz, Traurigkeit, Gewalt, ununterbrochene, schmerzhafte Maßregelungen waren an der Tagesordnung. Mütterliche Wärme suchte ich vergeblich und so breitete sich nach ihrer Rückkehr eine noch größere Einsamkeit in mir aus.

Ich war gezwungen, schon als kleines Mädchen immer zu schauen, wie ich mit dieser verrückten familiären Konstellation zurechtkomme. Dadurch habe ich bereits sehr früh unbewusste Überlebensstrategien entwickelt und mich in der Familie immer neu positioniert. Eine Strategie war zum Beispiel, mich an die Seite des vermeintlich „Stärkeren" zu stellen. Das war in dem Fall mein Vater, der mich ja auch noch bevorzugte und beschützt hat. Erst heute weiß ich, dass seine gewalttätige Art der Kommunikation und der Erziehung nichts mit menschlicher Stärke zu tun hat.

Meine Eltern ließen sich scheiden, als ich 13 Jahre alt war. Mein Vater zog aus der gemeinsamen Wohnung aus und von diesem Tag an musste ich mit zwei Menschen zusammen leben und auskommen, die mir nicht nur fremd waren, sondern die auch kein Bewusstsein dafür hatten, wie sehr ihr Handeln mein Leben prägte.

Meinen Vater durfte ich noch seltener sehen und somit verschwand der letzte Schutz.

Bis zu meinem 17. Lebensjahr blieb es bei dieser Konstellation. Dann verließ meine Mama unser Heimatland Polen für immer. Sie können sich vielleicht vorstellen, dass ich, da unser Verhältnis so wenig liebevoll war, damals sogar eine große Freude in mir spürte, als sie ging. Ich hoffte, nun endlich ein normaleres Leben führen zu können. Doch der nächste Schicksalsschlag ließ nicht lange auf sich warten. Ein halbes Jahr, nachdem meine Mutter Polen und uns den Rücken gekehrt hatte, starb mein Vater. Er wurde tot in seiner Wohnung aufgefunden. 47 Jahre alt war er damals.

Es gibt Augenblicke, die fressen sich in das Herz und das Gedächtnis ein und man wird sie nie wieder los. Genau so ein Moment war es, als ich ihn am Boden liegen sah. Dieser Augenblick hat mein Leben von Grund auf verändert. Mit meinem Vater starb auch etwas in mir. Obwohl ich erst 17 Jahre alt war, hatte ich plötzlich das Gefühl, dass auch mein Leben zu Ende ist. Ich wollte nicht mehr sein. Von einer Sekunde auf die andere hatte nichts mehr Bedeutung. Mein Vater hatte seine letzte Reise angetreten und für mich war es so, als hätte er alles, was mir lieb und teuer war, mitgenommen, alles, was für mich einen Sinn hatte.

Er war ja nicht nur mein Vater, sondern auch mein Freund, mein Beschützer, mein Berater, ein Vertrauter und letztendlich alles, was ich hatte – die Gegenwart, die Zukunft, die Luft, das Licht, die Kraft. Der einzige, der mich getröstet und gelobt hat. Jemand, von dem ich Liebe, Zuwendung und Anerkennung bekommen habe. Der Schutz und die Geborgenheit, die ich bis dahin in meinem Leben nur so selten genießen konnte, verschwanden mit seinem Tod für viele Jahre aus meinem Leben.

Dabei hätte ich ihn mehr denn je gebraucht. Schließlich stand ich genau an der Schwelle zur Erwachsenenwelt, die Zeit, in der junge Menschen nach ihrer wahren Identität suchen.

Mir war sie mit einem Schlag abhanden gekommen. Ich fühlte mich wie ein NIEMAND, ein NICHTS, das von nun an ziel- und haltlos hin und her geworfen wurde.

Nach kurzer Zeit zog ich in die Wohnung meines Vaters. Vielleicht, um ihm in irgendeiner Weise noch nahe zu sein, und vor allem auch, weil das Verhältnis zu meinem Bruder nach wie vor sehr angespannt war.

Die ersten Wochen in dieser Wohnung zerrten extrem an meinen Nerven. Ich nahm regelmäßig Schlaftabletten und trank Alkohol, um alles in mir zu betäuben und der schmerzhaften Realität aus dem Weg zu gehen. Ich wollte nicht mehr sein. Im Laufe der nächsten Wochen entwickelte ich eine starke Bulimie, ohne zu wissen, was ich damit anschob. Dass das eine zerstörerische Krankheit ist, aus der es fast kein Entrinnen gibt, war mir natürlich zu diesem Zeitpunkt nicht bewusst. Aber dazu mehr im nächsten Kapitel.

Es ist bis heute ungeklärt, ob mein Vater ermordet wurde oder eines natürlichen Todes starb, ob es eine göttliche oder eine menschliche Entscheidung war. Im Nachhinein fragten sich einige, warum er als polnischer Offizier nicht obduziert wurde, obwohl das eigentlich Pflicht war. Solche Unsicherheiten kamen zu der eigentlichen Trauer, die ich nicht ausleben konnte, noch dazu. Was wäre mit mir, wenn man ihn ermordet hatte? Stand ich auch auf irgendeiner Liste?

Mit solchen Ängsten begann ich mein Erwachsenenleben. Ohne Familie, ohne Stütze, ohne Begleitung, ohne Richtung, ohne Schutz, dafür in Einsamkeit, Angst, in einem leeren Raum und als ein verletztes Wesen.

Mein Schmerz über den Verlust hatte natürlich viel auch damit zu tun, dass ich meinen Vater zu einem Gott idealisiert hatte. Es war, als hätte ich für ihn in meinem Herzen einen Altar errichtet, den auch das stärkste Erdbeben nicht erschüttern konnte. Deutlich wurde das nicht nur dadurch, dass ich seine Brutalität aus meiner Realität ausklammerte, sondern auch dadurch, dass ich selbst Schreckliches, was ich mit ihm erlebt hatte, völlig ausklammerte und nicht sehen wollte. Dazu eine kleine Geschichte:

Als Kind bekam ich einen süßen Mischlingswelpen geschenkt, den ich in einer Ferienwoche mit zu meinen Großeltern nahm. Sein Name war Puszek. Ich habe den Kleinen sehr geliebt. Wir zwei waren unzertrennlich, haben ständig gekuschelt und gespielt. Ich hatte so viel Freude mit ihm.

Mein Vater, der zu dieser Zeit auch mit bei den Großeltern war, mochte zwar grundsätzlich keine Hunde, hat ihn aber akzeptiert, dachte ich.

Als nun die Sommerferien zu Ende gingen, bekam Puszek einen Tag vor der Abreise Magenbeschwerden und musste sich am Abend mehrmals übergeben. Mein Vater reagierte sehr seltsam. Ich hatte den Eindruck, dass er sich richtig vor dem Hund geekelt hat. Irgendwann ging ich zu Bett, während mein Vater noch bis tief in die Nacht mit seiner Familie feierte.

Am nächsten Morgen war mein Puszek nicht mehr da. Wo ich ihn auch suchte, ich konnte ihn einfach nicht mehr finden. Ich rannte durch das ganze Dorf, ging zu allen Nachbarn, fragte jeden, der mir über den Weg lief, ob er vielleicht meinen Hund gesehen hat.

Aber niemand konnte sich daran erinnern, ihn gesehen zu haben.

Nun blieb nicht mehr viel Zeit für die Suche, weil wir ja bald abfahren mussten.

Mein Herz zog sich zusammen und ich vermutete das Schlimmste. Leider bestätigte sich diese Vorahnung. Puszek war tot. Und es war mein Vater, der ihn im Alkoholrausch getötet hatte. Ich war damals acht Jahre alt und der Schmerz, nun allein ohne Puszek nach Hause fahren zu müssen und ihn für immer verloren zu haben, begleitete mich über viele Jahre. Es fühlte sich an, als hätte ich ein tiefes Loch in mir, das sich mehr und mehr mit Trauer füllte. Ich vermisste Puszek so sehr, habe oft geweint und jeden Abend für ihn gebetet.

Die Tatsache, dass mein Vater derjenige war, der ihn getötet hatte, habe ich irgendwie verdrängt. Ich vergötterte ihn weiterhin und wollte nicht wahrhaben, dass er fähig war, mir solch ein Leid zuzufügen. Ich konnte sein Idealbild nicht zerstören, denn er war doch der Einzige, der mir Schutz und Liebe gab. Mein Vater sprach nie mehr darüber, und auf all meine Fragen gab er mir nie eine Antwort. Also musste ich auch an dieser Stelle lernen, allein zurechtzukommen und mich mit dem Schmerz abzufinden.

Erst viel später – in den Jahren meiner Therapien – kam das Thema noch einmal hoch und ich durfte wieder spüren, wie schrecklich die Erlebnisse meiner

Kindheit für mich waren und dass es auch von Seiten meines Vaters einiges gab, das meine Kinderseele aufs tiefste verletzt hatte. Es war für mich ein harter Weg, dieser neuen Wahrheit ins Gesicht zu sehen und das Idealbild, das ich mir von ihm zurechtgezimmert hatte, loszulassen. Aber ich wusste, wenn ich seinen Altar nicht verändern würde, dann hieße das, in dem Drama der Kindheit steckenzubleiben und an meinem eigenen Selbstmitleid zu Grunde zu gehen. Das wollte ich nicht.

Ich erkannte irgendwann, dass ich auf viele meiner Fragen, die damals mit „Warum?“ begannen, keine Antworten bekommen würde. Weil es keine gibt. Die Dinge geschehen eben und so habe ich gelernt, dass es nur Wege gibt, die Gefühle der Verletzungen, die Trauer und die Enttäuschung anzuschauen und sie letztendlich zu heilen.

Bis dahin meinen Vater loszulassen, brauchte es viel innere Aufräumarbeit, vor allem weil ich Angst hatte, dass – wenn ich ihn loslasse, auch der letzte Halt meines Lebens verschwinden würde, etwas, mit dem ich mich identifiziert hatte, das in mir verankert war.

In der Zeit der Trauer habe ich gespürt, dass es wichtig ist, mich für eine andere Seite zu öffnen, einen Glauben zu entwickeln. Nicht unbedingt an Gott, wie einige von Ihnen jetzt vielleicht denken, sondern an etwas, das ich selbst noch nicht richtig benennen konnte. Ich spürte, dass es etwas Unsichtbares, Feinstoffliches um uns herum gibt. Eine Kraft, die uns weiter leben und glauben lässt. Ein unsichtbarer Raum, in dem Energien wirksam sind, die wir zwar nicht sehen, aber fühlen können. Ein Raum, der von vielen als Spiritualität bezeichnet wird.

Mir ist durchaus klar, dass für viele Menschen der Begriff „Spiritualität“ nach wie vor unheimlich oder zu esoterisch klingt, ja manch einem sogar unseriös erscheint. Aber mir blieb damals gar keine andere Wahl, als mich einerseits zu öffnen, andererseits in mein Herz zu gehen und zu fühlen, was es in mir gab, wer ich denn eigentlich bin, meine eigene Basis zu finden und damit den „Altar Vater“ loslassen zu können. Bis dahin, bis zu dem Punkt, an dem mir das wirklich gelang, waren allerdings noch viele Steine aus dem Weg zu räumen, die letztendlich auch damit zu tun hatten, dass Glaube in meiner Familie nicht sein durfte. Erstaunlich eigentlich, denn mein Vater war bis zu seinem 21. Lebensjahr Ministrant und auch meine Mutter glaubte. Sie war streng katholisch. Doch die Arbeit und die Parteizugehörigkeit meines Vaters ließen es nicht zu, dass sie das leben konnte, auch nicht, dass wir an einen Gott glaubten. Und nach dem Tod meines Vaters gab ich sowieso erst einmal jeglichen Glauben an eine gute Macht auf. Man hätte ja meinen können, dass nach dem Weggang meiner Mutter und der damit verbundenen Freiheit oder überhaupt mit dem Eintritt ins Erwachsenenalter ein neues Kapitel aufgeschlagen wird. In gewisser Weise war es auch so, nur zeigte sich schnell, dass es mir – ausgelöst durch den Tod meines Vaters – nicht gelingen sollte, selbstsicher, frei und unbelastet diesen neuen Abschnitt zu beginnen. Im Gegenteil, für mich begann nach meiner Kindheit das zweite dunkle Kapitel, in dem ich dem Schmerz und der Trauer, die sich in mir festgesetzt hatten, für viele lange Jahre völlig ausgeliefert war.

Auf dem Weg zu meiner wahren Schönheit und Identität fühlte ich mich oft an das Märchen „Das hässliche Entlein“ von Hans Christian Andersen erinnert. Ich fühlte mich wie das sprichwörtliche siebte Ei, das im Nest der Entenmutter lag. Ich war anders, empfand mich falsch am Platz und bekam das auch von anderen gespiegelt.

Im Märchen heißt es: *Die Tiere auf dem Bauernhof verspotteten das graue Entlein und niemand wollte mit ihm spielen. Auch der Entenmutter bereitete es große Sorgen und traurig jammerte sie: „Alle meine Kinder sind so hübsch und klug, nur das letzte Entlein ist so hässlich geraten. Niemand will etwas mit ihm zu tun haben und selbst die anderen Tiere meiden es.“*

Kein Wunder, dass das Entenkücken, das ja eigentlich ein Schwan war, sich einsam, traurig und alleingelassen fühlte und am Ende keinen anderen Ausweg sah, als davonzulaufen. Mir war es nicht möglich wegzulaufen und so blieb mir nur die Abspaltung der Gefühle, die Verleugnung dessen, was alles in meinem Leben passiert war. Im Grunde glich auch das einer Flucht.

Verloren und lebendig begraben – 15 Jahre Bulimie

Kurz nach dem Tod meines Vaters änderte sich mein Ernährungsverhalten plötzlich radikal. Ohne zu wissen, was ich da eigentlich tue, stopfte ich Unmengen Nahrung in mich hinein und brach etwas später alles wieder aus. Anfangs tat ich es einmal am Tag, später dann musste ich es mehrmals am Tag tun. Vielleicht stolpern Sie über das Wort „musste" und denken, dass die Aufnahme von Nahrung ja eigentlich ein freiwilliger Akt ist. Nein, ich MUSSTE es tun. Es war ein Drang, der sich willentlich nicht beeinflussen ließ, der stärker war als mein Wunsch, es zu steuern oder zu beenden. Der Drang hatte mich fest im Griff und ich war ihm machtlos ausgeliefert. Dass ich unter starker Bulimie litt, dass es sich dabei um eine schwere psychische Krankheit handelt, davon hatte ich keine Ahnung und in der Phase war mir das auch völlig egal. Ich brauchte die Bulimie als Kanal für alle meine emotionalen und inneren Verletzungen. Für die Scham, die Schuld, für die Wut, die Einsamkeit, die Ängste. Für die Traurigkeit darüber, verlassen worden zu sein, für all die Schmerzen, die durch die Misshandlungen in meiner Kindheit entstanden sind und die ich über Jahre verleugnet hatte und unterdrücken musste. Die Bulimie befreite mich davon. Nun konnte ich alles rauskotzen. Alles an die Oberfläche bringen.

Die Krankheit wurde zu meinem Verbündeten und nur wir beide wussten voneinander. Es war unser Geheimnis.

Das üppige Essen war der Ersatz für den Verlust von Liebe, Geborgenheit und Sicherheit. Es war das Suchtmittel, mit dem ich meine seelische Schmerzen vorübergehend betäuben konnte, um sie später gewaltsam wieder freizulassen.

Ich fühlte mich damals so alleingelassen und meinen Ängsten ausgeliefert. Ich vertraute niemandem, nicht einmal mir selbst. Ich war mit meinem Leben und seiner Leere völlig überfordert und fand den einzigen Halt im Essen, in Tabletten und im Alkohol. Ich war dem Leben und seinen Aufgaben nicht gewachsen. Den Hunger nach Liebe und Anerkennung stillte ich mit Nahrung und ich merkte nicht, wie ich immer tiefer in die Abhängigkeit abrutschte.

Das Gefühl, mich vollzustopfen, gab mir für einen kurzen Moment Sicherheit. Es machte mich satt und gestattete mir, es wenigstens für einen winzigen Augenblick leichter mit mir auszuhalten, mit mir und all dem, was emotional hoch kam.

Dabei quälte ich mich fast zu Tode. Meine Tage bestanden oft nur noch aus Essen und Erbrechen. Manchmal nahm ich mit einer Mahlzeit bis zu 4.000 Kalorien zu mir, nur um das Gefühl, das gerade hochkam, zu betäuben, um es nicht fühlen zu müssen.

Mit den Jahren entwickelte ich eine fast kriminalistische Art, meine Krankheit vor anderen zu verbergen. Schließlich musste ich darauf achten, dass die Menschen um mich herum, später dann auch mein Sohn, davon nichts mitbekamen. Es ist mir über viele Jahre gelungen, meine Krankheit zu verheimlichen.

Bulimie ist ein Teufelskreis. Man isst, um Gefühle wie Scham, Schuld, Einsamkeit, Angst, Wut, Traurigkeit, Hilflosigkeit etc. abzutöten, die sich dann umso gewaltiger wieder zeigen. Dann erbricht man und für eine kurze Zeit fühlt man sich etwas besser, bis sich rasch wieder massive Scham- und Schuldgefühle, Selbstzweifel, Traurigkeit und depressive Zustände einstellen. Dazu gesellt sich dann noch der Ekel vor sich selbst. Ich fand mich im wahrsten Sinne des Wortes „zum Kotzen“.

Nach jedem Erbrechen fühlte ich mich ausgeliefert, so, als wenn ich mich selbst wieder verraten hätte. Und tatsächlich tat ich es. Ohne jegliche Kontrolle. Immer wieder. Tag für Tag. An manchen Tagen Stunde für Stunde.

Täglich nahm ich mir vor, damit aufzuhören, und jeden Tag habe ich mich selbst belogen und war wieder enttäuscht von mir. Mir war klar, dass ich alleine aus diesem Teufelskreis nicht herauskommen würde.

Neben dem Erbrechen hatte ich immer sehr starke Schmerzen unter dem Brustbein.

Dr. Rüdiger Dahlke, Autor des Buches „Die Krankheit als Weg“, sagt dazu: „Diese Schmerzen deuten auf die zentrale Wichtigkeit des Themas hin: Es brennt einem auf dem Herzen und schmerzt genau an der Stelle, auf die man hinzeigen würde, wenn man ICH sagt“.

Aber mein ICH existierte für mich nicht mehr. In meinen Augen war ich NICHTS und NIEMAND. Es fühlte sich an, als wäre ich in meinem Herzen lebendig begraben.

Wer konnte mich in dieser scheinbar ausweglosen Lage überhaupt noch trösten?

Niemand! Und das Traurige war: Ich wollte auch nicht getröstet werden. Diesen Part übernahm ja das Essen. Es war sofort da, immer greifbar und auch überall zu bekommen.

Das Essen war mein Seelenpartner, mein treuer Begleiter im täglichen Kampf gegen mich und gegen die ungerechte Welt, in der ich lebte. Ich fühlte mich wie ein Kleinkind, das durch die Nahrung auch emotional genährt wurde.

Oft genug war ich von meinen Ess-/Brechattacken völlig erschöpft, aber irgendeine Kraft in mir hat mich dazu gezwungen, weiterzumachen. Sie besiegte mich jeden Tag und regierte viele Jahre über mich. Ich war ihr hörig, absolut abhängig.

Doch es brauchte nicht lange, bis sich das wirklich rächte, bis mein Gesundheitszustand instabil wurde. Ich bekam eine Erkältung nach der anderen, hatte bis zu achtmal im Jahr Angina und Herpes und dazu starke Rückenschmerzen. Mein Elektrolythaushalt war desolat, was natürlich Auswirkungen auf den Stoffwechsel und das Immunsystem hatte.

Dazu kamen ja in den ersten Jahren nach dem Tod meines Vaters die Schlaf- und Beruhigungstabletten und der Alkohol. Erst später habe ich erfahren, dass Tabletten und Alkohol als unangenehme Mitläufer bei Bulimie typisch sind.

Oft habe ich überlegt, wie ich mich von dieser Welt verabschieden kann. Aber letztendlich war ich viel zu feige. Oder sollte ich aus der heutigen Sicht sagen, ich war mutig genug, doch weiter zu leben?

Es gab zwischendurch immer mal wieder kurze Momente, in denen ich das Vertrauen in mir spürte und dachte, dass die Geschehnisse vielleicht doch noch einen Sinn für mich haben könnten. Und es waren genau jene kurzen Augenblicke, die mich davon abgehalten haben, aufzugeben und zu gehen.

Der Auslöser der Bulimie war sicherlich der Tod meines Vaters, aber die Ursache lag viel tiefer. Sie manifestierte sich bereits in meinen ersten Lebensjahren. Damals, als mich meine Mutter für viele Monate verlassen hatte, ohne dass sie etwas dafür konnte. Diesen Zusammenhang erkannte ich allerdings erst später in meinen Therapien.

Meine Kindheit war geprägt von Verlassensein, Vernachlässigung und Überforderung.

In meinen Therapien und Weiterbildungen habe ich gelernt, dass die Gründe für Bulimie auch noch in einem anderen Aspekt liegen können, in der Notwendigkeit, sich von einer dominanten Mutter abzuwenden, sich freizumachen, selbst vom Mädchen zur Frau zu werden und gleichzeitig das kleine Kind bleiben zu wollen, das um Zuwendung und Liebe bettelt.

In meiner Ausbildung zur Heilpraktikerin für Psychotherapie hat eine sehr treffende Aussage den Ursprung dieser Krankheit auf den Punkt gebracht: „Die Krankheit stellt eine negative Identifikation mit der Mutter dar. Sie weist auf eine gestörte Beziehung zu einer dominanten Mutter, aber auch auf eine ödipale Konfliktsituation mit dem Vater".

Die Gefühle der Einsamkeit und der Angst quälten mich viele Jahre nach dem Tod meines Vaters. Vor allem auch in meinen Beziehungen. Ich wollte niemanden an mich heranlassen und suchte mir immer Männer aus, die ich dann schnell wieder verlassen konnte. Ich war nicht stark genug für eine Bindung. Wenn man es ganz nüchtern betrachtet, war ich beziehungsunfähig. Später, als ich dann selbst Mutter war, kam aber noch etwas anderes hinzu. Von da an hatte ich immer das Gefühl, mein Kind beschützen zu müssen. Jeder Mann stellte eine Bedrohung dar und so war ich erst für eine feste Bindung bereit, als mein Kind schon ganz selbstständig war und wir nicht mehr zusammen unter einem Dach lebten.

Es gab nur eine einzige Pause in den vielen Jahren, in denen ich die Krankheit fest im Griff hatte. Ich habe – und ich sage heute, mit Gottes Hilfe – geschafft, in der Schwangerschaft und der Stillzeit ganz normal zu essen. Zu groß war die Angst, dass mein Kind unter meiner Krankheit leiden könnte.

Ich kann heute so offen darüber sprechen, weil ich den Prozess beendet und die Lebensprüfung bestanden habe. Die Wunden der Vergangenheit konnte ich heilen, deshalb empfinde ich auch keine Scham mehr. Die Bulimie war über fast 15 Jahre mein Geheimnis und außer meinen Therapeuten hat niemand etwas davon gewusst. Ich habe viele Jahre ein Doppelleben geführt, habe mich durch die Krankheit versteckt, mich noch mehr isoliert und Distanz zu anderen Menschen aufgebaut.

In den Jahren der Heilung habe ich gelernt, dass man nicht nur die psychologischen Hintergründe der Krankheit erkennen, sondern auch die spirituellen Hinweise der Sucht als Botschaft der Seele annehmen muss.

Mir war klar, dass ich mich irgendwann der Dunkelheit in mir stellen musste, sonst würde ich zu Grunde gehen, würde mein Körper nicht nur rebellieren, sondern am Ende kapitulieren. Und nachdem ich das wirklich tief im Inneren verstanden hatte, war es mir nach und nach möglich, mich um meinen inneren Raum mit all seinen Verletzungen, Schmerzen und Ängsten zu kümmern.

Von den Buddhisten lernte ich, die nötige Wertschätzung gegenüber der Nahrung zu entwickeln. Ich lernte das Essen zu zelebrieren und zu genießen.

Mit sehr viel Mut konnte ich mir selbst begegnen, meine Schönheit und meine wahre Identität finden oder, besser gesagt, sie neu aufbauen, mich von der Isolation befreien, mir selbst vertrauen und verzeihen. Ich ging in die Konfrontation mit all den verdrängten Gefühlen des Allein- und Verlassenseins und stellte mich den Ängsten und Verletzungen.

Nur so konnte ich mein zerstörtes Selbstbild korrigieren, meinen Selbstwert und Selbstvertrauen zurückgewinnen und mich und das Leben wieder lieben.

Es kam der Tag, an dem ich das Gefühl, nicht mehr perfekt sein zu müssen, wahrhaft genoss und mich trotzdem geliebt fühlte. Gut 15 qualvolle Jahre hat der Prozess gedauert, bis ich es geschafft habe, diese Krankheit zu besiegen.

Vielleicht kann ich Ihnen mit meiner Geschichte etwas geben, wonach Sie sich schon lange gesehnt haben – eine Erkenntnis für Ihr Problem oder Lebensthema, die Ihnen hilft, sich auf den Weg der Heilung zu begeben.

Durch meine therapeutische Arbeit komme ich mit vielen Frauen in Kontakt, die unter dieser Krankheit leiden und nicht erkennen, wie sie aus der Ess-Brech-Falle herauskommen. Ich selbst weiß nur zu gut, dass die Schamgefühle extrem groß sind und dass es den wenigsten Frauen möglich ist, sich jemandem anzuvertrauen, um sich helfen zu lassen. Darum ist es mir heute so wichtig, mit meiner therapeutischen Arbeit diese Frauen zu unterstützen und sie in ihren Prozessen zu begleiten.

Die spannenden Jahre als Model – mein Weg zur Erkenntnis

„Jeder sieht, was du scheinst,
nur wenige fühlen, wie du bist."
Niccolo Machiavelli, Philosoph und Dichter

Gut 15 Jahre hatte mich die Bulimie fest im Griff und natürlich war sie auch mein treuer Begleiter während meiner Zeit im Modelbusiness. Allerdings mit einem Unterschied: Nun war ich nicht mehr allein damit, was mich sogar ein wenig getröstet hat. Die Bulimie war unter Modelkolleginnen wie ein offenes Geheimnis. Auch wenn man nicht darüber sprach, wussten die Betroffenen voneinander, denn das Verhalten, das man bei dieser Erkrankung an den Tag legt, ist sehr spezifisch und für jeden, der damit vertraut ist, erkennbar.

Manchmal, wenn wir für ein Shooting, Modenshow oder Modemesse unterwegs waren, habe ich mit anderen Models in einem Raum übernachtet, zu dem nur ein Bad mit Toilette gehörte. So bekam man zwangsläufig einiges mit. Viele Models aßen tagsüber gar nichts. Dafür dann am Abend große Mengen, die sie im Anschluss schnell wieder loswerden wollten. Mir kam das sehr bekannt vor, aber ich habe mich selbst nicht getraut, mich zu übergeben, wenn andere Menschen in meiner Nähe waren. So habe ich meine Fress-Rituale immer dann durchgeführt, wenn ich allein war. Die Scham und die Angst davor, als Bulimiekranke erkannt zu werden, waren einfach zu groß.

Im Modelbusiness war mir die Bulimie mehr denn je willkommen, weil ich dort um jedes Gramm kämpfen musste. Wenn ich es geschafft hatte, an zwei oder drei Tagen ganz normal zu essen, habe ich sofort zugenommen. Das lag daran, dass mein ganzes Körpersystem nach den vielen Jahren Bulimie total durcheinander war. Jede einzelne Zelle war auf „Speichern“ programmiert, denn wenn permanent Mangel herrscht, muss der Körper zwangsläufig „bunkern“. Dadurch nahm ich automatisch zu, wenn ich so wie alle anderen aß.

Andererseits war der Model-Job, den ich mit viel Engagement verfolgte und der mir ein gutes Einkommen sicherte, natürlich die ideale Plattform für meine Anerkennungssuche im Außen.

Als es die wunderschönen Schwäne vorbeischwimmen sah, dachte es:
Einmal, nur ein einziges Mal möchte ich auch so schön sein! Dann haben mich bestimmt auch all die anderen Tiere einmal richtig lieb! Dieses Zitat aus dem Märchen „Das hässliche Entlein“ spiegelt exakt das wider, was ich in den vielen Jahren im Model-Business unbewusst gesucht habe. Ich suchte mich selbst, meinen Wert, meine Schönheit und auch das Lebensglück. Ich wollte endlich geliebt, anerkannt und bewundert werden, all das, was man mir in meiner Kindheit nicht gegeben hatte, nachholen. Ich wollte ganz besonders sein.

Zwar hatte mir der liebe Gott ein schönes Aussehen geschenkt, das Problem war nur, dass ich das selbst über viele Jahre nicht zu schätzen wusste. Im Gegenteil. Ich trampelte auf mir herum und war alles andere als gut zu mir: Übertriebener Sport, Bulimie und Hunderte von Diäten waren meine alltäglichen Begleiter. Gleichzeitig baute ich mir eine Maske auf und spielte Rollen, hinter denen ich mich prima verstecken konnte.

Der Model-Job verlangte mir zunehmend einiges ab. Ich reiste viel, der Erfolg nahm zu, aber der Job selbst machte mich müde und krank. Ich spürte sehr bald, dass die Aufmerksamkeit und der Erfolg die „leeren Töpfe“ in mir nicht füllen konnten. Im Gegenteil, es entwickelte sich eher zu einer weiteren Sucht. Mehr, mehr, mehr wollte ich, ohne jemals satt zu werden. Mein Leben wurde langsam wieder unerträglich und diesmal war es mein Körper, der die Notbremse zog.

Ich erkrankte an einer immunologischen Krankheit und reagierte von einem Tag auf den anderen auf fast alles allergisch. Das einzige, was ich zu mir nehmen konnte, waren Fisch und Karotten. Dazu kamen Unverträglichkeiten in Bezug auf alle Pollen, Gräser, Hausstaub, Laktose und einiges mehr.

Es war, als bräche alles in mir auf und drängte nach außen. Meine Seele rebellierte, das zeigte vor allem meine Haut im Gesicht. Da halfen auch keine kosmetischen Behandlungen. Ich musste Aufträge absagen, weil ich plötzlich nicht mehr garantieren konnte, gut auszusehen.

Der Druck war enorm, denn ich konnte es mir ja nicht leisten, krank zu sein. Ich war alleinerziehend und Alleinverdiener zu Hause. Es gab niemanden, der mich und mein Kind aufgefangen hätte. Also musste ich irgendwie da durch, wieder gegen den Willen meiner Seele und vor allem gegen meine Kraft – letztendlich gegen mich.

Mit 26 Jahren bekam ich meinen ersten Bandscheibenvorfall, dann Bluthochdruck und weitere Allergien dazu. Körperlich war ich am Limit, was mich allerdings nicht davon abhielt, weiterhin exzessiv Sport zu treiben. Ich hatte wichtige Aufträge, musste in Form bleiben, doch es stellte sich heraus, dass die Form, die für den einen Auftraggeber passte, für einen anderen nicht gut genug war. Ich fühlte mich wie ein Punchingball, der zwischen den Ansprüchen der anderen hin und her geschleudert wurde. Aber statt auszubrechen, behandelte ich mich und meinen Körper weiter miserabel. Ich gönnte ihm kaum Ruhe, forderte nur Leistung und war ununterbrochen im Kampf. Ich wollte mir selbst und der Welt etwas beweisen und merkte gar nicht, wie der Druck mich innerlich zerfraß.

Ich führte ein unbewusstes Leben, lenkte mich mit allen möglichen Dingen ab, um nicht fühlen zu müssen, wer ich wirklich war und wie sehr das Leid des verletzten Kindes in mir schmerzte.

Dafür wurde ich vom Leben mehr und mehr durchgeschüttelt – um endlich aufzuwachen und MEIN Leben in meine Hände zu nehmen. Ich erlebte kleinere und größere persönliche Krisen, die mich jedes Mal quasi mit der Nase darauf stießen, dass mit mir etwas nicht stimmte, dass der Fokus nach innen gerichtet werden musste, dass ich meine wahre Schönheit mit allem, was zu ihr gehörte, nur in mir finden konnte.

Irgendwann war es so weit. Irgendwann auf diesem Weg habe ich erkannt, dass ich mich verlaufen hatte. Das war nicht mein Leben, das ich lebte, sondern das Leben eines Opfers, Opfer des Lebens, meiner Eltern und auch meiner Partner.

Ich selbst kam in meinem Leben gar nicht vor. Wie denn auch. Ich kannte mich ja gar nicht. Was man von mir sah, war eine Person, die sich selbst in ein Schema gepresst hatte, um nach außen hin ein tolles Bild abzugeben.

Die Masken, die ich trug, waren vertraut. Sie beschützten mich vor den Angriffen von außen. Mit ihnen fühlte ich mich irgendwie besser und sicherer. Sie schützten mich allerdings nicht vor mir selbst, darum musste ich mich selbst bekämpfen. Ich hatte immer Angst vor meiner Wahrheit, vor meinem wahren Gesicht. Trotzdem ahnte ich langsam, was unter der Schutzschicht vergraben war. Ich ahnte, dass ich irgendwann dem traurigen, kleinen Mädchen, das ich damals war, begegnen musste, um endlich ein neues Leben beginnen zu können.

Im Nachhinein ist es mir fast schleierhaft, wie ich damals alles unter einen Hut bekommen habe, woher ich die Kraft nahm, die Herausforderungen zu bewältigen, vor allem mich selbst. Ich funktionierte wie auf Knopfdruck, erfüllte meine mütterlichen Pflichten, erfüllte die Anforderungen, die mein Job an mich stellte, und war permanent zwischen beiden zerrissen.

Aber nicht nur dort klaffte eine Lücke zwischen meinen eigenen Erwartungen und Anforderungen an mich selbst und der Realität.

Erst viel später, nachdem ich endlich erkannt hatte, wer ich wirklich bin, hat mir der Model-Job deutlich gezeigt, wie es auch anders gehen kann. Dass ich ganz leicht erfolgreich sein kann, wenn ich authentisch bin. Erst da verstand ich, dass zwar mein Körper alle Voraussetzungen hatte, die man für den Model-Job brauchte, dass aber die innere Substanz, die aufrichtige und authentische Haltung, über viele Jahre fehlte und dass das jenes Leck war, aus dem die Energie ungehindert abfließen konnte.

In diesem Business benötigt man die gleichen Qualitäten, die auch im privaten Leben notwendig sind, um glücklich zu sein: nämlich jene, die mit unserer inneren Struktur, mit der Psyche, der Seele, dem Geist, der Einstellung zum

Leben und zu sich selbst, der inneren Wahrheit und Schönheit und mit der universellen, göttlichen Ordnung im Einklang sind.

Wenn es eine Glücksregel im Model-Job gibt, dann lautet sie: Das, was man nach außen darstellt, sollte man auch innen haben. Dann kann man sich den verschiedenen Rollen, die man spielt, wunderbar und mit Leichtigkeit anpassen. Sonst ist das sehr mühsam und die Außenwelt bekommt schnell mit, dass die Haltung nicht authentisch ist. Und das beschränkt sich nicht nur auf das Model-Business. Im Grunde gilt das für jeden Beruf, nur zeigt es sich bei Models wahrscheinlich deutlicher.

Wenn man vollgestopft ist mit Themen aus der Vergangenheit, wenn man mit den eigenen Eltern nicht im Reinen ist, wenn man noch nicht verziehen hat und sich immer noch als kleines verletztes Kind fühlt, fällt es schwer, im Beruf aufzugehen und erfolgreich zu sein.

Als ich endlich verstanden hatte, welche Spielregeln ich in dieser Szene beachten musste, und vor allem, wer ich wirklich bin, wurde ich zum aufmerksamen Beobachter. Plötzlich fiel mir auf, dass die meisten meiner Model-Kolleginnen und Model-Kollegen dasselbe suchten, was ich in den vielen Jahren selbst nie gefunden hatte. Auch sie erhofften sich Anerkennung, Aufwertung, suchten ihre innere, wahre Schönheit und das Strahlen und fühlten sich sehr schnell verletzt, wenn sie zum Beispiel für ein bestimmtes Job-Projekt nicht engagiert oder wenn sie kritisiert wurden.

Der Grad zwischen dem kurzzeitigen Hochgefühl, das die Glamourwelt bietet, und dem tiefen Fall, der folgt, wenn man sich mit anderen vergleicht, die vielleicht gerade erfolgreicher sind, ist sehr schmal und das, was man erntet, sind neben dem Applaus die stets präsenten Zweifel am eigenen Selbstwert. Konkurrenzdenken ist an der Tagesordnung und der Kampf, um jeden Preis besser und erfolgreicher zu sein als die anderen, ist bitter.

Der innere Mangel wird mit dem Ruhm, der von außen kommt, nur zeitweise gefüllt. Längerfristig ist dieser Prozess zum Scheitern verurteilt und mitverantwortlich für die vielen großen und kleinen Dramen, die sich in der Zeit in meinem und in dem Leben vieler anderer Kolleginnen und Kollegen abgespielt haben.

Der Model-Job verlangt vieles. Man muss sich selbst darstellen, vor der Kamera spielen, aus sich herausgehen, sich konzentrieren. Dafür benötigt man Selbstvertrauen. Man muss in sich ruhen, von sich überzeugt sein, ohne dabei arrogant zu wirken, man muss locker sein, den Körper spüren und ihn dementsprechend präsentieren. Um das zu können, muss man seinen Körper lieben, unabhängig davon, welche Konfektionsgröße man trägt (es gibt heutzutage viele Plus Size Models). Man muss Freude daran haben, so frei zu sein, sich wirklich zeigen zu können. Man braucht Kraft und Gelassenheit locker auf Kritik reagieren zu können und nicht gleich gekränkt zu sein, sich auch mal über sich selbst lustig zu machen und vor allem dabei natürlich zu sein und zu wirken. Ein guter Fotograf erkennt sofort, wenn das Model nicht mit sich im Reinen ist, wenn es grübelt oder an sich zweifelt. Stehen einem Model die inneren Kräfte nicht zu Verfügung, ermüdet es, dann lässt der Erfolg schnell nach oder er stellt sich erst gar nicht ein.

Vieles lässt sich in diesem Business nicht umgehen. Ständig wird man mit neuen Aufgaben und Herausforderungen konfrontiert. Wenn man aber erst einmal verstanden hat und vor allem, wenn man sich als wunderbare und wertvolle Person wahrnimmt, ist das alles zu bewältigen und dann bereitet der Job wirklich sehr viel Freude.

Wie gesagt, das, was ich hier schreibe, lässt sich auf viele Lebens- und Berufssituationen übertragen. Sich ins Zentrum der Aufmerksamkeit zu stellen, kostet Kraft und Überwindung, denn entweder wird man bewundert oder eben kritisiert.

Und da gilt das kosmische Gesetz nach der Weisheitslehre des Hermes Trismegistos (griechischer Gott): „Wie innen so außen“, das auf allen Ebenen des Seins gilt.

Ist man schön und wertvoll von innen heraus, dann wird man auch von außen so wahrgenommen. Es kann natürlich trotzdem sein, dass uns nicht jeder wohlgesonnen ist. Hat man eine besondere Ausstrahlung, und liebt man sich selbst, so wie man ist, dann kann das dem Gegenüber auch Angst machen. Oft führt das zu Verurteilungen.

Die Betrachter aber, die sich selbst als Gotteskinder erkannt haben und mit sich im Reinen sind, brauchen keine Urteile und Vorurteile mehr. Sie nehmen Menschen so an, wie sie sind – mit Stärken und Schwächen, Fehlern und Talenten, unabhängig von der Konfektionsgröße oder sonstigen Äußerlichkeiten.

Es ist eine große Kunst und ein langjähriger Prozess, bis dorthin zu kommen, aber es ist möglich, wenn man es wirklich will und vor allem: Es lohnt sich.

Alles, worüber ich schreibe, habe ich selbst erlebt. Erst die Erfahrung hat es mir möglich gemacht, die Botschaften des Lebens zu deuten, sie umzusetzen und damit meinem Leben eine neue Richtung zu geben. Ich wurde durch diesen Job sehr gefordert und die tägliche Arbeit hat mir den Spiegel vorgehalten. Irgendwann konnte ich nicht mehr wegschauen, konnte keinen Widerstand mehr leisten und gab nach.

Ich bin heute für all diese Erkenntnisse, die vielen spannenden Abenteuer und die tollen Menschen, die ich kennen lernen durfte, überaus dankbar!

Ich möchte diese Zeit auf gar keinen Fall missen, denn nur durch die verschiedenen Erfahrungen bin ich gewachsen und habe mich weiter entwickeln können. Und das können Sie auch! Diese Erfahrungen sind praktisch die Basis meiner jetzigen Arbeits- und Lebensweise, denn heute folge ich meiner Berufung und helfe Menschen, das Lebensglück und ihre innere, wahre Schönheit zu finden und daran zu glauben.

Hin und wieder stehe ich auch noch als Model vor der Kamera. Aber mit einer anderen Haltung, einer anderen Einstellung, einer inneren Stärke, die es mir ermöglicht, authentisch zu sein.

Im wahren Leben erfolgte die Rettung aus mir selbst heraus. Sie lag in der Erkenntnis, dass ich schon immer „der schöne Schwan" war, nach dem ich mein Leben lang gesucht hatte.

Haben Sie sich vielleicht auch wie das kleine, unscheinbare, hässliche Entlein gefühlt?

Oder stecken Sie immer noch in dieser negativen Energie? Packen Sie die Gelegenheit beim Schopf und tun Sie etwas für sich. Schlüpfen Sie endlich aus Ihrem „Schwanenei" aus! Die Zeit ist reif dafür, und der einzige Grund, warum ich Ihnen hier in diesem Buch so viel von mir erzähle, ist, Ihnen für Ihr Leben und Ihr Schicksal Hoffnung, Mut und Kraft zu geben, damit Sie nicht aufgeben und nicht aufhören, nach Ihrer wahren Schönheit und Ihrem Lebensglück zu suchen.

Ich habe die wahre Schönheit und das Lebensglück gefunden und das können Sie auch!

Zu Beginn des Kapitels möchte ich noch einmal eine Passage aus dem Märchen „Das hässliche Entlein" einfügen. Oft genug habe ich mich in meinem Leben damit identifiziert, habe mich ausgestoßen, allein und abgeschnitten von allem gefühlt. Umso schöner war dann das Gefühl, nach einem persönlichen Reifungsprozess zu erkennen, dass sich etwas verändert hatte, dass ich meine Flügel ausbreiten konnte und mich in einer Umgebung von Gleichgesinnten befand.

Im Frühling war das Entlein bereits so groß geworden, dass der Bauer es wieder zurück ins Schilfdickicht brachte.

Glücklich und zufrieden sprang es voller Freude ins Wasser und breitete seine Flügel aus. Es genoss die warmen Frühlingsstrahlen der Sonne und steckte voller Übermut seinen Kopf in das klare Wasser des Sees. Als es den Kopf wieder hochhob und auf das Wasser blickte, hielt es erstaunt inne: „Bin ich das wirklich? Warum habe ich mich so verändert?"

Was das ehemals kleine, hässliche Entlein jetzt sah, war das Spiegelbild von sich selbst, das Spiegelbild eines stolzen und wunderschönen Schwans! Es dauerte nicht lange und auch die Schwäne aus dem Süden kehrten an ihren geliebten See zurück.

Schüchtern und immer noch etwas ängstlich näherte sich das kleine Entlein den Schwänen und als diese das kleine Entlein bemerkten, nahmen sie es in ihrer Mitte auf und sprachen:

„Wir sind Schwäne und du bist einer von uns! Wo hast du nur in all der Zeit gesteckt?"

Mit großen erstaunten, aber glücklichen Augen blickte der junge

Schwan zu seinen neuen Kameraden und murmelte: „Das ist eine lange und aufregende Geschichte!"

Von diesem Tage an schwamm der junge Schwan mit den anderen Schwänen auf dem See und war sehr glücklich und auch die Kinder, die ihn im Winter so liebevoll gepflegt hatten, standen eines Tages plötzlich am See und riefen voller Freude:

„Schaut nur, schaut nur! Dort ist unser kleiner Schwan! Seht nur, wie schön er geworden ist!"

Ich bin tief davon überzeugt, dass diese Schönheit in jedem von uns steckt, dass auch Sie diesen Weg der Reifung gehen können und dass die Mühen es wert sind und wir sie auch meistern müssen, um ein erfülltes Leben zu leben.

Die Vergangenheit kann man nicht vergessen, aber man kann sie verändern, selbst die Vergangenheit, die nicht mehr bewusst abrufbar ist, weil sie in den tiefen Schichten des Unbewussten abgelegt, abgespalten und verdrängt ist. Auch diese Themen kann man zum Beispiel in der Hypnose positiv verändern.

Mir ist klar, dass vieles von dem, was ich hier schreibe, für Sie vielleicht im ersten Moment ziemlich ungewöhnlich klingt, aber unser Unterbewusstsein und unsere Seele sind ganz besondere Mächte in uns. Viele Phänomene kann man nicht wissenschaftlich erfassen oder erklären und doch passieren sie. Auf diesen Ebenen sind Wunder möglich, die unser Verstand nicht nachvollziehen kann. Denn diese Prozesse finden außerhalb des Verstehens statt. Ich habe in den Jahren meiner Therapien wunderbare Erfahrungen mit Hypnose gemacht, deshalb habe ich mich in diesem therapeutischen Gebiet über viele Jahre gebildet und wende sie heute in meinen Sitzungen an.

Ich habe erfahren, dass der Mensch nur das in sein Leben zieht, was er in sich trägt. Das entspricht dem sogenannten Resonanz-Gesetz und wirkt sowohl im positiven als natürlich auch im negativen Sinne. Aber damit steht fest, dass auch Glück stets bei uns selbst anfängt und nicht an Erfahrungen oder äußere Umstände gekoppelt ist. Energien, die innen vorhanden sind, manifestieren sich in der äußeren Realität.

Wenn wir unseren emotionalen Reichtum pflegen, zeigt er sich als Reichtum in allen Lebensbereichen. Wir werden zu einem Magneten, der das Schöne und das Glück anzieht.

Ich habe ebenso wie viele andere Menschen, die ich kenne, über viele Jahre versucht, die äußeren Umstände zu verändern. Natürlich ist mir das nie gelungen, bis ich erkannt habe, dass das auch völlig sinnlos ist, dass ich mich dadurch nur im Kreis drehe. Auch von meinen Klienten hörte ich oft, dass sie daran gescheitert sind.

Erst als ich verstanden habe, dass ich selbst den Anfang machen muss, dass ich in mir beginnen muss, hat sich mein Leben langsam verändert und ich konnte die ersten Glücksfrüchte ernten.

So öffnete ich mein Herz für einen neuen Weg, der mir zwar zu Beginn noch etwas unheimlich erschien, Schritt für Schritt aber dazu führte, dass ich verstand, worum es im Leben eigentlich wirklich geht.

Um das eigene Schicksal zu verstehen, sollte man sich immer auf die nächsthöhere Ebene begeben. Schon Albert Einstein wusste, dass man Probleme nie mit derselben Denkweise lösen kann, durch die sie entstanden sind. Wenn man sich beispielsweise in einem Labyrinth verliert und den Ausgang nicht mehr findet, ist der einzige Ausweg, sich das Ganze von oben anzuschauen, um zu sehen, wie man aus der Sackgasse herauskommt.

Das Gleiche sollten wir mit unserem Leben tun, was bedeutet, das Leben von einer anderen, höheren Ebene zu betrachten und dort nach einer Lösung zu suchen. Unser Verstand ist da oft nicht hilfreich, weil er immer wieder die bereits erfahrenen und erprobten Denkansätze zur Lösung anbietet. Um die Ebene zu wechseln, muss man sich allerdings aus dem Alltagsgefüge lösen, muss in die Stille gehen und einen Raum für neue Sichtweisen finden.

Jemand, der sich selbst nicht liebt und wertschätzt, den liebt auch das Leben nicht. Und genau das bekommt er dann vom Leben auch gespiegelt. Damit sind wir die einzigen, die das verändern können. Im Grunde ist ganz leicht zu erkennen, wo der Ursprung der mangelnden wahren Schönheit und des Unglücklichseins beginnt -nirgendwo anders als in uns selbst.

Auch wenn wir schlechte Erfahrungen gemacht haben und der Meinung sind, dass die uns ja von außen zugefügt wurden und doch die anderen daran schuld sind, so ist es wichtig zu erkennen, dass die Klärung der Schuldfrage uns nur weiter in das Dilemma verstrickt und uns Energie raubt.

Es ist wichtig, endlich die Verantwortung für das Gelernte zu übernehmen und sich auf den Heilungsweg zu begeben.

Statt zu kämpfen, zu hassen und zu hadern, könnten wir uns zum Beispiel die Liebe, die wir von unseren Eltern nicht bekommen haben, selbst geben. Natürlich geht es nicht von heute auf morgen und es bedarf häufig langer Prozesse, die durch einen erfahrenen Therapeuten unterstützt werden sollten, aber es ist möglich.

Ich weiß, diese Ansicht ist radikal, vor allem, weil man ja meint oder weiß, im Recht zu sein. Aber worum geht es? Was nützt es Ihnen, Recht zu haben? Glück bringt es Ihnen nicht. Glück bringt Ihnen in diesem Fall nur der Akt der Selbstliebe.

Das Leben manifestiert unsere Unliebe und die Verletzungen der Kindheit in drei Bereichen. Ich nenne diese drei Bereiche: „die drei Säulen". Die erste Säule ist unsere Gesundheit und unsere körperliche Vitalität. Die zweite Säule ist das Glück in unserer Liebesbeziehung und die dritte Säule sind unser Beruf und die Finanzen. Auf diesen drei Säulen ruht unser gesamtes System.

Wenn eine dieser Säulen wackelt, geraten wir in eine Krise. Meist fühlen wir dann einen Mangel in diesem Bereich. Leider erlebe ich es oft in meiner Praxis, dass Klienten erst dann Hilfe in Anspruch nehmen, wenn alle drei Säulen bereits ziemlich zerstört sind. Dann ist es natürlich nicht zu spät (es ist nie zu spät), aber es kostet enorm viel Kraft, das System wieder in eine stabile Lage zu bringen. Sigmund Freud sagte dazu einmal, dass der Mensch erst dann für eine Therapie bereit ist, wenn der Leidensdruck nicht mehr auszuhalten ist.

Mir ist es im Laufe der Jahre gelungen, in allen drei Bereichen Frieden und Stabilität aufzubauen, und ich habe gelernt, dass ich sofort reagieren muss, wenn eine der Säulen sich bemerkbar macht und meine innere Harmonie gestört ist. Da ich nach diesem Prinzip lebe, kann ich heute sagen: „Ja, ich bin glücklich und ich lebe in der Fülle! Ich lebe das Leben, von dem ich immer geträumt habe." Und genau damit möchte ich SIE „anstecken".

Das gute Gefühl, auf drei stabilen Säulen zu stehen, verstärkt sich bei mir noch dadurch, dass ich heute in einer Gegend lebe, die jeden Tag mein Herz erfreut, eine Gegend mitten in der Natur, die viel Raum und Ruhe bietet. Ich erlebe sie bewusst und sie macht mich jeden Tag glücklich.

Durch meine eigene Reifung und Erkenntnis konnte ich auch meinen Sohn stärken, denn wir Eltern übertragen unser Erleben auf unsere Kinder. Wir übertragen unbewusst die emotionale Last und lassen unsere Kinder darunter leiden. Das soll keinesfalls eine Schuldzuweisung sein, aber es ist eine Tatsache. Das, was einmal war, können wir nicht rückgängig machen, aber wir können jetzt dafür sorgen, dass es uns gutgeht. Denn glückliche Eltern haben auch glückliche Kinder.

Heute ist mein Sohn ein glücklicher, starker, erfolgreicher und selbstbewusster Mensch, der sein Leben wunderbar meistert. Dazu trägt sein eigener Charakter bei, aber auch die Tatsache, dass ich ihn durch meine eigene Arbeit an mir ein gutes Stück entlastet habe.

Dass ich alles über meine Kindheit und die vielen Jahre der Suche nach der wahren Schönheit aufschreiben konnte, war nur möglich, weil ich heute nicht mehr verletzt bin, weil der innere Mangel, die schwachen Energien, die aufgrund der Verletzungen in der Kindheit entstanden sind, nicht mehr existieren.

Irgendwo habe ich mal gelesen: „Es braucht wenige Sekunden, einem Menschen tiefe Wunden zuzufügen, jedoch viele Jahre, diese wieder zu heilen." Jeder von uns erfährt das auf die eine oder andere Weise in seinem Leben. Unsere Seele will diese Erfahrung machen, deshalb müssen wir erst leiden, um uns von gewissen Illusionen zu lösen, um vieles zu verlernen, das nicht mit unserer wahren Essenz – mit unserem wahren Wesen zu tun hat, um zu verzeihen (erst sich selbst und dann den Tätern) und um letztendlich die Vergangenheit loszulassen.

Leider müssen wir oft erst bis ganz nach unten fallen, um uns zu verändern und neu zu beginnen. Die Erinnerungen an die Verletzungen werden wahrscheinlich immer bleiben, aber sie verlieren die dazugehörigen Emotionen. Man denkt vielleicht noch daran, aber es erregt das Gemüt nicht mehr, weil die Gefühle sich bereits transformiert haben.

Sie verbringen mit sich selbst all die Zeit Ihres Lebens. Also sorgen Sie doch dafür, dass es Ihnen gutgeht. Sie sind der einzige Mensch, der Sie glücklich machen kann. Sie sind allerdings auch der einzige Mensch, der Sie unglücklich und erfolglos machen kann. Beides ist richtig und die Entscheidung liegt allein bei Ihnen.

Ja, ich glaube, dass jeder zu seiner wahren Schönheit und zu seinem Lebensglück finden kann (außer die Person ist ernsthaft physisch oder psychisch krank), und mir ist klar, dass dazu oft sehr viel Kraft, Glaube, Anstrengung, Geduld und Disziplin gehören.

Meine persönlichen Investitionen waren: Zeit, Kraft und Durchsetzungsvermögen, viele Tränen, viele Schmerzen, eine gewisse Hartnäckigkeit, auch Mut, Disziplin und Geduld und letztendlich auch sehr viel Geld.

Aber das waren die besten Investitionen meines Lebens, bestens angelegte Energien, eine Investition in mich selbst, in meine wahre Schönheit und mein Glück. Ich habe damit den Grundstein für ein stabiles und glückliches Leben gelegt.

Ich möchte noch einmal betonen: Ich schreibe das alles nicht, um mich damit zu erheben oder zu sagen, wie toll ich bin. Mein einziges Anliegen ist es, Ihnen zu vermitteln, dass SIE ES AUCH SCHAFFEN KÖNNEN!

Im Teil 4 erfahren Sie, wie sich Mangel bildet und in welchen Lebensbereichen er sich manifestieren kann. Sie erfahren auch eine Menge darüber, wie Sie Ihre wahre Schönheit entfalten und das Lebensglück finden können.

Vielleicht fragen Sie sich, ob mein Leben heute vollständig problemlos ist, ob diese Prozesse irgendwann beendet sind. Ich mache die Erfahrung, dass mir mein Leben immer wieder etwas zeigt, das mich zwingt, nach innen zu schauen, vielleicht ein ungutes oder unangenehmes Gefühl, eine unangenehme Situation oder eine andere Lebensbotschaft, die sich nicht gut anfühlt. Ich warte heute nicht lange, um das in mir zu korrigieren, sondern ich begebe mich sofort auf den Weg und suche nach Möglichkeiten, es zu verändern. Das geschieht in mehreren Schritten, die ich Ihnen später aufzeigen werde. Damit sich das ungute Gefühl verändert, braucht es zuerst unsere Annahme, dann die Korrektur oder, anders gesagt, die Heilung und letztendlich das Loslassen. Natürlich habe ich früher auch mehrmals das Handtuch geworfen, weil ich nicht mehr konnte, weil mich der alte Schmerz wieder einholte. Dadurch wurde ich gezwungen, noch tiefer zu schauen und die Vergangenheit zu heilen.

Da ich in meinen Sitzungen eine stabile Säule für meine Klienten sein muss, um sie aufzufangen und zu führen, ist es wichtig, dass ich selbst in mir ruhe, geklärt und in meiner Kraft bin. Wäre das nicht der Fall, könnte es sein, dass ich mit Mitleid reagiere, doch Mitleid würde die Lage noch verstärken. Mitgefühl dagegen ist unterstützend und aufbauend. Auch war es wichtig, zuerst selbst durch die Erfahrungen zu gehen, meine emotionalen Tiefen zu erforschen und sie zu klären, um nicht aus dem Gleichgewicht zu geraten, wenn Klienten auf diese Themen zu sprechen kommen.

Es gibt eine ganze Reihe an Qualitäten, die ich in mir tragen muss, um meinen Klienten optimal zu helfen. Diese Qualitäten sind: Mitgefühl, Sensibilität, Geduld, Empathie und verständnisvolles Fühlen und Handeln. Ich muss mich in den anderen hineinversetzen können. Das erfordert eine gute Menschenkenntnis. Auch muss ich den Klienten so akzeptieren, wie er ist, und letztendlich muss ich ihm ein Helfer sein und ihn da abholen, wo er gerade steht.

Diese Qualitäten zu geben bedeutet, dass ich sie erst mir selbst geben muss. An dieser Qualität erkennt man einen guten Coach oder Therapeuten. (Auch dafür bekommen Sie in diesem Buch im Teil 5 einige Hinweise).

Allerdings – und das kann man gar nicht oft genug betonen – sind Sie selbst der einzige Mensch, der Sie glücklich und erfolgreich machen kann. Ein Therapeut oder Coach kann Sie nur begleiten und Ihnen den Weg zeigen, aber gehen müssen Sie ihn selbst. Das ist die Entscheidung, die Sie treffen müssen – wollen Sie das, oder wollen Sie weiterhin andere Menschen oder Umstände für Ihr Unglück verantwortlich machen?

Entscheiden Sie sich für die wahre Schönheit und das Glück, muss ich Sie warnen, denn es gibt einen einzigen Nachteil. Menschen, die ihre wahre Schönheit und das Glück gefunden haben, die das natürlich auch ausstrahlen, verunsichern schnell andere Menschen, nämlich jene, die ihre eigene wahre Schönheit und das Glück bisher entweder nie oder selten erlebt haben. Ganz besonders kritisch und urteilend verhalten sich jene, die sich selbst auf der Suche nach der eigenen wahren Schönheit und dem eigenen Glück befinden und es vielleicht dem anderen nicht gönnen, dass er es schon gefunden hat. Es kommt vor, dass man von solchen Menschen angefeindet wird. Das soll Sie aber nicht daran hindern, das Glück zu finden und es zu genießen. Im Laufe der Zeit werden Sie merken, dass Sie immer seltener auf solche Menschen treffen und dass Sie die anziehen, die Ihnen wohlgesonnen sind und Ihnen guttun.

Sie fragen bestimmt, wie lange es dauert, bis man die wahre Schönheit und das Lebensglück gefunden hat? Diese Frage höre ich sehr oft. „So lange, solange es noch nötig ist", sagte mir einmal ein sehr alter, weiser Mann in Indien. Diese Botschaft habe ich mir zu Herzen genommen und habe sie immer wieder abgerufen, wenn ich mit meiner Ungeduld in Konfrontation lag.

Ich möchte Sie ermutigen, nicht aufzugeben, sondern den Weg weiterzugehen und sich helfen zu lassen, denn es ist nie zu spät für einen Wandel.

Meine älteste Klientin ist 79 Jahre alt und es ist ihr gelungen, durch viel Arbeit an sich das Glück zu finden. Jeder Zeitpunkt ist der richtige und es ist nie zu spät für das Aufwachen.

Sie sagte selbst: „Wissen Sie, selbst wenn ich nur noch ein halbes Jahr leben sollte, dann hat es sich gelohnt ein glückliches halbes Jahr hier zu sein".

Vielleicht kennen Sie ja die Adventsgeschichte der vier Kerzen. Sie ist überliefert und ich möchte sie gern an dieser Stelle einfügen, weil sie deutlich zeigt, was wir brauchen, um voranzugehen und auch in schweren Zeiten nicht zu verzweifeln.

Die Geschichte über die vier Kerzen

Vier Kerzen brennen langsam in einem Raum.
Wenn du ganz leise bist, kannst du sogar hören, was sie sprechen.

Die erste Kerze sagt:
„Ich bin der FRIEDEN. Niemand kann mein Licht erhalten.
Ich glaube, ich werde ausgehen.“
Ihre Flamme wurde plötzlich kleiner und ging ganz aus.

Die zweite Kerze sagt:
„Ich bin das VERTRAUEN. Ich bin am verletzlichsten und deshalb hat es keinen Sinn, dass ich weiter brenne.“
Nachdem sie gesprochen hatte, wehte ein sanfter Hauch zu ihr und sie erlosch.

Die dritte Kerze sagt:
„Ich bin die LIEBE. Und ich habe keine Kraft mehr. Die Menschen schieben mich beiseite und begreifen nicht, wie wichtig ich bin. Sie vergessen sogar die zu lieben, die ihnen am nächsten sind.“
Und dann erlosch sie auch.

Auf einmal betritt diesen Raum ein Kind und sieht, dass drei Kerzen ausgegangen sind.
„Oh, warum brennt ihr nicht mehr?“, sagt das Kind.

Das Kind wird sehr traurig.

Da spricht die vierte Kerze:
„Habe keine Angst und sei nicht traurig, solange ich brenne, können wir die anderen Kerzen wieder anzünden.
Ich bin die ZUVERSICHT!

Mit leuchtenden Augen nimmt das Kind die Kerze der Zuversicht und zündet die anderen wieder an.

Die Flamme der Zuversicht soll immer bei uns sein, so behalten wir Frieden, Vertrauen und Liebe für alle Zeit!

Ich wünsche Ihnen jene Zuversicht, damit Sie immer wieder den Frieden, das Vertrauen und die Liebe in sich wecken können.

Teil 2

Schönheit regiert die Welt – über Schönheitsideale

„Die höchste Form des Glücks ist ein Leben mit einem gewissen Grad an Anderssein."
Erasmus von Rotterdam, Theologe und Philosoph

Schönheit regiert die Welt, so lautet ein bekannter Satz. Er will uns suggerieren, dass die, die schön sind, bessere Chancen haben, nach oben zu kommen, und begehrter sind. Aber ist es wirklich die Schönheit, die die Welt regiert? Es sind wohl eher die Medien, die uns zeigen, was angesagt ist und was nicht. Und auch hinter den Medien steht wieder jemand – Konzerne, die Geld verdienen wollen. Viel Geld.

Die meisten Menschen sind heute fast süchtig nach Informationen und Vorbildern. Sie lassen sich von ihnen leiten und beeinflussen. Manche richten ihr ganzes Leben danach aus, um „so zu sein wie". Werbebilder triggern uns an. Sie lassen uns vergleichen und verführen uns zu dem Glauben, nicht perfekt und nicht genug zu sein. Sie flüstern uns ein, dass wir minderwertig sind, wenn wir dem Ideal nicht entsprechen. Leider haben die wenigsten von uns gelernt, zwischen dem Idealbild der Schönheit, das durch die Medien vorgegeben wird, und der wahren Schönheit, die wir ganz natürlich in uns tragen, zu unterscheiden.

Das Absurde daran ist, dass ja eigentlich jeder nach Individualität strebt, und trotzdem wollen die meisten – vor allem Jugendliche – den medialen Vorbildern entsprechen und uniformieren sich dadurch erst recht. Dabei setzen sie sich extrem unter Druck, indem sie glauben, dass das Leben erst dann lebenswert und man selbst liebenswert ist, wenn man zum Beispiel schön, schlank und makellos ist.

Schön bedeutet in diesem Zusammenhang, gleichzeitig erfolgreich und glücklich zu sein. Und das wollen natürlich die meisten und können oft über viele Jahre nicht erkennen, dass es im Leben gar nicht darum geht. Dass sie wie der Esel der Möhre an der Angel hinterherlaufen und gar nicht bemerkt haben, dass sie das mit der wahren Schönheit völlig missverstanden haben.

Ich habe während meiner Zeit im Modelbusiness Hunderte von Models kennengelernt, die mit allen Attributen ausgestattet waren, die viele Menschen als erstrebenswert ansehen. Und glauben Sie mir, sehr wenige von denen waren mit sich zufrieden und das trotz Schönheit, Erfolg, Ruhm und der Tatsache, dass sie im Mittelpunkt standen.

Viele Menschen sind nicht in der Lage, zu unterscheiden, ob das, was gerade „in" ist, tatsächlich auch schön ist, sondern sie folgen fast blind dem Umfeld, in dem sie leben, um nicht aus der Reihe zu tanzen und gleichzeitig nicht angreifbar zu sein. So wird aus Idealen plötzlich ein Wahn, der im Grunde darauf beruht, dass die Wirklichkeit falsch gedeutet wird. Das kann nicht nur seltsame Blüten treiben, sondern sogar gefährlich werden, denn Schönheitswahn führt nicht selten zu schwerwiegenden psychischen und körperlichen Problemen, manchmal sogar zum Tod.

Die Werbung hält jungen Menschen ein unechtes, verzerrtes Bild von idealer Schönheit und dem idealen Körper vor, an dem sie sich orientieren und mit dem sie sich vergleichen. Besonders Jugendliche lassen sich leicht manipulieren, weil bei ihnen das Empfinden für die eigene Identität noch nicht so ausgeprägt ist. Dadurch fehlt den meisten auch das Gefühl für den eigenen Selbstwert.

Ich finde es eigentlich absurd, dass irgendwer einen Standard festlegt, ein Ideal propagiert, dem dann alle folgen sollen. In meinen Augen ist das menschenverachtend. Trends haben in allen Epochen viel Leid und Missgunst geschürt. Man denke nur an die Qualen, die Frauen erleiden mussten, als es Mode war, Korsetts zu tragen. Oder in der heutigen Zeit, in der mit Sicherheit zwei Drittel aller Frauen meinen, sie wären zu dick.

Da Schönheit immer im Auge des Betrachters liegt, bedeutet das doch eigentlich, dass man Schönheit gar nicht definieren kann. Jeder empfindet andere Attribute als schön. Und trotzdem unterwerfen wir uns jedem Trend, der uns vor die Nase gesetzt wird.

Schlankheits- und Schönheitsideale unterlagen in jedem Zeitalter einem Wandel und wurden immer neu definiert. Zu jeder Zeit gab es irgendeinen Trend, dem sich Menschen anpassen mussten oder wollten. Um der Kritik anderer zu entgehen, versuchte man zwanghaft und oft gegen den eigenen Körper, in der Norm zu bleiben und die Maße zu halten.

In der Antike beispielweise war es ähnlich wie heute. Korpulent zu sein wurde verachtet und sogar bestraft. Später im Mittelalter war die Einstellung zum Körper dagegen widersprüchlich. Einerseits wurde das üppige Essen als Sünde angesehen, anderseits waren Menschen, die viel schlemmen konnten, weil sie reich waren und dadurch viel Essen hatten, sehr hoch angesehen, weil man dachte, dass sie von Gott gesegnet wären.

Im 16. Jahrhundert huldigte man wieder korpulenten Körpern. Kräftige Damen mit ihren sehr weiblichen Rundungen wurden vergöttert, man denke nur an die Gemälde von Peter Paul Rubens.

Auch global betrachtet sind Schönheitsideale variabel. Jede Kultur pflegt ein anderes. So gibt es auch heute immer noch Zivilisationen, in denen die Fettleibigkeit bei Frauen hoch angesehen ist, symbolisiert sie doch Schönheit und Fruchtbarkeit. Bei Männern wird die Fettleibigkeit sogar mit Macht, Reichtum und Prestige assoziiert.

Auch in unserer Kultur galten sehr weibliche Körper, wie zum Beispiel der von Marilyn Monroe oder Sophia Loren lange Zeit als Schönheitsideal. Abgelöst wurden sie von Twiggy, dem berühmten superdünnen Model, und im Grunde sind wir den Schlankheitswahn seit ihrer Zeit nicht mehr losgeworden. Bis heute dominiert Zero Size (unter 32 Konfektionsgröße!) die Modebranche und nicht nur die Models hungern sich in diese Größe, sondern viele junge Frauen richten sich ebenfalls nach diesem Trend. Das Verrückte dabei ist, dass das Hosenbein der Konfektionsgröße zero dem Beinumfang eines 12-13-jährigen Kindes entspricht. Die Mode wird aber später von erwachsenen Frauen getragen, die sich bis auf diese Konfektionsgröße, die eigentlich keine mehr ist, hungern.

Nicht nur Models, auch Hollywoodschauspielerinnen oder Sängerinnen sind Vorbild für junge Frauen. Sie eifern ihnen nach, wollen so sein wie sie, manchmal eben auch abgemagert mit einem Körper, der, nur noch von der Haut umhüllt ist. Manchmal reicht der Spruch von einem Star, um gefährliche Trends zu setzen. Wie der von Lady Gaga, die vor ein paar Jahren sagte: „Stars essen nichts".

Es ist für mich immer wieder erstaunlich, dass die Ansichten von einer Handvoll Menschen so viel Einfluss haben. Wenn in Hollywood Falten „in" sind, dann sind sie es auf der ganzen Welt, will man meinen. Leider ist es nach wie vor so, dass nur die wenigsten von den „Großen" noch erfolgreich sind, wenn sie Falten haben. Mit 40 Jahren gehören die meisten Schauspielerinnen schon zum alten Eisen. Bei den Models ist das, wie Sie ja bereits lesen konnten, nicht anders. Dort diktiert noch ein ganz anderer Wahn, wer *en vogue* ist und wer nicht.

Die Traummaße 90-60-90 sind schon lange nicht mehr gefragt und es ist erschreckend, wie diese „internen" Vereinbarungen der Modewelt in unseren Alltag eindringen und viele Menschen beeinflussen. Ich selbst hatte nie diese Maße und bin trotzdem auf vielen Shows in Deutschland, Österreich und der Schweiz gelaufen und arbeitete erfolgreich als Fotomodel. Trotzdem war ich als Mode-Model einfach zu „dick", wie mir meine Agenturen immer bestätigten. Ich habe das in den ersten Jahren wirklich geglaubt und natürlich alles unternommen, um abzunehmen. Aber mein Körper wollte es einfach nicht. Ich hatte schon immer eine sportliche Figur und hätte mir an manchen Stellen die Knochen reduzieren lassen müssen, um zumindest die Konfektionsgröße 36 oder noch kleiner zu erreichen.

Erfreulicherweise gibt es derzeit einen neuen Trend in der Modebranche – die sogenannten Plus-Size-Models (Konfektionsgrößen ab Größe 40). Wobei man auch hier allein schon über die Formulierung „Plus Size" stolpern muss, denn, eine Konfektionsgröße 40 als eine „große Größe" zu bezeichnen, ist unangemessen, zumal die meisten Frauen in Deutschland die Konfektionsgröße 42 tragen. Die Modewelt wird wohl noch viele Jahre brauchen, bis sich die Plus-Size-Models fest integriert haben, auch wenn im Herbst 2014 ein Plus-Size-Model sogar die Fashion-Show in New York eröffnete. Sie war eine kleine Sensation, denn damit wurde zum ersten Mal in der fast 70-jährigen Geschichte der New Yorker Fashion Week Mode für diese Größen gezeigt.

Auch die renommierte Modelagentur IMG, die ihren Sitz in New York, London, Mailand, Paris und Hongkong hat und die Top-Models wie Gisele Bündchen, Kate Moos sowie Hollywood-Stars wie Drew Barrymoore vermittelt, führt neuerdings fünf junge Plus-Size-Models in ihrer Kartei. Und selbst im Pirelli-Kalender von 2014, in dem die schönsten Frauen der Welt abgebildet sind, ist ein Plus-Size-Model mit der Konfektionsgröße 42 zu sehen, das dem gängigen Modeltyp vom Pirelli-Kalender auf den ersten Blick so gar nicht entspricht.

Ich bin ganz sicher, dass viele Frauen, die diese gängige, ganz normale Konfektionsgröße haben, sich endlich ein wenig entspannen könnten, wenn dieser Trend sich durchsetzt. Zu wünschen wäre es allen.

In meine Praxis kommen häufig Frauen, die abnehmen wollten, und das, obwohl sie wirklich schon schlank waren. Viele von ihnen quälten sich durch diverse Diäten und malträtierten ihre Körper ohne Ende. Was diese Frauen nicht wissen, ist, dass unser System auf ein bestimmtes und sehr individuelles Gewicht geeicht ist und dass man sich noch so verrückt machen kann, der Körper wird dieses Gewicht immer wieder anstreben. Es sei denn, wir hindern ihn gewaltsam daran, indem wir uns auf exzessive Art und Weise mit Extremsport oder Null-Diäten quälen. Durch einen kinesiologischen oder idiomotorischen Test kann man dieses Gewicht ermitteln und sich damit viel Frust ersparen. Gleichzeitig kann man, wenn das per Test ermittelte Gewicht zu hoch oder zu niedrig ist, also weit über oder unter dem liegt, was gesund ist, herausfinden, warum der Körper darauf programmiert ist. Braucht er vielleicht Schutz? Einen Panzer? Oder will er damit auf einen emotionalen Mangel aufmerksam machen? Sie merken es schon: Steigt man tiefer in das Thema ein, dann zeigt sich schnell, dass unser Körper keine Maschine ist, die wir beliebig in irgendeine Form pressen können. Umso absurder ist der ganze Zirkus, der um die Idealmaße veranstaltet wird. (In meinem nächsten Buch werde ich auf dieses Thema ausführlich eingehen.)

Wie können wir nun aber uns und unsere Kinder schützen?

Indem wir dafür sorgen, dass wir emotional gestärkt und stabil sind. Indem wir uns freimachen von Vorgaben. Es ist egal, ob wir einen kräftigen oder schlanken Körper haben, weibliche oder männliche Kurven, ein markantes oder weibliches Gesicht, schmale oder volle Lippen. Vielmehr kommt es darauf an, welche emotionalen Potentiale in uns vorhanden sind. Besser gesagt: welche aktiviert sind und uns gegenwärtig zur Verfügung stehen. Das innere Rüstzeug ist die beste Basis des Menschen. Im Grunde weiß doch jeder, dass eine neue Garderobe, selbst wenn sie dem aktuellsten Modetrend entspricht, am Ende auch nichts anderes als eine Maske ist, eine Hülle, die nicht auf Dauer befriedigt, weil sie nur vorübergehend den inneren emotionalen Mangel kaschieren kann.

Wahre Schönheit geht immer mit einem guten Selbstwertgefühl und mit Selbstvertrauen Hand in Hand. Liebt man sich, so wie man ist, und erkennt mit einem gesunden Menschenverstand, was hinter dem Schein steckt, dann ist man gewappnet und lässt sich durch die Außenwelt nicht manipulieren und beeinflussen. Dann bleibt man vor allem sich selbst treu, fühlt sich schön und bekommt genau das dann auch von der Außenwelt gespiegelt.

Wie Werbung funktioniert

Die Werbung wirkt direkt auf unsere Psyche, indem die Werbeschaffenden mit bestimmten Taktiken und Tricks arbeiten. Werbung ist ein Teilgebiet der angewandten Psychologie, die die Wirkung der klassischen Konditionierung nutzt.

Zum Beispiel wird in der Werbung ein hübsches Model eingesetzt, um ein Produkt zu verkaufen. Somit kommt es zu einer Verknüpfung von zwei „Reizen" - Model und Produkt, wo ursprünglich überhaupt kein Bezug zueinander war. Eigentlich soll ja nur ein Produkt, wie beispielweise eine Gesichtscreme, verkauft werden – der Betrachter der Werbung wird sich jedoch an das hübsche Model erinnern, was es in ihm auslöst, und das wird er zukünftig mit dem Produkt assoziieren. Denn das hübsche Gesicht weckt Bedürfnisse. Wir wollen auch so aussehen, so gepflegt sein, uns so gut fühlen oder etwas Schönes erleben.

Das nutzt die Werbebranche aus und verknüpft Produkte mit Gefühlen, Erlebnissen oder eben mit „schönen“ Menschen. Werbung weckt bewusste und unbewusste Emotionen in uns und häufig erinnern wir uns nicht an die Werbung, sondern an die Schlüsselreize, die schönen Gefühle eben, mit denen uns die Werbung angesprochen hat.

Damit Werbung nachhaltig wirkt, muss sie oft wiederholt werden. So brennt sie sich in unser Gedächtnis ein. Die gleiche Wirkung erzeugt die permanente Konfrontation mit aufgesetzter, unechter Schönheit, die auf allen medialen Kanälen ununterbrochen geboten wird. Das führt dazu, dass unser Gehirn davon kaum noch Abstand nehmen kann und so die Realität verklärt. Streben Menschen nun nach diesem perfekten, makellosen, schönen Körper aus der Werbung und versuchen alles, um ihn zu erreichen, dann müssen sie zwangsläufig frustriert sein, denn das, wonach sie streben, ist einfach nicht real. Bilder sind bearbeitet, Models geschminkt, gestylt oder auch mit chirurgischen Mitteln in Form gebracht. Wer das auch so will, zahlt meist einen hohen Preis, indem er mit Versagensgefühlen, Minderwertigkeitskomplexen und Unglücklichsein auf der Strecke bleibt. Im schlimmsten Fall kann solch ein Streben in verschiedenen psychischen und physischen Erkrankungen enden.

Man muss heute nicht unbedingt ein Model sein, um zu wissen, was sich hinter den perfekten, makellosen Bildern der Werbung verbirgt, wie Fotos durch die vielfältigen Möglichkeiten der Digitaltechnik manipuliert werden, und vor allem, wie viel Arbeit in einem Foto steckt oder wie viel Aufwand so mancher Prominente betreibt, um so auszusehen, wie er aussieht. Wären wir nicht alle so „schön“ wie die Prominenz, die wir aus den Medien kennen, wenn wir einen Personal-Trainer, einen eigenen Visagisten und Stylisten, kostspielige (geschenkte) Kleider der Top-Modedesigner, plastische OPs, Haushaltshilfen, Gärtner, Babysitter, Bodyquards, Chauffeure, private Coaches, Zeit für die Schönheitsbehandlungen und viel Geld hätten?

Fakt ist auch, dass sich in diesen Kreisen alles vorrangig um das Aussehen dreht. Bist du schön und schlank, dann bist du erfolgreich und gehörst dazu. Wenn du es noch nicht bist, dann musst du für deine Schönheit und gegen deine Falten etwas tun.

Wir Zuschauer nehmen oft genug eine tolle Fassade wahr, hinter der sich nichts als emotionale Defizite verbergen. Drogen, Skandale, Exzesse, Alkoholismus, Tabletten, psychische Störungen sind an der Tagesordnung.

Ich denke, jeder soll tun, was er tun möchte. Aber ich denke auch, dass wir lernen sollten, den Fokus auf das Wesentliche zu richten – nämlich darauf, dass wahre Schönheit etwas ist, das man weder mit Geld kaufen noch im Photoshop zaubern kann.

Ich möchte Ihnen noch ein Beispiel aus meinem Berufsalltag erzählen. Für ein Modeshooting wird ein Model zuerst von einem professionellen Visagisten geschminkt. Bei manchen Produktionen gibt es noch zusätzlich einen Haarstylisten, der die gewünschte Frisur kreiert. Für Haare und Make-up werden ungefähr ein bis zwei Stunden eingeplant. Dann kommt noch ein Stylist dazu, der für die Kleidung und für das eventuell nötige Styling am Dreh- oder Shootingort zuständig ist.

Stellen Sie sich doch mal vor, wie SIE aussehen würden, wenn drei Personen an Ihrem Style so lange arbeiten würden? Wenn dann noch ein professioneller Fotograf, der weiß, wie er mit Licht umzugehen hat, von Ihnen die Bilder schießt. Bei einem Shooting werden 20-50 Aufnahmen pro Outfit gemacht. Von diesen Fotos wird im Anschluss eins ausgesucht, auf dem „alles“ stimmt. Dieses Bild wird dann meist noch mit modernster Technik bearbeitet. Die Falten im Gesicht und/oder im Stoff werden geglättet, Hautunreinheiten und Pigmentstörungen werden entfernt, Helligkeit, Kontrast und Farben werden verändert. Sogar der Austausch von ganzen Körperpartien ist möglich, wenn es der „Verbesserung“ der Bilder dient. Es gibt so viele Tricks, die den Körper zum Beispiel schlanker wirken lassen. Dem Wahnsinn sind da wirklich keine Grenzen gesetzt.

Das „schöne“ Endergebnis, also das, was wir als Verbraucher sehen, ist nichts als ein Optimalbild, das aus dem Zusammenspiel von Technik und kompetenten Menschen entstanden ist, die sich dabei nach ganz genauen Vorgaben gerichtet haben. Nichts ist dem Zufall überlassen, denn am Ende geht es ja darum, dass der Verbraucher zum Kauf animiert wird. Und dazu muss die Ware optimal präsentiert werden. Am besten so „natürlich“ wie möglich. Das hinter dieser „Natürlichkeit“ die Arbeit eines ganzen Teams steckt, darf selbstredend nicht sichtbar sein.

Wenn ich morgens aus dem Bett steige, sehe ich auch anders aus als auf den tollen Modebildern und Plakaten, auf denen ich abgebildet bin. Das soll nicht heißen, dass ich mich so nicht schön finde. Im Gegenteil, ich mag mich auch ungeschminkt. Die Makellosigkeit, die auf vielen Bildern zu sehen ist, ist eben einfach nicht real.

Ein kurzer Werbespot, der nur wenige Sekunden dauert, nimmt oft einen ganzen oder sogar mehrere Produktionstage in Anspruch. Je nach Produkt und Kundenwünschen erfordert so ein Spot ganz bestimmte Settings. Ich habe zum Beispiel bei einem Werbespot mehr als 60 Menschen erlebt, die an der Produktion beteiligt waren. Soll man sich da wundern, dass das Endergebnis top ist? Trotz der Perfektion bleibt es „gemacht" und entspricht nicht der Realität. Kein Model auf dieser Welt ist makellos.

Ich kenne so viele Geschichten von bekannten und unbekannten Models, von Schauspielern und Promis, die häufig gedoubelt werden mussten, wenn es darum ging, makellose Haut, strahlende Augen, wohlgeformte Hände, Füße und Beine oder einen straffen Bauch zu präsentieren. Ich finde, es wird Zeit, dass wir wieder die Augen öffnen und uns Gedanken darüber machen, wie man sich selbst und die eigenen Kinder vor den Tricks der Werbung schützen kann. Wir sollten uns dem Druck, den die Verkaufsindustrie auf uns ausübt, nicht beugen. Und schon gar nicht sollten wir unseren Kindern etwas vorleben, was auch sie dazu verleitet, alles, was ihnen gezeigt wird, zu glauben.

Essstörungen – die Suche nach Liebe und Anerkennung

Welchen Einfluss hat der aktuelle Schönheits- und Schlankheitswahn auf die Entstehung von Essstörungen? Wahrscheinlich einen größeren, als wir wahrhaben wollen, denn mittlerweile sind nicht nur Models betroffen, sondern vor allem auch sehr junge Menschen, auch einige meiner Klienten. Deshalb ist es mir wichtig, mich in diesem Kapitel ausführlich mit diesem Thema zu befassen.

Für die meisten Menschen ist es von großer Bedeutung, schön und schlank zu sein. Gerade für junge Mädchen, wenn sie in die Pubertät kommen und es vorrangig darum geht, vom anderen Geschlecht gesehen zu werden. Laut Statistik leidet schon jeder fünfte Jugendliche unter einer Essstörung. Weit über 90 Prozent davon sind Mädchen und junge Frauen. Um ihrem Traum von einer Topmodel-Figur näher zu kommen, riskieren sie ihre psychische und physische Gesundheit und tun alles Mögliche, um Gewicht zu verlieren.

Essstörungen sind aber nicht nur mit Schönheits- und Schlankheitsidealen verknüpft, wie viele Menschen denken, sondern der Auslöser ist oft auch ein emotionaler Mangel, der in der Kindheit entstanden ist, mangelnde Selbstliebe, mangelnde Selbstannahme, mangelndes Selbstvertrauen und fehlende Anerkennung.

Was haben Essstörungen gemeinsam?

Bei allen Essstörungen beschäftigen sich die Betroffenen permanent sowohl gedanklich als auch emotional mit dem Essen. Bei Anorexia nervosa (Magersucht) kommt es zu Essensverweigerung, bei Adipositas (Fettleibigkeit) und Binge-Eating-Disorder (unkontrollierte Nahrungsaufnahme) kommt es zu übermäßiger Nahrungsaufnahme und bei Bulimia nervosa zu übermäßiger Nahrungsaufnahme mit anschließendem selbstinduzierten Erbrechen. Darüber hinaus gibt es auch noch Mischformen.

Erkrankte, die an Anorexia nervosa oder Bulimia nervosa leiden, kontrollieren ihr Essverhalten ständig durch Diäten, Kalorienzählen, Esspläne und steuern gegen jede kleine Gewichtszunahme mit Maßnahmen wie Erbrechen, Abführmitteln und übertriebenem Sport an.

Meist haben alle diese Menschen eine extrem negative Einstellung zum eigenen Körper, die bis zur völlig verzerrten Selbstwahrnehmung des eigenen Körperschemas gehen kann. Dies ist besonders bei Anorexia nervosa ausgeprägt. Aber dazu später mehr.

Es gibt viele unterschiedliche Theorien, wie und warum Essstörungen entstehen. Eins ist aber ganz sicher: Sowohl bei Bulimia nervosa als auch Anorexia nervosa weist allein schon der Zusatz „nervosa“ im Namen der Erkrankungen auf einen seelischen Zusammenhang hin. Natürlich beeinflussen auch die Werbung und unser Schönheitsideal das Essverhalten, trotzdem lassen sich die

Ursachen für Essstörungen vorrangig innerhalb der Familie finden, oftmals begünstigt durch eine gewisse genetische Disposition.

Essstörungen treten in höheren Gesellschaftsschichten häufiger auf als in unteren Gesellschaftsschichten.

Anorexia nervosa wird in der Umgangssprache auch als Magersucht bezeichnet, Bulimia nervosa als Ess-Brech-Sucht. Das Wort Sucht weist darauf hin, dass die Menschen, die erkrankt sind, nach etwas *suchen*. Sucht bedeutet vor allem Ersatzbefriedigung oder auch Ablenkung. Wonach suchen diese Menschen? Nach Liebe, nach Anerkennung, nach der eigenen Identität und danach, perfekt zu sein.

Übergewichtige Menschen dagegen verstecken sich häufig hinter dem eigenen Körper, weil sie Schutz brauchen. Das Ansammeln von Fett wird natürlich nicht bewusst gesteuert. Diese Menschen tragen einen Mechanismus in sich, der sie quasi dazu antreibt, immer mehr zu essen und somit zuzunehmen.

Abhängig von der Essstörung übernimmt das Essen bei den Erkrankten bestimmte Funktionen. Manchmal dient es als Belohnung, als Trost, als Rebellion oder als Machtinstrument, um den eigenen Willen durchzusetzen. Oder es hilft gegen Langeweile und wird als Liebesersatz missbraucht. Andere benötigen es als Schutz, sich von schlechten Gefühlen, wie zum Beispiel Einsamkeit, abzuschotten oder die innere Leere nicht füllen zu müssen. Essen kann auch helfen, wenn man sich nicht geliebt fühlt, wenn man Angst hat oder wütend ist. Und Essen vermittelt auch das Gefühl, dass man nicht alleine ist.

Was ganz konkret hinter der jeweiligen Essstörung steckt, ist meist sehr individuell. Trotzdem gibt es gewisse Gemeinsamkeiten. Vor allem bei Anorexia nervosa und Bulimia nervosa ist es primär die große Angst, dick zu werden, die zu einem veränderten Essverhalten sowie später zu einer Störung der Wahrnehmung des eigenen Körpers, der sogenannten Körperschema-Störung, führt. Sie bedeutet, dass die Betroffenen irgendwann den Sinn für eine realistische, objektive Wahrnehmung verlieren und ihren Körper dicker empfinden, als er in Wirklichkeit ist. Hinter der Angst, dick zu werden, verbirgt sich natürlich eine andere Ambition, die überwiegend in der Psyche der Betroffenen zu finden ist.

Anorexia nervosa – Magersucht

Diese Erkrankung betrifft vor allem Mädchen und junge Frauen im Alter zwischen 12 und 20 Jahren. Die Langzeit-Mortalität (Sterblichkeit) ist bei dieser Krankheit extrem hoch. Jede zehnte Betroffene bezahlt die Sucht nach dem Schlanksein mit dem Leben, wobei zirka 20-50 Prozent der Erkrankten nicht durch die Magersucht an sich, sondern durch Suizid sterben.

Anorexia nervosa ist durch einen absichtlich, selbst herbeigeführten und aufrechterhaltenden Gewichtsverlust charakterisiert. Magersüchtige streben so extrem danach, dünn zu sein, dass sie irgendwann den natürlichen Bezug zum Essen komplett verlieren. Als diagnostisches Kriterium gilt ein Gewicht, das mindestens 15 Prozent unter dem Normalgewicht liegt. Aber es gibt Fälle, da liegt es bis zu 45 Prozent, in extremen Fällen sogar bis zu 75 Prozent unter dem, was wir als Normalgewicht bezeichnen. Akute Lebensgefahr besteht bei einem Gewicht von 35 Kilogramm.

Wie bereits angedeutet, liegt häufig eine genetische Disposition vor. Das bedeutet, dass man durch eine gewisse Veranlagung bestimmte Krankheiten entwickeln kann, aber nicht unbedingt entwickeln muss. Magersucht beginnt oft genau in dem Alter, in dem die jungen Mädchen zu einer Frau heranreifen. In dieser Zeit kommt es zu großen körperlichen Veränderungen, die verunsichern oder sogar Angst machen. Manche Mädchen kommen damit nicht zurecht, sie wollen keinen weiblichen, sondern einen knabenhaften und kindlichen Körper haben. Sie wollen nicht als Frau wahrgenommen werden, wollen keine weiblichen Rundungen. Vielleicht haben sie damit auch schon schlechte Erfahrungen gemacht, wurden Opfer eines Missbrauchs. Also steuern sie dagegen. Magersüchtige Mädchen und Frauen sind sehr unsicher. Sie haben ein gestörtes Selbstbild und ihnen fehlt das Urvertrauen in die eigene Handlungsmacht, die sie sich dann durch den Nahrungsverzicht und den Gewichtsverlust praktisch selbst beweisen. Daneben leiden sie an ausgeprägten Selbstwertproblemen, die sie mit übertriebenen körperlichen Aktivitäten, mit exzessivem Sport oder extremer Leistungsanstrengung in der Schule kompensieren. Schaut man sich das Familiensystem an, findet man meist Verstrickungen mit den Eltern, die entweder gefühlsarm oder extrem autoritär sind.

Viele der Betroffenen können sich der Kontrolle und den Bedürfnissen ihrer Eltern nicht entziehen. Sie schaffen es in diesem Umfeld nicht, eine eigene Identität zu entwickeln. Stattdessen ziehen sie sich in ihre Welt des Hungerns zurück und befriedigen so ihr großes Bedürfnis nach Autonomie und Selbstbestimmung. Sie wollen ewig ein Kind bleiben, wollen nicht so leben, wie es ihnen von der Mutter vorgelebt wird. Dabei sind sie innerlich extrem zerrissen, geben sich einerseits angepasst und brav, auf der anderen Seite jedoch isolieren sie sich und rebellieren heimlich durch Hungern, um den eigenen Willen und ihre Macht zu demonstrieren. Durch das Hungern setzen sich die Betroffenen demonstrativ gegen die Eltern durch.

Unter den Erkrankten findet man außergewöhnlich viele Frauen oder Mädchen, die Opfer von sexueller Gewalt geworden sind oder deren Grenzen auf unangemessene Weise überschritten wurden. Da sie oft nicht in der Lage sind, sich mit diesem Missbrauch aktiv auseinanderzusetzen und sich zu konfrontieren, wählen sie das Hungern als Mittel, um ihre eigene Macht zu spüren.

Aber ganz unabhängig von einer genetischen Disposition oder einer Störung im Elternhaus reicht auch allein schon der Traum von einer Modelkarriere aus, um Mädchen dazu zu bringen, sich fast zu Tode zu hungern. Was die Mädchen nicht wissen: Tatsächlich ist es so, dass rund ein Drittel der Models an Essstörungen leiden. Die wenigsten sind naturgegeben so schlank. Der Druck, der seitens der Modelagenturen aufgebaut wird, ist sehr groß. Und so kommen viele Models aus ihrer Dauer-Diät überhaupt nicht mehr heraus, sondern rutschen stattdessen in die Sucht ab. Oft ist das in diesen Kreisen noch mit dem Konsum bestimmter Drogen verbunden, die genommen werden, um den Hunger nicht zu spüren, um trotzdem gut drauf zu sein.

Es gibt so absurde Tricks, um das Knurren im Magen zu unterdrücken, das glaubt man gar nicht. Manche Models zerkleinern und essen Papiertaschentücher. Die haben keine Kalorien, stopfen aber den Magen voll und stillen damit für eine Weile den Hunger. Ein anderer Trick ist, vor dem Essen Orangensaft mit Wattebällchen zu trinken, um sich schneller satt zu fühlen. Fasten, die Einnahme von Laxantien (Abführmittel), Diuretika (Entwässerungsmittel), Appetitzüglern, Schilddrüsen-Präparaten oder Ess-Brech-Anfälle sind weitere Möglichkeiten, das Gewicht zu reduzieren.

Magersüchtige stehen unter einem enormen Druck. Durch den Teufelskreis, in dem sie stecken, ist ihre Psyche extrem belastet. Später kommen zu den psychischen Symptomen körperliche Auffälligkeiten hinzu. So sinkt zum Beispiel der Herzschlag unter 60 Schläge pro Minute (normal und gesund sind 80 Schläge pro Minute). Das führt längerfristig zur sogenannten Bradykardie, weiter zu Hypotonie (Blutdruck unterhalb der normalen Normgrenze) und zu Hypothermie (Unterkühlung). Dazu kann der gestörte Elektrolythaushalt Herzrhythmusstörungen auslösen. Muskelatrophie (Muskelschwund), kortikale Atrophie (Gehirnschwund) und Eiweißmangel sind weitere Symptome, die eine Kette weiterer Veränderungen nach sich ziehen. So fallen irgendwann die Haare aus, die Haut wird trocken und rissig, die Nägel werden brüchig und die Periode bleibt aus (sogenannte Amenorrhoe). Durch die Unterkühlung entstehen auf den Händen blaue Flecken. In den schlimmsten Fällen kann Anorexia nervosa bis zu einem kompletten Organversagen und damit zum Tod führen.

Bulimia nervosa

Ich habe zwar die Bulimie im Kapitel „Verloren und lebendig begraben" schon beschrieben, trotzdem möchte ich noch einige Eckdaten hinzufügen und das Thema etwas vertiefen.

Häufig entwickelt sich aus der Magersucht eine Bulimie. Weil das Hungergefühl doch überwiegt, gibt man irgendwann nach und isst. Eigentlich sollte man besser sagen: „man frisst", denn meistens werden Unmengen Nahrung in kurzer Zeit verschlungen und später wieder ausgespuckt. Von einer Bulimia nervosa spricht man, wenn die Ess-Brech-Attacken mindestens drei Monate andauern und zweimal pro Woche stattfinden.

Meist bleibt es auch nicht dabei, dass Nahrung erbrochen wird, sondern die Betroffenen nehmen zusätzlich Laxantien (Abführmittel), Diuretika (Entwässerungsmittel), Appetitzügler und Schilddrüsenpräparate ein. In Deutschland leiden an dieser Krankheit offiziell ein Prozent der Frauen. Diese Zahl ist in den letzten Jahren deutlich gestiegen und man muss davon ausgehen, dass die Dunkelziffer noch viel höher liegt, da ja die extreme Scham die Betroffenen daran hindert, zum Arzt zu gehen und diese Störung behandeln zu lassen. Außerdem merkt man es einer Bulimikerin nicht unbedingt an, dass sie an einer Essstörung leidet, denn das Körpergewicht der Betroffenen bewegt sich meist im Bereich des Normalen. Darum können auch Familienangehörige oder Freunde selten eingreifen, weil die Erkrankung in ihrem Frühstadium eher unerkannt bleibt.

Die Bulimie tritt durchschnittlich etwas später auf als die Magersucht. Ihr Altersgipfel liegt bei 17 bis 18 Jahren. Auch hier sind Frauen deutlich häufiger betroffen als Männer. Auffällig ist, dass man unter den Betroffenen überwiegend Frauen findet, die in ihrem Beruf viel Präsenz zeigen müssen, also Sportlerinnen, Tänzerinnen, Stewardessen, Moderatorinnen und natürlich Models. Die Hälfte der Bulimikerinnen schafft es, die Krankheit nach zirka zehn Jahren zu überwinden. Zirka drei Prozent schaffen es allerdings nicht und sterben am plötzlichen Herztod, der durch den Elektrolytverlust ausgelöst wird.

Die Ursachen für die Erkrankung sind ähnlich wie bei Anorexa nervosa. Die Essanfälle sind an ganz spezifische Auslöser gekoppelt, wie Einsamkeit, Ängste, Druck, innere Leere oder das Gefühl, sich als nicht liebenswert zu empfinden. Den Betroffenen mangelt es meist an Anerkennung. Und so trösten und/oder belohnen sie sich mit Essen, das dann allerdings schnell wieder raus muss, weil das Glücksgefühl nur von kurzer Dauer ist und die Angst vor Gewichtszunahme oder die Scham über die Fressattacke überwiegen.

Viele der Erkrankten sind zudem noch depressiv und bekämpfen ihre depressiven Gefühle, indem sie sich mit der Nahrungsaufnahme Glücksgefühle verschaffen und die innere Leere füllen. Dabei leiden sie an extremer Hilflosigkeit, Schuld- und Versagensgefühlen.

„Bulimikerinnen wachsen wie alle Kinder in die Vorstellungswelt ihrer Eltern und vor allem der Mutter hinein. Sie ist diejenige, die mit dem Kleinkind am engsten verbunden ist, sie ist zudem vom gleichen Geschlecht und lebt den Heranwachsenden die weibliche Rolle vor, die diese einmal übernehmen werden. Die Tochter ist nicht wie ihre Mutter, aber sie richtet sich nach ihr aus. Bulimikerinnen haben oft Mütter mit festen Vorstellungen, wie ihre Tochter einmal werden soll. Die Mütter wollen „das Beste“ für sie, sind aber nicht fähig, sich darauf einzustellen, welche Persönlichkeit ihnen in ihrem Kind entgegenkommt, und können nicht von ihren Vorstellungen abrücken. Die Tochter ist für sie so, wie sie glauben, dass sie sein sollte, aber das Bild hat mit der

Wirklichkeit oft wenig zu tun", schreibt Diplompsychologin Cordula Keppler in ihrem Buch „Bulimie. Wenn Nahrung und Körper die Mutter ersetzen".

Ich bin nicht die einzige, bei der die Abwesenheit der Mutter mit den Grundstein für die Erkrankung gelegt hat. Dabei spielt es kaum eine Rolle, ob die Mutter physisch oder emotional abwesend war und es darum nicht schafft, eine Verbindung zu dem Kind aufzubauen. Vielen Müttern ist ihr Verhalten gar nicht bewusst. Meist führen sie nur das weiter, was sie auch von ihren eigenen Müttern übernommen haben. Da das Kind aber alles aufnimmt wie ein Schwamm, ist es dem Verhalten der Mutter und dem der Familie emotional völlig ausgeliefert. Dazu kommt, dass das Kind das Verhalten der Mutter nicht auf einer rationalen Ebene einordnen kann, sondern es auf sich bezieht, sich schuldig und verantwortlich fühlt. So entwickelt es seine eigene emotionale Welt und oftmals eine von außen geprägte Vorstellung über sich selbst. Kinder leiden unter der Abwesenheit der Mutter. Sie fühlen sich ungeliebt, verlassen, isoliert, vernachlässigt und vor allem sind sie überfordert mit dieser Situation, was sich in Ängsten, Einsamkeitsgefühlen und Traurigkeit ausdrückt. Die emotionale Verstrickung mit der Mutter ist das Grundthema der Bulimie, und so geht es auch in der Heilung später darum, sich von dem negativen Mutterkomplex zu befreien.

„Negativer Mutterkomplex bedeutet, in einer Welt zu leben, die wenig Freude bereithält, die unattraktiv ist, in der es sich nicht lohnt, für sich zu kämpfen. Ein solcher Mensch hat kein Urvertrauen entwickeln können und befindet sich oft in einer depressiven Grundstimmung", so Cordula Keppler.

Wir wissen heute, dass sehr viele psychische Störungen und Symptome ihre Ursache in einem negativen Mutterkomplex haben. Dabei ist es mir ganz wichtig zu sagen, dass das keineswegs eine Anklage sein soll. Viel mehr geht es mir darum, die Hintergründe der Erkrankung zu beleuchten und die Betroffenen damit zu motivieren, an sich zu arbeiten oder ihnen für den einen oder anderen Aspekt die Augen zu öffnen.

Ich möchte diese Mütter von jeglicher Schuld entlasten, weil sie mit Sicherheit in ihrer eigenen Kindheit selbst Schwierigkeiten hatten, eine eigene Persönlichkeit zu entwickeln. Auch sie wollten nur geliebt und anerkannt werden.

Kein Elternpaar, keine Mutter dieser Welt geht ohne eigene Prägung und Vorgeschichte in die Elternrolle hinein.

Bulimia nervosa wirkt sich nicht nur psychisch, sondern vor allem auch physisch aus. So leiden Bulimikerinnen vor allem an Elektrolytstörungen, insbesondere an einem Kaliummangel, der entsteht, weil der Körper mit jedem Erbrechen Körpersalze verliert. Dieser Kaliumverlust kann zu Muskelschwäche und sogar zu gefährlichen Herzrhythmusstörungen führen. Durch das häufige Erbrechen verliert der Körper neben Kalium auch Kalzium, was zu einer Verminderung der Knochensubstanz und damit zu Osteoporose führen kann. Die Magensäure erzeugt auch häufig an den Zähnen Schmelzdefekte, reizt die Schleimhaut der Speiseröhre und löst damit eine Ösophagitis (Entzündung der Speiseröhre) aus.

In meiner eigenen Model-Zeit habe ich mit vielen bulimischen Frauen Kontakt gehabt. Bei Produktionen, bei denen mehrere Models über mehrere Tage zusammenwohnten, war es immer wieder erschreckend zu sehen, wie diese Erkrankung die Frauen im Griff hatte. Wer mit der Konfektionsgröße 34-36 gebucht wurde, musste diese Maße natürlich über die Zeit behalten. Da konnte es sich keine Frau leisten, dass sich nach dem Essen der Bauch wölbte. Also aßen sie und dann wusste man schon Bescheid, wenn die Toiletten nach dem Essen etwas länger besetzt waren. Oder wenn zum Essen besonders eifrig getrunken wurde, weil man viel Flüssigkeit brauchte, um den Magen anschließend vollständig auszuleeren.

Adipositas

Die Adipositas wird auch Fettleibigkeit, Fettsucht oder Obesitas genannt. Sie ist durch eine große Ansammlung von Fettgewebe im Körper gekennzeichnet, meist als Folge übermäßiger Nahrungsaufnahme. In Deutschland ist sie weit verbreitet und nicht nur bei Erwachsenen, sondern auch bei Kindern und Jugendlichen. Die Betroffenen essen meist nicht, weil sie einfach Hunger haben, sondern weil sie sich ähnlich wie alle anderen Essgestörten mit dem

Essen trösten oder belohnen. Laut Angaben der WHO-Weltgesundheitsorganisation liegt eine Adipositas ab einem Body-Mass-Index (BMI) von 30 kg/m^2 vor, „normales" Übergewicht liegt bei 25-30 kg/m^2.

Die meisten adipösen Menschen versuchen auf irgendeine Art und Weise abzunehmen, sei es durch verschiedene Diäten, Medikamente, Entwässerungsmittel, Abführmittel, Schilddrüsen-Präparate oder durch die Teilnahme an Selbsthilfegruppen.

Manche unterziehen sich sogar einer operativen Magenverkleinerung (Gastric Banding). Leider muss man sagen, dass die wenigsten damit erfolgreich sind, denn wenn keine organische Ursache hinter der Fettleibigkeit steckt, ist ihr nur mit einer radikalen Änderung der Ess- und Lebensgewohnheiten und mit einer Auseinandersetzung mit den eigenen seelischen Tiefen beizukommen. So lange die Nahrung als Ersatzbefriedigung gegen Frust, Depressionen oder zur Abwehr von Ängsten genutzt wird, sind Abnehmprogramme meist nie dauerhaft von Erfolg gekrönt. Ähnlich wie bei Bulimia nervosa und Binge-Eating-Disorder können adipöse Menschen nicht zwischen psychischem und physischem Hunger unterscheiden.

Binge-Eating-Syndrom

Bei der Binge-Eating-Störung kommt es, wie bei der Bulimie, regelmäßig zu Essanfällen, die durch exzessive Nahrungsaufnahme in relativ kurzer Zeit, gekoppelt mit einem Gefühl des Kontrollverlustes, gekennzeichnet sind. Die Betroffenen nehmen enorm große Mengen besonders kalorienreicher Nahrung auf und verschlingen diese regelrecht, bis sich ein unangenehmes Völlegefühl einstellt. Betroffene essen auch, wenn sie überhaupt keinen Hunger haben. Und weil die Scham- und Schuldgefühle, die die Fressattacken begleiten, extrem ausgeprägt sind, isolieren sich solche Menschen meist sehr stark und entwickeln am Ende auch einen starken Ekel vor sich selbst.

Die Betroffenen haben, während sie essen, überhaupt keine Steuerungsmöglichkeiten. Sie können weder über die Menge noch über den Zeitraum der Nahrungsaufnahme entscheiden.

Von einer Binge-Eating-Störung spricht man, wenn die unkontrollierten Essanfälle an mindestens zwei Tagen in der Woche über sechs Monate andauern. Kennzeichnend ist auch, dass die Betroffenen keine Maßnahmen zur Gewichtskontrolle wie Erbrechen, Abführmittel oder Entwässerungsmittel ergreifen. Sie fasten auch nicht oder treiben auch keinen Sport, wie das bei Anorexia nervosa oder Bulimia nervosa der Fall ist. Stattdessen bewegen sie sich kaum und führen eher ein passives Leben.

Die Binge-Eating-Disorder entsteht durch das Zusammenwirken mehrerer Faktoren. Dazu gehören unter anderem: das kindliche Übergewicht, die erlebte Abwertung aufgrund des Gewichtes und des Essverhaltens, Gefühle von Ärger, Frustration, geringes Selbstwertgefühl, Depression und/oder traumatische Erlebnisse in der Kindheit.

Ähnlich wie bei Bulimia nervosa neigen die Betroffenen dazu, ihre unangenehmen Gefühle und Probleme herunterzuschlucken und sich mit Essen zu trösten oder zu belohnen.

Auch hier kommt es zwangsläufig zu gesundheitlichen Folgeerscheinungen, wie erhöhte Blutfettwerte, Bluthochdruck, Herz-Kreislauf-Störungen, Beschwerden in Gelenken und Diabetes mellitus.

Eine Anmerkung

Mit diesem Kapitel habe ich Ihre Aufmerksamkeit darauf gelenkt, dass übergewichtige oder aber auch sehr abgemagerte Menschen unter einer schweren Erkrankung leiden. Sie sind unglücklich und häufig extrem isoliert. Überdenken Sie darum bitte künftig Ihre Reaktion, wenn Sie so einem Menschen begegnen. Vielleicht wäre es Ihnen möglich, statt mit dem Finger auf ihn zu deuten oder – wie es oft der Fall ist – zu lachen oder zu lästern, ihm etwas Mitgefühl zu zeigen und ihm freundlich zu begegnen. So eine Reaktion wird Sie auf jeden Fall zu einem bewussteren und besseren Menschen machen.

Essstörungen sind vorwiegend psychische Erkrankungen, die auf der körperlichen Ebene zum Ausdruck gebracht werden. Da die Ursachen meist in einem emotionalen Mangel liegen, der in der Kindheit entstanden ist, ist es möglich diese Krankheiten zu heilen, wenn die Betroffenen die Bereitschaft zeigen, den Fokus nach innen zu richten und sich dem Schmerz und dem Erlebten zu stellen. Dieser Weg ist jedoch alles andere als leicht. Hat man allerdings erst einmal den Sinn der Erkrankung verstanden und Klarheit über die Auslöser gewonnen, wird es möglich, sich aus dem Teufelskreis der Essstörung zu befreien.

Teil 3

Über den Sinn des Lebens – Erkenntnisse und Metaphern zur seelischen Entwicklung

„Wir verlangen, das Leben musste einen Sinn haben –
aber es hat genau so viel Sinn,
als wir selber ihm zu geben imstande sind."
Hermann Hesse

In diesem Teil möchte ich mein Verständnis vom Leben und meine gewonnenen persönlichen Erfahrungen mit Ihnen teilen, auch die Wege, die ich gegangen bin, um mich von den Fesseln meiner Kindheit zu befreien, das Lebensglück zu leben und meine wahre Schönheit zu entfalten.

Um dieses Verständnis und den eigenen Sinn für mein Leben zu finden, habe ich verschiedene Lehren, Philosophien und auch Religionen studiert. Wichtig war es mir, zu spüren, was mein Herz berührt, welche Wahrheit in mir ist, die mir noch nicht bewusst war. Ich habe nach einer bestimmten Richtung gesucht und habe einen Teil *meines* Lebenssinnes in der wunderbaren buddhistischen Lehre entdeckt, der ich seit vielen Jahren folge. Diese Erfahrungsschätze gebe ich auch in meiner Praxis an meine Klienten weiter. Der Buddhismus ist keine Religion, sondern eine sehr alte (seit vier bis fünf Jahrhunderte vor Christus) Lebenslehre, durch die ich viele Erkenntnisse für mein Leben gewinnen konnte. Der Buddhismus vermittelt, wie man sich von Leid und Schmerz befreit, wie man zu sich selbst findet, wie man erkennt, dass das Glück auch nur in uns selbst zu finden ist, wie man zu innerer Ruhe und Gelassenheit gelangt und diese auch dauerhaft bewahrt.

Eine Grundthese des Buddhismus besagt, dass das Leiden immer aus der „falschen“ Sicht der Wirklichkeit entsteht. Dabei geht es darum, in das Hier und Jetzt zu kommen, denn das Vergangene existiert nicht mehr und sollte uns nicht mehr beeinflussen. Buddha sagte: „Laufe nicht der Vergangenheit nach und verliere dich nicht in der Zukunft. Die Vergangenheit ist nicht mehr. Die Zukunft ist noch nicht gekommen. Das Leben ist hier und jetzt.“

Akzeptiert man die Gegenwart, beeinflusst man damit automatisch die Zukunft. Bleibt man dagegen in der Vergangenheit verhaftet, schiebt für das Unglück im Leben die Schuld den Tätern zu und nimmt das eigene Schicksal nicht selbst in die Hände, dann prägt das natürlich ebenso die Zukunft, allerdings wahrscheinlich nicht so, wie man sich das wünscht.

Damit Sie das besser nachvollziehen können, möchte ich eine Metapher nutzen:

Sagen wir, Sie haben in Ihrem Handy eine Speicherkapazität von 1.000 SMS.

Eines Tages gewinnen Sie im Lotto eine Million Euro und über diesen Gewinn werden Sie per SMS benachrichtigt. Das ist der einzige Weg, um von diesem Gewinn zu erfahren.

Leider ist der Speicher in Ihrem Handy so voll, dass die SMS Sie nicht erreicht. Die Nachricht hat schlicht keinen Platz mehr.

So geht es im Grunde allen Menschen, die stets in der Vergangenheit und bei den alten Verletzungen (den alten SMS) verweilen, an ihnen klammern, sie nicht loslassen. Diese Menschen können die Geschenke des Lebens im Hier und Jetzt gar nicht empfangen, weil es den nötigen freien Raum in ihnen nicht gibt. Das System ist ausgelastet. Sie beurteilen alles mit dem Verstand und die leise Stimme des Herzens, der Seele kommt nicht durch.

Darum haben die meisten Menschen auch Schwierigkeiten damit, den Sinn ihres Lebens zu erkennen, weil sie nur mit dem Verstand auf die Ereignisse und die Verletzungen der Vergangenheit schauen und in der Gegenwart darunter leiden. Verändert man aber die Ebene und betrachtet dieselben Bilder mit der Seele, kann die Welt auf einmal ganz anders aussehen. Das bedeutet, wenn man in dem eigenen Labyrinth steckt, macht es überhaupt keinen Sinn, weiter umherzuirren. Stattdessen muss man sich auf die höhere, eben die seelische Ebene begeben, um den Ausweg aus diesem Labyrinth zu finden.

Diese Erklärung mag auf den ersten Blick nicht gleich einleuchtend oder zufriedenstellend sein, aber wenn man sich die Zeit nimmt und vertraut, kann es gelingen, ein oder sogar mehrere Kapitel des Leidens in unserem Leben abzuschließen.

Vielleicht fragen Sie jetzt, was es denn eigentlich bedeutet, mit der Seele auf die Dinge zu schauen. Für mich ist die Seele die Essenz des Menschseins, etwas Höheres, das uns führt und leitet, um bestimmte Erfahrungen zu machen und uns in eine bestimmte Richtung zu entwickeln. Sie ist die leise Stimme, die sich zum Beispiel regt, wenn wir uns auf dem falschen Weg befinden. Dabei kommt sie in vielerlei Gestalt daher, manchmal als Zögern, als Zweifel, ein anderes Mal, wenn wir im Einklang sind, als pure Freude und Glücksgefühl.

Laut Meinungsumfragen glauben mehr als 90 Prozent der Menschen, dass sie eine Seele haben. Allerdings haben die meisten die Verbindung zu ihr verloren und sich stattdessen in ihrem Verstand vergraben. Und weil es so ist, müssen die Menschen kämpfen, um einen Sinn in ihrem Leben zu finden. Dabei empfinden sie häufig Angst, fühlen sich verloren und haltlos, denn es ist stets die Verbindung zu unserer Seele, die uns vertrauen lässt. Das spürt jeder, der es schafft, den Kontakt wiederherzustellen oder aufrechtzuerhalten. Es drückt sich in einem leichteren, glücklicheren und kraftvolleren Leben aus.

Auch ich konnte den Sinn für mein Leben erst dann finden, als ich aufgehört hatte, ihn in der Außenwelt zu suchen und mich ständig abzulenken. Dann war es mir auch möglich, die Dramen meiner Kindheit zu heilen.

Die Seele sendet uns ständig Botschaften, die wir nur wahrnehmen können, wenn der Geist ruhig ist. Sicher fragen Sie sich, wie man diesen Zustand erreichen kann.

Indem man achtsam und bewusst bei sich ist, indem man aufhört, sich zu sorgen, und indem man keine Zerstreutheit mehr zulässt. Sorgen sind fast immer nur auf die Zukunft gerichtet. Mark Twain sagte: „Die meisten Sorgen, die ich mir gemacht habe, sind nie eingetreten." Um den Geist zu beruhigen und die Seele sprechen zu lassen, braucht es die Konzentration auf das Hier und Jetzt. Diesen Vorgang kann man durch eine bewusste und tiefe Atmung unterstützen. Atmen wir konzentriert, dann sind wir wach, aufmerksam und ganz bei uns.

Die meisten Menschen betäuben sich, weil sie unbewusst spüren, dass sie nur so ihre Dramen verdrängen können. Sie lenken sich mit erhöhtem TV-Konsum, mit Computerspielen, stundenlangen Telefongesprächen über Belanglosigkeiten oder mit einem ständigen Blick auf das Smartphone ab. Andere betäuben ihre Gefühle mit Alkohol, mit üppigen Essen, Rauchen, Drogen, Lärm und anderen Suchtarten.

Um die Stimme der Seele zu vernehmen, brauchen wir Stille und Ruhe. Im Kapitel „Die To-do-Liste – Ihre Hausaufgaben" finden Sie verschiedene Wegweiser und praktische Übungen, die Ihnen dabei behilflich sein werden, den bewussten Zustand des Geistes und der Seele mehr und mehr zu erreichen und mit ihnen im Kontakt zu bleiben.

Die buddhistische Lebenslehre vermittelt uns auch, dass das Glück in uns kein außergewöhnlicher Zustand ist, sondern ein ganz natürlicher Zustand unseres Geistes sein darf. „Wir sind hier, um Freude und Spaß zu haben, in Glück, Gesundheit, Fülle, Leichtigkeit und bedingungsloser Liebe unser Leben zu leben. Ein Leben ohne Angst und Gewalt. Vertrauen in alles zu haben, was ist. Wir dürfen lernen, dass die menschliche Identifikation durch das Sein und nicht durch das Haben bestimmt wird", so der Grundtenor der Lehre.

Doch wer ist heutzutage wirklich rundherum glücklich? Glücklich mit sich selbst und dem Leben, mit der Welt und dem eigenen Umfeld?

Wie sieht es tatsächlich in uns aus? Was für ein Leben führen wir?

Gibt es noch Werte, nach denen wir streben und nach welchen wir wirklich leben? Oder werden wir gelebt und haben uns lediglich den äußeren Bedingungen angepasst, obwohl wir mit diesen in unserer Tiefe überhaupt nicht konform gehen?

So traurig es ist, aber die heutige „Philosophie" der meisten modernen Menschen hat nichts mit dem wirklichen Sinn des Lebens zu tun. Die Realität zeigt sich eher so: Der heutige Mensch ist hier, um nicht glücklich zu sein, um zu kämpfen, um nicht erfolgreich zu sein, um Probleme zu bewältigen, gesundheitlich zu leiden, nicht geliebt zu werden, um betrogen und manipuliert zu werden, in Mangel, Schmerz und Angst zu leben. Er ist allen möglichen Süchten ausgesetzt und pflegt diese.

Er ist trotz seines Geldes in sich verarmt und trotz üppigen Essens ausgehungert. Er ist trotz Gesellschaft einsam und unglücklich. Er hat keine Ziele und keine Visionen. Er ist leer. Er hängt in seiner Vergangenheit und macht andere für sein Unglück verantwortlich.

Er identifiziert sich durch das Haben und nicht durch das Sein. Er ist unglücklich.

Alles, was wir für unseren Seelenfrieden brauchen, ist, endlich die Verantwortung für unsere Gefühle, die wir selbst erschaffen, zu übernehmen. Je mehr Verantwortung wir übernehmen, umso kraftvollerer fühlen wir uns. Wir sind Schöpfer. Und wir haben die Macht, uns zu entscheiden, was wir schöpfen. Leid oder Freude.

Wir alle verfügen über die Macht, uns selbst vom Leid zu befreien. Und wenn wir diesen Weg bewusst gehen, wenn wir anderen und uns verzeihen, sie als „Täter“ und uns als „Opfer“ entlassen, wenn wir fleißig und diszipliniert sind, dann erreichen wir irgendwann Leichtigkeit, Fülle und wahre Schönheit – eben einfach das Lebensglück.

Der Anfang dafür liegt immer bei uns selbst. Wenn wir mit uns selbst aufrichtig sind, unsere Fehler erkennen und diese korrigieren, dann hören wir automatisch auf, anderen Menschen Vorwürfe zu machen und zu jammern. Dann positionieren wir uns ganz neu in unserer Familie und in unserem Umfeld, dann nehmen wir unseren Platz ein. Vergebung ist der Schlüssel zum Glück und zur Freiheit.

Wissen bringt uns an der Stelle nicht weiter, damit kann man die Seele nicht nähren. Wissen ist hauptsächlich Nahrung für den Geist und den Verstand. Durch das reine Wissen kann sich unser Leben nicht verändern. Wir können eventuell eine neue Einsicht, eine neue Erkenntnis für unsere Situation bekommen, aber das Gefühl in der Tiefe bleibt davon unberührt.

Das Leben verlangt von uns Disziplin und richtiges Handeln. Ein wichtiger Schritt dabei ist, die Verkrampfungen des Körpers zu lösen, den Kopf von unnützem Wissen zu befreien und das Herz für die Gefühle zu öffnen. Haben wir erst einmal erkannt, dass unser Glück, unsere Gesundheit und die Umstände unseres Lebens maßgeblich von uns selbst verursacht werden, kann eine spannende Reise beginnen. Ich habe auf meinem Lebensweg irgendwann verstanden, dass nicht Gott die Ursache für mein Leid ist, auch niemand sonst, sondern nur ich selbst. Ich habe festgestellt, dass die Ursachen für die Schwierigkeiten in meinem Leben, dem Konflikt meines Denkens und meines Fühlens entspringen. In diesem Erkenntnisprozess spielte der Schmerz eine wichtige Rolle. Er dient als Katalysator, treibt uns an, etwas zu verändern. Ich bin überzeugt, dass jede Seele und somit jeder Mensch seinen eigenen Seelenplan hat und dass jede Erfahrung, somit auch der Schmerz, richtig ist.

Ich glaubte also an einen Gott, weil ich spürte, dass er mir helfen kann. Aber ich fand ihn nicht in der buddhistischen Lehre, denn Buddha war ein gewöhnlicher Mensch, der seine sehr wertvollen Einsichten lehrend verkündete. Ich nahm aus dem Buddhismus nur das, was zu mir passte, und forschte weiter, bis ich *meinen* Gott in anderen Religionen und das Verständnis in heiligen Schriften fand. Letztendlich ist egal, welchen Lehren oder Religionen wir uns öffnen. Viel wichtiger ist es, den Glauben zu finden, der uns hilft, den nötigen Halt im Leben zu haben, alles durchzustehen, zu heilen, um endlich glücklich zu sein. Also seien Sie mutig und schnüren Sie sich selbst Ihr ganz persönliches Lebens-Sinn-Paket.

Zurück zur Seele. Die Reinkarnationslehre macht deutlich, dass die Seele immer wieder zurückkehrt. Diese Erfahrung habe ich persönlich mehrere Male gemacht und habe auch viele Menschen in meinen Sitzungen zu den eigenen Erfahrungen begleitet.

Jedem Menschen steht es frei, an Reinkarnation zu glauben oder auch nicht. Kulturen, die an eine Wiedergeburt glauben, leben ihr Leben bewusster und zufriedener als Menschen, die glauben, nach dem Tod ist alles vorbei.

Dr. Michael Newton, anerkannter Wissenschaftler und der wichtigste Pionier in der Forschung der Geheimnisse des Lebens nach dem Tod, schreibt zu dem Thema: „Wäre der Tod tatsächlich unser definitives Ende, hätte das

Leben wirklich keinen Sinn. Eine innere Kraft befähigt uns Menschen jedoch, die Vorstellung eines Jenseits zu haben und die Verbindung zu einer höheren Kraft zu fühlen, ja, sogar sich vorzustellen, dass wir eine ewige lebende Seele haben. Wenn wir tatsächlich eine Seele haben, wohin geht sie dann nach dem Tod? Gibt es wirklich eine Art Himmel voller intelligenter Seelen außerhalb unseres physischen Universums? Wie sieht es dort aus? Was tun wir, wenn wir dorthin kommen? Diese Fragen sind so alt wie die Menschheit selbst und bleiben für die meisten unter uns ein Rätsel".

In seiner Arbeit mit mehreren tausend Menschen konnte Dr. Michael Newton belegen, dass sich die unterschiedlichsten Menschen unter Hypnose auf übereinstimmende Art an ihre Seelenreisen erinnern können.

Ich habe einen hilfreichen Satz in der Bibel (für mich ist die Bibel das erste Coachingbuch in der Geschichte der Menschheit, wenn man die Gleichnisse versteht und richtig deutet) gefunden: „Die Seele geht durch das Tor des Vergessens". Das bedeutet für mich, wir vergessen die Aufgaben, die wir uns auf der höheren Ebene vorgenommen haben, gehen in den Verstand und werden dann enttäuscht, wenn wir ein Leben vorfinden, das uns nicht glücklich macht. Ich werde das später in einer Metapher noch verdeutlichen.

Keine Seele wird zu Inkarnation gezwungen. Sie kehrt unter Führung ihres höheren Selbst auf die Erde zurück, um Erfahrungen zu sammeln und gewisse Aspekte des Göttlichen oder, anders ausgedrückt, des universellen Bewusstseins zu entwickeln. Ich habe von einem meiner Lehrer erfahren, dass wir zur Welt kommen, um unserer Familie Herzensbindung zu bringen und um sie zu vereinen. Die Familie, in die wir geboren werden, spiegelt uns unsere zentralen Seelenmuster, Aspekte, die wir noch nicht geheilt haben. Je mehr emotionale Defizite wir heilen, umso intensiver dürfen Verbindung und Erfolg in unserer Familie wachsen.

Doch die meisten suchen sich Ausreden und Entschuldigungen, um dieser Bestimmung nicht zu folgen. Gleichzeitig machen sie überwiegend die Familie für all das Unheil des eigenen Lebens verantwortlich. Das ist eine Haltung, die wir alle aufgeben müssen, wenn wir zu uns finden, an das Lebensglück gelangen und unsere wahre Schönheit entfalten wollen.

Es ist leider nicht möglich, diesen Prozess zu übergehen, ihn auszulassen oder zu überspringen. Tun wir das, zeigen sich unsere familiären Muster später in unseren Partnerschaften erneut. Denn obwohl die meisten von uns eine ganz andere Beziehung führen wollen als jene, die die Eltern vorgelebt haben, müssen sie irgendwann erstaunt feststellen, dass sie genau das aber tun. Unsere Partner fungieren ebenso wie die Familie einst als Spiegel. Sie machen uns auf unseren emotionalen Mangel aufmerksam. Ist das den Partnern bewusst, können sie eine wunderbare Beziehung führen, in der nicht nur Verständnis für den anderen, sondern auch der nötige Raum für die eigene Entwicklung vorhanden ist. (Mehr darüber im Teil 4 „Wahre Schönheit und Partnerschaft.“)

Ich habe mich oft darüber geärgert, dass wir Menschen es so schwer haben, dass wir erst über die negative Erfahrung lernen und zu uns kommen können, dass man uns diese Entwicklung nicht leichter machen konnte. Aber diese Haltung hat mich nicht weitergebracht. Erst als ich verstanden habe, dass ich den Schmerz aus meinen vergangenen Dramen brauchte, und als ich ihn auch wirklich akzeptieren konnte, war der Weg zur Heilung frei. Der seelische Schmerz, den wir im Hier und Jetzt haben, ist immer der Schmerz von einst. Hinter jeder Beziehungskrise, jeder beruflichen oder gesundheitlichen Misere steckt immer ein altes Muster, das sich bemerkbar macht. Das Leben ist auf Wachstum ausgerichtet und wenn wir uns selbst nicht bewegen, schlittern wir in Krisen, die uns zum Weitergehen zwingen. Jeder, der schon einmal durch eine heftige Krise gegangen ist, der weiß rückblickend, wie viel Potential darin verborgen war, wie sie Kräfte freisetzt, deren wir uns vorher nicht bewusst waren. Aber das zu erkennen, dauert und so brauchen wir viel Geduld, Zeit, Stille und Ruhe, Alleinsein und Ausdauer, um die Herausforderungen zu meistern.

Oft geht es auch nicht ohne jemanden, der uns an die Hand nimmt und uns die Richtung zeigt.

Glaube, Vertrauen und Unglaube

„Ich weiß, Gott wird mir nichts geben,
was ich nicht schaffen kann.
Ich wünschte nur, er würde mir nicht so viel zutrauen."
MUTTER TERESA

Um sich all den bereits genannten Prozessen zu stellen, braucht es einen starken Glauben und viel Vertrauen. Beides kann uns die nötige Kraft geben, selbst durch tiefste Täler zu gehen. Denn wir werden auf diesem Weg immer wieder fallen, aber auch immer wieder aufstehen können. Wichtig ist, dass wir Quellen haben, wo wir auftanken können, die uns mit den nötigen Kräften versorgen. (Diese finden Sie im Teil 5 „To-do-Liste – Ihre Hausaufgaben.")

Jeder Mensch hat irgendeine Form von Glauben entwickelt. Der eine glaubt nur an sich selbst, der andere glaubt an die Macht des Geldes und des Besitzes, noch ein anderer an die Macht der Wissenschaft oder aber an die Macht des Schicksals. Daneben glauben viele noch an einen Gott oder an eine universelle Quelle.

„Glaube und Vertrauen entstehen durch die Kunst des Zuhörens", sagte die Heilige Hildegard von Bingen (1098-1179), berühmteste deutsche Schriftstellerin des Mittelalters, Ärztin und bedeutende Naturforscherin, von der ich ein großer Fan bin. Vielleicht meint sie mit diesem Satz, dass wir in uns selbst hineinhorchen und auch dem Leben genau zuhören sollten, was es uns zu sagen hat. Das würde bedeuten: „Wenn das, was ich höre, sich gut anfühlt, dann ist das der Weg, den ich jetzt gehen soll. MEIN Weg."

Glaube heißt nicht Unwissenheit, ganz im Gegenteil. Glaube erzeugt absolutes Vertrauen in Gott oder in die universelle, allumfassende Kraft oder in die Gesetzmäßigkeiten der Natur. Glaube hat auch mit Wissen zu tun und ich bin überzeugt, dass es die stärkste Kraft ist, über die wir Menschen verfügen. Sie kann heilen, Wunder vollbringen und sogar „Berge versetzen". Wenn wir den Glauben verlieren, verlieren wir auch Energie und Vitalität. Deshalb sollten wir immer dafür sorgen, dass der Glaube in uns einen festen Platz hat. Einem glaubenden Menschen ist alles möglich. Ihm stehen gigantische Kräfte zur Verfügung. Mit dem Glauben beginnt ein neues, außergewöhnlich freies und glückliches Leben. Der Glaube kann eine selbstsüchtige, egoistische Welt in einen liebevollen und glücklichen Ort verwandeln.

„Unglaube dagegen entsteht aus ungehorsam sein", sagt Hildegard von Bingen. Das bedeutet, wenn der Mensch dem ungehorsamen Geist verfallen ist, gelangt er auf Irrwege, die ihn von Gott und der universellen Kraft wegführen. Für den Ungläubigen zählt häufig nur der Besitz. Unglaube akzeptiert auch keine Wahrheit.

Hier eine Geschichte aus den Schriften von Hildegard von Bingen:

> *Der Unglaube ist kopflos. Wo der Kopf sein sollte, flimmern drei schwarze Augen. Von den Knien bis zur Fußsohle steht die Gestalt in Finsternis. Auf die rechte Brust hat sie die rechte Hand gelegt, in der linken Hand hält sie einen Stock; sie trägt einen schwarzen Mantel und spricht:*
>
> *„Ich kenne kein anderes Leben als das, was ich sehen, anfassen und anrühren kann. Was bringt mir schon die Aussicht auf ein ewiges Leben? Ich weiß ganz genau: So ist es und nicht anders! Und wie viel ich auch höre und erforsche, ich finde nichts anderes, als was ich sehen, hören und berühren kann. Warum sollte ich nicht die Schätze der Natur für mich selbst ausnutzen? Ich gehe nur ausgetretene Wege und akzeptiere nur die Wissenschaft, die ich selbst ganz genau kenne und verstehe. Selbst wenn ich Sonne, Mond und Sterne befrage, bekäme ich keine Antwort. Wer sagt mir schon, was mir nutzt oder was mir schadet? In Wirklichkeit weiß ich doch nicht, was so um mich herum passiert. Ich weiß nur, was ich sehe. Ich bekomme viel Blödsinn und Meinungen von anderen Menschen zu hören, sogar alle neuesten Trends, von denen ich nicht viel verstehe. Was mir am meisten nutzt, das tue ich."*

Wir sollen dafür sorgen, dass der Glaube in uns fest verwurzelt, kraftvoll und immer präsent ist. Er ist ein angeborenes Prinzip und lässt sich selbst, wenn wir ihn als Kinder verloren haben, später wieder aktivieren. Das gelingt durch verschiedene Übungen, die ich für Sie in der „To-do-Liste" zusammengestellt habe. Hier schon mal ein Tipp: Um mehr Glauben zu entwickeln, empfiehlt Hildegard von Bingen, einen Saphir bei sich zu tragen, der die göttliche, universelle Anwesenheit symbolisiert.

Glauben Sie an das Gute, denn das Leben meint es gut mit uns!

Die Sprache des Lebens – die universellen Gesetze

In den folgenden Abschnitten möchte ich Ihnen eine Auswahl der universellen, natürlichen Gesetze des Lebens vorstellen, die ich alle auf ihre Wirksamkeit überprüft habe, nach denen ich lebe und die ich seit Jahren an meine Klienten weitergebe. Für das leichtere Verständnis habe ich sie als Metaphern dargestellt. Schon Sigmund Freud (1856-1939), ein Arzt, Tiefenpsychologe und Begründer der Psychoanalyse, wusste, dass unser Unterbewusstsein am stärksten auf Bilder reagiert und nicht auf Logik.

Durch die Metaphern oder auch, fachlich ausgedrückt, die Suggestionen werden möglicherweise Bilder in Ihnen auftauchen. Lassen Sie sie zu, denn sie sind wichtige Botschaften ihres Unterbewusstseins. Situationen, die wir erlebt oder erfahren, die wir gemacht haben, und die dazugehörigen Gefühle kann man zwar verdrängen, sie sind aber dadurch nicht weg, sondern nur auf die hinteren Gleise des Unbewusstseins verschoben.

Wir sprechen hier von einem Bereich in uns, den unser Verstand nicht direkt erfassen kann. Es ist aber durchaus möglich, emotionale Zustände zu erklären, dem Verstand also zugänglich zu machen.

Ich habe in Sitzungen gemerkt, dass es meinen Klienten leichter fällt, sich einem bestimmten Thema oder unangenehmen Gefühlen zu stellen, wenn sie es vorher verstanden haben. Wenn sie wissen, womit die unangenehmen Gefühle oder sogar körperliche Symptome zusammenhängen, was der Grund dafür ist, warum ihr Leben so ist, wie es ist, warum ihnen ein bestimmtes Ereignis „passiert" ist.

Haben sie es auf der intellektuellen Ebene erst einmal verstanden, sind sie eher bereit und offen, die Prozesse der Veränderung in der Tiefe anzunehmen.

Ich werde Ihnen auf Grundlage der nun folgenden Metaphern erklären, wie das menschliche System mit seinen Abläufen und Mechanismen, aus meiner Perspektive und meiner Erfahrung, funktioniert. Gehen Sie bitte mit Leichtigkeit und Fantasie in dieses Kapitel hinein und lassen Sie sich überraschen.

Die drei Säulen

Wie ich bereits angedeutet habe, ist meine Beobachtung, dass das menschliche Dasein auf drei Säulen ruht. In diesen Säulen manifestiert sich all das, was wir tief in uns verdrängt haben, all die Gefühle, die wir im Laufe des Lebens (meistens in der Kindheit) erschaffen haben und die uns häufig bis weit in das Erwachsenenleben hinein in Unfreiheit halten und Unheil verursachen.

Die erste Säule ist unsere Gesundheit, die zweite Säule ist unser beruflicher Erfolg und finanzielle Freiheit und die dritte Säule ist das Liebesglück in der Beziehung oder Ehe.

Ich habe auch festgestellt, dass es außerhalb der drei, nennen wir sie „Hauptsäulen“ noch eine weitere gibt, nämlich eine Säule, die die Themen mit unseren Kindern zum Ausdruck bringt.

Die Kinder- und Jugendpsychologie vermittelt, dass die Kinder das Unbewusste der Eltern ausdrücken, ohne dass sie es rational begreifen können, welche Art Konflikte die Eltern, jeder Elternteil für sich oder beide gemeinsam, haben.

Ich habe häufig in meiner Praxis die Erfahrung gemacht, dass viele „schwierige“ Kinder, die durch ihre Eltern zur Therapie geschickt werden, selbst schwierige Eltern haben. Das bedeutet, dass es häufig gar nicht notwendig ist, ein Kind zu therapieren, sondern vor allem die Eltern. Dazu passt, dass die These, dass Pubertät vor allem die Zeit der Eltern und nicht die der Jugendlichen ist, inzwischen recht weit verbreitet ist.

Auch Haustiere, vorwiegend Katzen und Hunde, sind gute Seismographen, was das Innenleben von Herrchen und Frauchen anbelangt. Wenn sich das Herrchen oder Frauchen „entspannt“, entspannt sich auch das Tier. Das zeigt, dass wir viele unserer eigenen Probleme auf Kinder und eben auch auf Haustiere übertragen.

Aber zurück zu den Hauptsäulen. Wenn eine der Hauptsäulen wackelt und der emotionale Mangel sich in ihr manifestiert, heißt es, dass in unserem System etwas aus der Balance geraten ist und dass es an der Zeit ist, diesen Bereich anzuschauen, die vorhandenen Gefühle anzunehmen und sie anschließend zu transformieren. In solchen Phasen, die die Menschen als Krisen erleben, gibt uns das Leben im Grunde nichts als einen Hinweis darauf, dass in uns etwas angeschaut oder verändert werden möchte. Ignorieren wir diese Hinweise, dann kommen wir auch noch mit einer schwachen Säule einigermaßen durchs Leben. Allerdings wird es nicht lange dauern, bis sich eine weitere Schwachstelle in einer der anderen Säulen zeigt, und so wird der Zustand zunehmend unerträglicher. Trotzdem habe ich in meiner Praxis die Erfahrung gemacht, dass die meisten Menschen erst dann anfangen zu handeln und bereit für eine Veränderung sind, wenn alle drei Säulen in einem bedenkenswerten Zustand sind.

Es ist natürlich nie zu spät, aber die Probleme türmen sich auf und am Ende stehen die Menschen wie vor einer dunklen Wand und der Ausweg aus dieser Situation kostet enorm viel Kraft. Ich persönlich tendiere also immer dazu, die aktuellen Themen des Lebens gleich am Schopf zu packen, bevor ein größerer und längerer Ausnahmezustand ausbricht.

Wenn eine der Hauptsäulen wackelt und der emotionale Mangel sich in ihr manifestiert, heißt es, dass in unserem System etwas aus der Balance geraten ist und dass es an der Zeit ist, diesen Bereich anzuschauen, die vorhandenen Gefühle anzunehmen und sie anschließend zu transformieren. Oft sind es eben auch Kinder und Haustiere, die uns auf einen aus der Balance geratenen emotionalen Zustand aufmerksam machen.

Der Säulen-Check

Vielleicht haben Sie Lust, einen „Säulen-Check" durchzuführen, damit Sie wissen, ob Sie mit Ihren Säulen gut im Leben stehen. Zu jeder Säule stelle ich Ihnen einige Fragen.

1. Erste Säule: „Gesundheit"

- Ist Ihr Körper gesund?
- Gibt/gab es Krankheiten oder Verletzungen?
- Was haben Sie für ein Verhältnis zu Ihrem Körper?
- Sind Sie mit Ihrem Gewicht zufrieden?
- Lieben Sie alle Ihre Körperteile?
- Wie steht es um die Qualität Ihrer Haare, Zähne, Nägel, Ihres Gewebes und Ihrer Haut? Sind Sie mit ihnen zufrieden?
- Sind Sie fit und fühlen sich jeden Tag kraftvoll?
- Schlafen Sie gut? Schlafen Sie gut ein und schlafen Sie die ganze Nacht durch?
- Knirschen Sie mit den Zähnen?
- Schnarchen Sie?
- Sind Sie ruhig und ausgeglichen?
- Sind Sie jeden Tag gut motiviert und gut gelaunt?
- Bewegen Sie sich gerne?

Wenn Sie eine Frau sind:

- Haben Sie regelmäßig Ihre Periode?
- Haben Sie irgendwelche Beschwerden bei der Regel?
- Was halten Sie von Ihrer Regel? Mögen Sie diese Zeit?
- Wie fühlen Sie sich während Ihrer Regel?

Oder:

- Kommen Sie mit dem Klimakterium gut klar?
- Haben Sie irgendwelche Beschwerden?
- Lieben Sie sich noch als Frau?

Das sind nur einige Fragen zur Säule „Gesundheit“, die Ihnen helfen festzustellen, ob Ihr Körper wirklich in der natürlichen, universellen Harmonie ist, und um zu erfahren, was für ein Verhältnis Sie zu Ihrem Körper haben. Wenn Ihr Körper nicht in der natürlichen Balance ist, gibt es ganz bestimmte Gründe dafür. Wenn Sie beispielweise keine Motivation und keine Kraft haben, zeigt Ihnen möglicherweise das Leben, dass Sie sich gerade gegen den Strom des Lebens bewegen und im Widerstand sind. Was genau hinter einer Beschwerde liegt, lässt sich in speziellen Sitzungen herausarbeiten. Da ich mich zu Krankheiten nicht äußern darf, weil ich keine Ärztin bin, kann ich Sie nur auf die Psychosomatik aufmerksam machen, die ich von verschiedenen Psychologen gelernt habe. Wenn Sie mehr Interesse daran haben sollten, so empfehle ich Ihnen die Bücher von Dr. Rüdiger Dahlke.

Außerdem habe ich in meiner Praxis die Erfahrung gemacht, dass man mit Hypnose einige körperliche Symptome heilen kann, wenn sie durch den Arzt als „psychosomatisch“ diagnostiziert wurden und keine organischen Ursachen für ein bestimmtes Leiden zu finden sind. Für mich ist es immer wieder faszinierend, denn wenn Probleme mit Hilfe der Hypnose verschwinden, dann bedeutet das ja im Umkehrschluss auch, dass der Mensch dieses Problem wirklich selbst erschaffen hat.

An dieser Stelle möchte ich betonen, dass es sich hier um keinen „Hokuspokus“ handelt oder irgendeine unseriöse Art der Behandlung, sondern um eine Methode der medizinischen Hypnose, die im Zentrum für angewandte Hypnose, lizenziert von der Deutschen Gesellschaft für Autosystemhypnose e.V., nur Medizinern als Weiterbildung gestattet wird. Diese Art der Hypnose wurde von Götz Renartz, dem Facharzt für Neurologie und Psychiatrie, Psychotherapie und psychosomatische Medizin, ins Leben gerufen.

Götz Renarzt ist selbst ein Schulmediziner und Wissenschaftler und mit seinen Erfahrungen und mit seinen Methoden hat er bewiesen, dass auch körperliche Symptome erfolgreich behandelt werden können. (www.renartz.de)

2. Zweite Säule: „beruflicher Erfolg und finanzielle Freiheit“

- Haben Sie eine berufliche Beschäftigung?
- Ist das nur ein Job oder ein Beruf?
- Leben Sie Ihre Berufung?

- Üben Sie die Tätigkeit gerne aus? Lieben Sie diese Tätigkeit?
- Mit welchen Worten begrüßen Sie die neue Woche. Mit: „Oh je, schon wieder Montag“ oder „Ich freue mich auf die Aufgaben, Herausforderungen, Erfahrungen, die Menschen, denen ich in dieser Woche begegne“?
- Was haben Sie für Geschäftspartner? Kommen Sie gut klar mit Ihnen?
- Haben Sie einen netten Chef? Nette Kollegen?
- Verdienen Sie genügend Geld? Oder wollen Sie immer mehr haben?
- Reicht Ihnen das Geld für Ihre Bedürfnisse?
- Sind Sie zufrieden mit Ihren Finanzen?
- Können Sie das Geld halten?
- Wurden Sie schon finanziell betrogen?
- Haben Sie Ihr Geld durch riskante Geldanlagen verloren?
- Sind Sie sparsam, geizig oder verschwenderisch?

Durch diese wenigen Fragen wissen Sie sofort, ob Ihr Beruf Sie glücklich macht und Ihnen das gibt, was Sie fürs Leben benötigen.

Wenn hier in diesem Bereich keine Harmonie vorhanden ist, kann das möglicherweise an alten Verstrickungen mit Ihren Eltern liegen. Vielleicht haben Sie als Kind die Liebe der Eltern nur gegen Leistung bekommen. Oder es zeigen sich Themen aus den Bereichen: mangelnder Selbstwert oder verschiedene Glaubensgrundsätze:

- Ich muss mir alles schwer erarbeiten.
- Geld verdirbt den Charakter.
- Beim Geld hört die Freundschaft auf.
- Ich werde immer benutzt und ausgenutzt.
- Ich fühle mich klein und hässlich.
- Meine Arbeit ist nichts wert.
- Ich bin zu alt, zu dick, zu dünn.
- Ich kann das nicht.

Wenn das Ihre innere Überzeugung ist, so muss das Leben Ihnen zwangsläufig genau das spiegeln. Hier zeigt sich ein Naturgesetz – nämlich das Prinzip der Anziehung: „Wenn ich das bin oder das denke, dann ziehe ich es in mein Leben hinein“.

Manchmal ist es auch so, dass Menschen etwas Bestimmtes lernen und später sogar einen Beruf ausüben, weil das dem Traum der Mutter oder des Vaters entsprach, allerdings mit den eigenen Wünschen und Träumen nichts zu tun hat. Oft verbieten Eltern den Kindern, ihre Träume auszuleben und den eigenen Wünschen zu folgen mit der Begründung, dass man mit dieser oder jener Tätigkeit kein Geld verdienen könne oder dass der Beruf gesellschaftlich nicht angesehen sei.

Vielleicht tun auch Sie heute immer noch etwas, das nicht Ihren Wünschen entspricht. Nehmen Sie sich Zeit für sich und überdenken Sie Ihre berufliche Situation. Sie benötigen nicht sofort einen Coach oder Therapeuten, sondern können bestimmt selbst einiges erkennen und auch verändern.

3. Dritte Säule: „das Liebesglück in der Beziehung oder Ehe".

- Haben Sie eine Beziehung oder leben Sie in einer Ehe?
- Sind Sie in Ihrer Beziehung oder Ehe glücklich?
- Was vermissen Sie?
- Wurden Sie oder werden Sie zur Zeit von Partnern betrogen, verlassen, misshandelt, erniedrigt, verletzt etc.?
- Sind Sie frei in Ihrer Beziehung oder Ehe?
- Können Sie sich frei entwickeln?
- Haben Sie Ihre eigenen Hobbys, denen Sie regelmäßig nachgehen? Haben Sie eigene Freunde, mit denen Sie auch etwas unternehmen, ohne dass sich Ihr Partner schlecht dabei fühlt oder Ihnen sogar deswegen Vorwürfe macht?
- Haben Sie gemeinsame Interessen oder Hobbys?
- Sind Sie für Ihren Partner die Nummer eins?
- Macht Ihr Partner Ihnen Komplimente? Können Sie sie annehmen?
- Ist Ihr Partner immer oder zumindest in Ausnahmesituationen für Sie da?
- Sind Sie für Ihren Partner immer oder zumindest in Ausnahmesituationen da?
- Sind Sie von Ihrem Partner abhängig?
- Können Sie mit Ihrem Partner über Konflikte und unterschiedliche Meinungen sprechen, ohne sich gegenseitig zu verletzen?
- Sind Sie mit der Sexualität in Ihrer Beziehung zufrieden, erfüllt, glücklich?

- Können Sie sich so zeigen, wie Sie sind, und fühlen sich trotzdem geliebt?
- Können Sie lachen mit Ihrem Partner? Auch über sich selbst?
- Haben Sie Freude an Ihrer Beziehung?
- Kommen Sie gerne nach Hause zu Ihrem Partner oder gehen Sie lieber weg?
- Haben Sie Vertrauen zueinander?
- Werden Sie so akzeptiert, wie Sie sind?
- Akzeptieren Sie Ihren Partner so, wie er ist?
- Sind Sie eifersüchtig und gibt es Gründe dafür?
- Ist Ihr Partner eifersüchtig? Hat er Gründe dafür?

Sie sollten sich im Klaren sein, dass eine Beziehung grundsätzlich sehr viel Arbeit bedeutet. Das heißt, zu Beginn in der Verliebtheitsphase läuft alles gut, weil wir uns noch nicht ganz zeigen wollen und können. Das muss aber nicht heißen, dass man gleich dem anderen etwas vorspielt, sondern man ist einfach noch nicht in der Lage und nicht bereit dazu, ganz natürlich und ganz selbst zu sein. Abgesehen davon betrachten sich die Partner in dieser Phase sowieso durch eine rosarote Brille.

In einer Beziehung kommen zwei fremde Menschen zusammen und oft erwarten beide sowohl von sich selbst, von dem anderen als auch von der Beziehung, dass sie auf Anhieb sofort tadellos funktioniert. Das ist natürlich eigentlich nicht machbar, denn beide sind unterschiedlich, haben andere Bedürfnisse, andere Einsichten, andere Vorstellungen über das Leben und auch über die Beziehung. Im besten Fall finden sie viele Gemeinsamkeiten und Vorlieben. Und dann ist es genau diese Mischung von beidem, die eine Beziehung sehr spannend werden lässt und in der beide Partner viel Freude erleben.

Meist kommen in einer Beziehung allerdings zwei Menschen zusammen, die dem Zusammenleben emotional noch gar nicht gewachsen sind. Warum? Weil sie – solange sie sich noch nicht mit den eigenen Themen auseinandergesetzt haben – nur das leben können, was sie von ihren Eltern und von ihrem Umfeld übernommen haben. Das bedeutet, dass in fast allen Beziehungen kleine, verletzte Mädchen und kleine, verletzte Jungen agieren, ohne es bewusst zu wissen.

Wir verlangen häufig von unserem Partner, dass er uns glücklich machen soll. Diese Hoffnung muss zwangsläufig in einer Enttäuschung enden, denn es ist nicht der Job des Partners, für das Glück des anderen zu sorgen.

Dazu gibt es eine kurze Geschichte, die ich in einem Vortrag von Diplom-Psychologen Robert T.Betz gehört habe: „Zwei Bettler treffen aufeinander und einer fragt den anderen: „Hast du etwas für mich?“ Dieser deutet auf seine leeren Taschen hin und antwortet: „Nein, ich dachte, du hast etwas für mich.“ Dann sagt der andere: „Oh je, ich dachte, du hast etwas.“

Und genauso wie die Bettler verlangen wir in Partnerschaften oft etwas, das uns der andere gar nicht geben kann, weil er es selbst nicht hat.

Somit müssen wir selbst dafür sorgen, dass „unsere Taschen gefüllt sind“, dass es uns gutgeht und wir mit uns zufrieden und glücklich sind. Beziehungen, die auf dieser Basis aufgebaut sind, haben eine gute Prognose und sind erfüllt. Dann unterstützt man sich gern gegenseitig, ohne sich für das Glück des anderen verantwortlich zu fühlen.

Ich bin überzeugt, dass der häufigste Grund für so viele gescheiterte Beziehungen die Unwissenheit bezüglich der eigenen Muster ist.

Wie im Großen gilt auch hier die Einsicht: „Man muss bei sich selbst anfangen, wenn man etwas verändern will.“ Schafft man das, dann ist jede Geste des anderen plötzlich ein Geschenk, etwas, das man dazu bekommt, obendrauf. Andersherum ist man selbst auch erst in der Lage, wirklich zu geben und für den anderen da zu sein, wenn man seinen eigenen „Brunnen“ gefüllt hat und nicht mehr im Mangel verhaftet ist.

Beziehungen sollten keine Energie rauben, sie sollten Energie spenden. Allerdings bieten uns Beziehungskrisen immer auch die Möglichkeit, mehr über uns selbst zu erfahren und zu wachsen. Das liegt vor allem daran, dass der Partner uns vorrangig das eigene innere Ungleichgewicht spiegelt. Erkennen wir das und nehmen wir das an, dann kann eine Ehe oder die Beziehung zu einem Ort der Heilung und einer wahren, tiefen Liebe werden. Wahre Liebe bedeutet: „Ich nehme dich so an, wie du bereits bist, mit deinen Stärken und deinen Schwächen, mit deiner Vergangenheit, mit deinem Jetzt, mit deinen Fehlern, deinen Talenten, deiner Herkunft und deiner Herkunftsfamilie“.

Bei den meisten Menschen ist es so, dass sie erst dann, wenn sie sich selbst angenommen haben, sich selbst lieben, achten und wertschätzen, offen für den Partner sind, der dasselbe geben kann und mit dem man auch schwierige Zeiten gemeinsam bewältigen kann. Lieben bedeutet bedingungslos anzunehmen.

(Mehr über glückliche Beziehung erfahren Sie in einem meiner nächsten Bücher, das ich gemeinsam mit meinem Mann schreibe.)

Der Keller voller Leichen

In der Feng-Shui-Lehre symbolisiert der Keller das menschliche Unterbewusstsein. Es ist ein Ort, in dem der Mensch von Kindheit an verdrängte Emotionen und Gefühle unbewusst ablegt.

Das heißt, wenn Sie als kleines Kind Angst spürten, traurig waren, sich verlassen oder abgelehnt fühlten, Scham oder Schuldgefühle hatten, dann können Sie ziemlich sicher sein, dass diese Gefühle immer noch in Ihrem Unterbewusstsein (in Ihrem inneren Keller) existieren und nur dann an die Oberfläche kommen und wirken, wenn sie in irgendeiner Situation an diese Gefühle erinnert werden.

Für jedes unangenehme Erlebnis, jede Erfahrung, jedes Gefühl gibt es eine entsprechende „Leiche“. Wenn wir uns um diese nicht liebevoll kümmern, – um in der Metapher zu bleiben – sie nicht einbalsamieren, fängt sie zu stinken an. Diese „Leiche“ macht das Leben ungenießbar und kann unendlich viel Leid und/oder Mangel verursachen. Es bringt auch nichts, den Keller zu ignorieren, indem wir die Schuld für den „Leichengestank“ anderen zuschieben.

Wichtig dagegen ist, die Leichen anzuschauen, und wenn wir es nicht selbst und nicht freiwillig tun, dann übernehmen das andere für uns, indem sie uns auf den penetranten Gestank aufmerksam machen. Meist sind es jene, die uns nahestehen, vielleicht der Partner, der Chef oder sogar das eigene Kind, Menschen, die es schaffen, uns herauszufordern, die an unseren „Knöpfen drehen“, die unsere „Leichen“ ans Tageslicht zerren. Der Diplom-Psychologe Robert T.

Betz bezeichnet diese Menschen als „Arsch-Engel", ein treffender Begriff, weil das, was diese Menschen in uns auslösen, natürlich alles andere als angenehm ist. Manchmal quälen sie uns förmlich, stoßen uns mit der Nase auf die alten Wunden, geben uns aber damit gleichzeitig die Chance (darum der Engel), diese Wunden anzuschauen und zu heilen.

Gefühle, die in der Kindheit entstanden sind, nennt man in der Psychologie „primäre Gefühle". Jene, die durch unser aktuelles Umfeld, zum Beispiel durch unseren Partner oder Chef ausgelöst werden, bezeichnet man als „sekundäre Gefühle".

Somit kann man „primär" als Ursprung des Gefühls betrachten, während „sekundär" die Erinnerung an das alte, bereits vorhandene Gefühl ist.

Ich höre oft Menschen sagen, dass sie Angst vor gewissen Erkenntnissen haben, weil sie sich an vieles ja gar nicht erinnern können, sondern nur ahnen, dass da sehr viel Schmerz, Angst, Einsamkeit oder Traurigkeit war. Natürlich wehrt man sich dagegen, damit erneut in Berührung zu kommen. Das kann ich absolut nachvollziehen, weil diese „Unterwelt" in uns eine ganz neue Empfindungsebene darstellt, und man braucht unbedingt einen erfahrenen Therapeuten, der durch die inneren Kammern gekonnt begleitet.

Letztendlich – das weiß ich aus meiner Praxis – kommt immer nur das ans Tageslicht, was man ertragen und aushalten kann. Das heißt, irgendeine Instanz sorgt schon dafür, dass wir heil durch die Prozesse kommen.

Ich sage immer: Wenn unser Leben in Liebe, Leichtigkeit und Fülle genießbar ist, müssen wir uns nicht um den Keller kümmern. Dann ist er offensichtlich aufgeräumt. Was nicht heißt, dass das ein dauerhafter Zustand sein muss. Unser Unterbewusstsein ist vielschichtig und mit Sicherheit zeigen sich hier und da auch wieder neue Untiefen. Wenn es also in einer der drei Säulen rumort und man damit unglücklich ist, sollte man sich wieder auf den Weg in den eigenen Keller begeben, um die Gefühle zu klären.

Ich tendiere ja sogar dazu, zu sagen, dass man sich kontinuierlich um den eigenen Keller kümmern sollte. Für alles andere sorgen wir doch auch. Wir pflegen unseren physischen Körper, unsere Wohnung, unser Auto etc. Aber leider haben die wenigsten etwas für ihren emotionalen Bereich übrig.

Viele meiner Klienten kommen in der Hypnose-Sitzung das erste Mal mit dem eigenen Keller in Berührung und berichten sehr häufig über „grauenhafte Zustände" und über viele unangenehme Gefühle, die sie dort offensichtlich vor langer Zeit abgelegt haben. Diese müssen gesehen und angenommen werden, denn nur so können wir sie verabschieden.

Es bringt nichts, sie zu verdrängen. Das Leben wird sie uns immer wieder in Form von Leid auf irgendeiner Ebene vor die Nase setzen.

Die Festplatte und ihre Programme

Falls Sie mit der Leichen-Keller-Metapher nicht so viel anfangen können, habe ich noch eine Alternative für Sie.

Stellen sie sich eine Festplatte vor, auf der einige Programme gespeichert sind, so wie sie in jedem Computer vorhanden ist. Jeder von uns kommt mit solch einer „Festplatte" auf die Welt. Anfangs ist sie noch relativ unbeschrieben, doch nach und nach füllt sie sich mit allem, was wir in der Kindheit erleben, was wir wahrnehmen, was uns andere über uns und die Welt erzählen und, und, und.

Auch die Lernpsychologen John B.Watson und B.F. Skinner glauben, das der Mensch bei der Geburt eine „tabula rasa" (=leere Tafel) ist, in die sich alle Erfahrungen einprägen, die unser Verhalten bestimmen.

Jede Emotion, die wir erfahren haben, wird dort festgehalten, und unser Umfeld, sprich unsere Eltern, Kinder, Chefs, Arbeitskollegen etc., reagieren auf diese gespeicherten Informationen. Das bedeutet, sie drücken genau die Knöpfe, die bei uns jene unangenehmen Gefühle wieder aktivieren. Anders ausgedrückt: „Die Außenwelt macht uns auf unser Innenleben aufmerksam."

Diesen Hinweis findet man bereits in der Weisheitslehre über die kosmischen Gesetze des Hermes Trismegistos (griechischer Gott): „Wie innen, so außen", die auf allen Ebenen des Seins gelten. Das bedeutet, wenn uns etwas verletzt, uns etwas Angst macht, jemand uns Schmerzen zufügt, können wir uns fragen: „Welches Programm habe ich auf meiner „Festplatte", das dafür sorgt, dass ich diese Menschen und Situationen in mein Leben anziehe?" Oder wie in dem vorherigen Beispiel beschrieben: „Welche Leichen liegen in meinem Keller?"

Sicher fällt es schwer, dies im Falle großen Leids, das Ihnen vielleicht widerfahren ist, anzuwenden. Das Leben verläuft natürlich nicht so linear, wie wir oft denken. Jedes Ereignis ist eine Zusammenführung vieler Aspekte, aber die Sicht mal von den anderen, den „Schuldigen" wegzunehmen und auf uns selbst zu richten, kann zu einem bedeutenden Wachstumsschritt führen. Gleichzeitig trägt er dazu bei, dass wir lernen, andere Menschen für ihr Handeln nicht gleich pauschal zu verurteilen.

Der Strom des Lebens

Wenn wir uns den Lebensthemen nicht stellen und unsere Leichen in dem unbewussten Keller verwesen lassen, haben wir es wahrscheinlich schwer im Leben. Oft wundern wir uns dann, warum in unserem Leben vieles so mühsam und schwer läuft. Das macht auf Dauer müde, oft sogar krank. Dann fühlt man sich im privaten und beruflichen Leben nicht wohl oder erntet sogar viel Leid und Enttäuschung.

Wenn wir uns mit dem Strom des Lebens vorwärtsbewegen und alle Bürden auf uns nehmen, aus ihnen lernen, unsere Wunden heilen, dann ist unser Leben wirklich im Fluss und wir haben Kraft – emotional und auch körperlich.

Wir befinden uns alle in einem stetigen Prozess des Wandels, sträuben uns aber meistens dagegen und verharren lieber in unserer Komfortzone. Es ist die Kunst und Meisterschaft, sich dem Leben hinzugeben und sich vertrauensvoll in seinem Strom zu bewegen.

Das Regie-Buch meines Lebens

Warum müssen wir leiden? Geht das nicht auch ohne seelische Schmerzen?

Ich habe die für mich sinnvollste Erklärung zu diesem Thema von den Buddhisten gelernt.

Ich möchte eine Geschichte an dieser Stelle einflechten, die ich auch meinen Klienten erzähle, damit sie sich nicht von ihrem Leid aufsaugen lassen, sondern den Glauben daran entwickeln, dass das Leben es gut mit ihnen meint, auch wenn es für den Moment vielleicht nicht so aussieht, dass der Schmerz dazu da ist, um vorwärtszukommen und zu wachsen. Unsere Seele wählt freiwillig und bewusst die Themen für unser Leben.

Erlauben Sie sich jetzt, während Sie weiterlesen, die Dinge mit Ihrer kindlichen Fantasie, die noch in Ihnen wohnt, zu betrachten. Es geht hier nicht um Beweise, sondern um Symbolik, die uns hilft, die wesentlichen universellen Abläufe zu verstehen.

Sie stellen sich vor, es gibt irgendwo einen Ort, an dem viele Seelen zusammenkommen und auf ein weiteres Leben und weitere Aufgaben warten. Daran glauben viele Menschen.

Es gibt für jede Seele ein „Regie-Buch“, ein sogenanntes „Lebensbuch“. In der Reinkarnations-Theorie wird dieses Buch als „Akasha-Chronik“ bezeichnet. Jeder Klient, der bei mir in der Reinkarnationstherapie war, hat sie kennengelernt.

In diesem Buch befinden sich im Inhaltsverzeichnis alle Aufgaben für ein bestimmtes Leben, und dazu gibt es eine Liste der „Schauspieler“, die unser Leben begleiten werden. Familie, Partner, Mitmenschen, mit denen man die Lebensthemen – also das „Theater-Stück“, spielen soll.

In seiner Seele ist jeder von uns mit dem Inhalt seines Regiebuches einverstanden, weil das für jede Seele wichtig ist, sich durch verschiedene emotionale Erfahrungen weiterzuentwickeln. Wenn dann die Seele bereit ist, zur Erde zu gehen, sucht sie sich ihre Eltern aus (Die Buddhisten sagen, dass sie das tut, um eben bestimmte Erfahrungen zu machen.) Dann geht die Seele, so wie es die Bibel erwähnt, durch „das Tor des Vergessens“ und vergisst diese Aufgaben wieder, um später im Leben durch Erfahrungen wieder daran erinnert zu werden.

Was bedeutet dieses Bild für uns? Da der Verstand keinen Zugang zu unserem Seelenplan hat, sondern nur das Herz in der Lage ist, zu fühlen, was die Seele will, wird schnell klar, dass wir, wenn wir uns nur mit unserem Verstand verbinden und unser Herz immer mehr verschließen, uns nicht mehr an diese Aufgaben erinnern können. Darum irren wir umher und darum leiden wir.

Die leuchtende Kugel

Eine weitere Symbolik, die das Thema verdeutlicht, ist die leuchtende Kugel. Stellen Sie sich bitte vor, Sie kommen als ganz großer Schatz, gänzlich „ausgestattet“ mit Begabungen, Talenten, einem tollen Charakter, was Ihnen in der Summe ein Leben im Glück, in Leichtigkeit, Freude und Liebe ermöglichen könnte, auf diese Welt, ganz vollkommen in Ihrer universellen, göttlichen Größe und Kraft. Stellen Sie sich bitte symbolisch dafür eine hell leuchtende Kugel vor als Ausdruck für Ihre inneren Potentiale, Ihre inneren Diamanten, Ihre innere Kraft, Ihre inneren Schätze.

Dann werden Sie in eine Familie geboren, die nicht weiß, wie sie mit Ihren Schätzen umgehen soll. Woher sollen sie es auch wissen? Unsere Eltern können uns nur das weitergeben, was sie selbst von ihren Eltern gelernt haben, nicht mehr und nicht weniger: das ganze Repertoire, das sie von ihren weiblichen und männlichen Vorfahren geerbt haben und unbewusst weitervererben.

Sie werden vielleicht klein und unbedeutend aufwachsen, ohne den nötigen Respekt und auch ohne Achtung vor Ihrer eigenen Person zu erfahren, vielleicht auch ohne Liebe, oder sie bekommen Liebe nur gegen Leistung. Möglicherweise waren Sie oft sehr einsam, fühlten sich verlassen und abgelehnt.

Vielleicht hatten Sie Angst, jemanden zu verlieren, oder sie fürchteten sich sogar vor Ihrer Mutter oder Ihrem Vater, weil sie in irgendeiner Form gewalttätig waren. Vermutlich hatten Sie dadurch kein Vertrauen mehr in das Leben, fühlten sich unendlich einsam und waren ängstlich. Vielleicht hat man Ihnen Schmerzen auf der psychischen und/oder physischen Ebene zugeführt. Vielleicht hat Sie Ihre Mutter unbewusst als Partnerersatz missbraucht oder Sie mussten irgendwelche Aufgaben eines Erwachsenen übernehmen und konnten oder durften nicht Kind sein. Eventuell mussten Sie schon als kleines Kind unendlich viel leisten und auch für andere sorgen oder sie beschützen.

Diese hell leuchtende Kugel, durch die Ihre inneren Potentiale nach außen strahlen sollten, ist so durch die vielen Schmerzen und Ängste, die Sie in Ihrer Kindheit erdulden mussten, verblasst und beschlagen. Sie kann nicht mehr leuchten, nicht mehr glänzen.

Und so fehlt es auch den Menschen an Ausstrahlung und Lebensfreude, weil sie verletzt sind, weil diese Schmerzen und die unangenehme Gefühle tief in ihnen vergraben sind. Doch es ist nur ein Belag, der das Strahlen daran hindert, nach draußen zu dringen. Innen sind der Glanz, die Schönheit noch genauso da, wie zu Beginn des Lebens.

Eigentlich hat jeder mit seiner Geburt das Recht, einfach nur Kind zu sein, ein Kind, das in Freude und Leichtigkeit aufwachsen darf, ein Kind, dem man bedingungslose Liebe und Wärme gibt, das man lobt und wertschätzt, unterstützt, stärkt und verständnisvoll begleitet, ein Kind, das verspielt sein darf und in seiner kindlichen Fantasie leben darf.

Leider begegnet man Menschen, die das so erfahren haben, nur sehr selten.

Alle anderen, die in irgendeiner Form mit all ihren Schätzen nicht wahrgenommen wurden, nehmen diese Erfahrung mit in die Pubertät. Dann werden sie erwachsen und haben nur einen Wunsch, aus den unangenehmen familiären Verstrickungen auszubrechen. Sie rebellieren gegen die Eltern, wenden sich ab, wollen ihr eigenes, unabhängiges Leben führen. Eine gewisse Zeit fühlen sie sich auch frei und unabhängig, bis sie spätestens zwischen dem 35. und 50. Lebensjahr merken (Ich mache derzeit die Erfahrung, dass verstärkt auch immer jüngere Menschen zur Sitzung kommen.), dass ihr eigenes Leben gar nicht so sehr anders verläuft als das ihrer Eltern. Und obwohl die meisten auf gar keinen Fall wie die eigene Mutter oder der eigene Vater sein wollen, rutschen sie da hinein. Gleichzeitig lehnen sie die Eltern aber vollkommen ab. Und an diesem Punkt beginnen heftigste energetische Verstrickungen, die uns den Weg zu wahrer Schönheit, zum Glücklichsein, zur Fülle und Freiheit versperren und die leuchtende Kugel verblassen lassen.

Wenn Sie Ihre Eltern als Ihre Schöpfer ablehnen, sagen Sie nicht nur zu sich selbst NEIN, sondern auch zu Ihrem gesamten Leben! Sie sagen nein zu Ihrer Weiblichkeit oder Ihrer Männlichkeit oder zu beidem. Das führt automatisch dazu, dass man in einem Opfer-Dasein steckenbleibt und jene Energien, die diesem Dasein entsprechen, in sein Leben zieht und damit die Kugel verdunkelt.

Der Baum – die Eltern und das innere Kind

Mir ist bewusst, dass ich an dieser Stelle den einen oder anderen Leser verärgern werde, nach dem Motto: „Schon wieder bleibt alles an den Eltern hängen". Trotzdem möchte ich meine und auch die Erfahrung vieler Menschen an Sie weitergeben.

Die emotionale Basis in uns bilden nun mal unsere Eltern und unser inneres Kind. Sie zusammen stärken uns oder schwächen uns und sie sind das Tor zu unserer Freiheit und zu einem Leben im Glück.

Wenn die Themen mit der Mutter und dem Vater geklärt und geheilt sind, wenn der Mensch es geschafft hat, ihnen zu verzeihen, und das innere Kind (das erkläre ich im Teil 4 – Der Einfluss des inneren Kindes auf unsere Schönheit und Lebensglück) damit geheilt ist, hat man gute Voraussetzungen, die wahre Schönheit und das Glück zu finden.

Leider gibt es dafür keine Abkürzung, keinen Umweg, den wir nehmen könnten, sondern es bleibt nur der Weg, der direkt durch die Themen hindurchführt. Natürlich geht einiges nicht von heute auf morgen, denn das, was wir durch unsere Eltern erfahren haben, all das, was uns verletzt hat, braucht seine Zeit und viel Geduld. Aber es geht!

Als eine Metapher können Sie sich zu diesem Thema einen starken, stabilen Baum vorstellen, der kräftige Wurzeln tief in der Erde hat und sogar jeden Hurrikan übersteht, ohne dabei aus seiner Mitte herauszufallen. Dieser Baum steht für die stabile, geheilte emotionale Basis in uns in Bezug auf unsere Eltern und das innere Kind.

Sind diese Gefühle noch nicht geheilt, ist der Baum instabil und schwach, hat nur ein paar kleine, dünne Wurzeln, die nicht kraftvoll genug sind, den Baum in der Erde zu halten, so, dass er nicht standhalten kann, wenn der Wind mal kräftiger weht. Dann kippen wir bei der kleinsten Erregung aus unserer Mitte heraus, dann fühlen wir uns entwurzelt und kraftlos.

Das Puzzle-Bild

Oft vergleiche ich unser inneres, emotionales Bild mit einem Puzzle. Wenn ein neuer Klient zu mir kommt, der noch nie an sich gearbeitet hat, dann hilft dieses Bild, den Zustand zu verdeutlichen, denn er bringt ja im Grunde eine Puzzle-Schachtel mit, in der alle Einzelteile des Lebens, seine Verletzungen, seine Begabungen und seine Erfahrungen enthalten sind. Wie bei einem richtigen Puzzlespiel herrscht zunächst einmal Chaos und derjenige weiß nicht, wer er wirklich ist und wo er anfangen soll, weil alle Teile in der Schachtel so durcheinander sind und das Bild dadurch verzerrt ist.

Was tun wir damit? Wir leeren die Schachtel aus, drehen die Teile so, dass man sie erkennen kann, und legen die zusammen, bei denen wir auf Anhieb sehen, dass sie zu einem bestimmten Teil des Gesamtbildes gehören. So entsteht der erste kleine Rahmen für das Bild. In der Realität lernt sich der Mensch dadurch neu kennen. Er beginnt, sich langsam zu „sortieren“ und zu verstehen, warum sein Leben so ist, wie es eben ist, und was konkret dazu geführt hat, dass er in bestimmten Lebensbereichen diese Probleme hat.

In der nächsten Phase fügen wir Stückchen für Stückchen die Puzzelteile zusammen, damit der Klient das Gesamtbild erkennen kann, damit er sieht, wie die Schöpfung es mit ihm gemeint hat, und er nicht mehr nur das wahrnimmt, was man aus ihm „gemacht“ hat.

Das ist der Beginn des Weges zum wahren ICH, zur wahren Schönheit und zum Lebensglück.

Das Ego ist nicht unser Feind

„Der Verstand ist ein nützliches, machtvolles Werkzeug, aber er ist auch sehr einengend, wenn du dein Leben vollkommen ihm überlässt und nicht erkennst, dass er nur ein kleiner Aspekt des Bewusstseins ist, das du bist.“
Eckhart Tolle, spiritueller Lehrer und Mystiker

Ich habe die Erfahrung gemacht, dass es viele Lehrer gibt, für die das Ego der größte Feind der Menschheit ist. In verschiedenen Weiterbildungen, Seminaren, Workshops etc. und auch in der Literatur bin ich oft mit dieser Aussage konfrontiert worden.

Ich fragte mich aber, warum wir den Verstand überhaupt bekommen haben? Nur damit er uns verwirrt, stört und ständig dazwischenfunkt? Ist das seine einzige Aufgabe?

Ich bin überzeugt, dass man auch zwischen dem Herzen und dem Ego eine angenehme Balance und Frieden herstellen kann.

Wenn ich diese „Figur“ gut behandle, wird sie auch zu mir gut sein.

Wenn ich sie respektiere, achte, wertschätze und ihr zeige, dass sie eine würdevolle Daseinsberechtigung hat, entspannt sie sich und lässt mich meinen Weg gehen und meine nötigen Entwicklungsschritte machen. Wichtig ist nur der Umgang mit dem Verstand – ihn als Werkzeug und nicht als allein seligmachende Instanz zu nutzen, so für den nötigen Ausgleich zwischen Herz und Verstand zu sorgen.

Meiner Meinung nach hat das Ego die Aufgabe, uns zu fördern, manchmal auch, uns durcheinanderzuwirbeln, uns zu stören. Und er zwingt uns dazu, an uns zu arbeiten, denn wenn er sich zu stark ausbreitet, wenn er uns zu sehr beherrscht, geht es uns einfach nicht besonders gut, weil wir dann von unseren Gefühlen abgeschnitten sind.

Den Verstand zu mögen und ihn in angemessenem Rahmen zu gebrauchen, ist eine reine Übungssache. Das Ego entspannt sich, wenn man es sein lässt. Wenn man ihm das Gefühl vermittelt: „Du darfst so sein, wie du bist. Du bist nicht in Gefahr und ich werde dich nicht entmachten. Du darfst da sein, aber lass den anderen (Geist und Seele) auch ihren Platz, den sie verdienen.“ Es ist wichtig, dass dem Ego eine Aufgabe zukommt. Wir müssen unseren Verstand gebrauchen, sonst werden wir träge. Gleichzeitig ist es aber von großer Bedeutung, dass beide Ebenen – Ego (Verstand) und das Herz – in uns in Harmonie und Frieden sind, dass keiner von beiden sich benachteiligt fühlt oder dass einer sich zu sehr ausdehnt. Dann macht das Zusammensein mit diesen Energien, die uns zu Verfügung stehen, viel Freude und man entdeckt immer wieder etwas Neues an sich und in sich.

Auch hier möchte ich wieder eine Metapher bemühen. In dieser steht ein schwarzer Ballon für das Ego, ein gelber für das Herz. Beide sind zusammen in einem engen Raum. Wenn wir nun nur in den schwarzen Ballon hineinpusten, dehnt er sich aus und der gelbe Ballon wird zusammengedrückt. Kümmern wir uns hingegen liebevoll um beide, kommt keiner zu Schaden. Es ist sogar möglich, dem gelben Ballon mehr Platz zu geben. Dann kommen wir einfach noch mehr ins Gefühl und lassen uns nicht von unserem Ego ablenken.

Also noch mal: Stellen Sie sich vor, wir hätten keinen Verstand. Wie weit würden wir im Leben vorwärtskommen? Wie weit würden wir das Leben mit seinen Abläufen erklären können? Wie weit verstehen? Wie weit könnten wir uns entwickeln? Nicht weit, oder? Trotzdem sind die wichtigsten Prozesse auf dem Weg zu wahrer Schönheit und zum Lebensglück herzgesteuert. Annehmen und Verzeihen können wir nicht mit dem Verstand. Auch Selbstliebe ist kein Akt des Egos. All das ist allerdings kein Grund, das Ego zu verdammen.

In meinen Sitzungen bitte ich das Ego des Klienten häufig darum, einen Platz im Raum einzunehmen. Ich stelle ihm sogar eine Teetasse hin, damit es sich entspannen kann. Es ist mir wichtig, ihm das Gefühl zu geben, dass wir nicht gegen das Ego arbeiten, sondern sogar froh sind, dass es da ist, sonst könnte ich dem Klienten nichts erklären und er würde mich auch nicht verstehen.

Der Verstand ist auch in einer Hypnosesitzung aktiv und ein guter Begleiter, denn eine Hypnosesitzung findet im Wachbewusstsein statt. Das bedeutet, dass der Klient denken darf und sogar keine andere Wahl hat.

Vielleicht ist das nur meine persönliche Eigenart, aber die ist mir wichtig. Ich sehe, dass meine Klienten sogar Spaß dabei haben und mehr und mehr zur Ruhe kommen, wenn wir dem Ego einen angemessenen Platz zuweisen und es wertschätzen.

Ich stehe selbst in einer freundlichen und würdevollen Verbindung mit meinem Ego.

Vor einiger Zeit bin ich einigen Buddhisten begegnet, die es vermögen, in sehr lange Phasen ohne Ego hineingehen zu können. Diese Menschen sind allerdings in ihrer spirituellen Entwicklung so weit fortgeschritten, dass ich mich frage, ob ich so ein Level in diesem Leben je erreichen werde. Außerdem, muss ich das? Müssen wir es beweisen? Uns selbst oder anderen? Uns dazu zwingen?

Wenn man diesen Weg freiwillig geht, dann ist das wunderbar, aber wenn man sich dazu zwingt und immer nur gegen sein Ego kämpft, dann führt das erstens nicht zum Ziel und zweitens ermüdet man. Abgesehen davon bekommt man mit Sicherheit nicht das, was man sich erhofft. Darum: Machen Sie Ihr Ego zu Ihrem freundlichen Verbündeten!

Teil 4

Themen, die uns hindern, die innere wahre Schönheit zu entfalten

In diesem Teil des Buches werden Sie erfahren, was dazu geführt hat, dass Sie Ihre wahre Schönheit bisher nicht entfalten konnten. In meiner Praxis tauchen mit großer Beständigkeit elf elementare Themen auf, die ich hier beleuchten möchte und zu denen ich Ihnen einige psychologische Hintergründe aufzeigen werde. Vielleicht passen sie zu Ihrer Lebensgeschichte und Sie finden sich in dem einen oder anderen Thema wieder.

Schon durch das Verständnis der eigenen emotionalen Lebenslage öffnet unser System die Pforten und signalisiert die Bereitschaft für Heilungsschritte.

Die Informationen, die ich Ihnen hier weitergebe, basieren auf psychologischen, wissenschaftlichen und auch spirituellen Erkenntnissen, vorrangig aber auf meiner eigenen Erfahrung und der Erfahrung meiner Klienten sowie der Mitmenschen, die diese Wege gegangen sind. Ich bin der Meinung, dass es leichter ist, sich an Beispielen anderer zu orientieren. Denn wenn wir erfahren, wie ähnlich wir strukturiert sind, dass unsere emotionalen Ausgangslagen gar nicht so unterschiedlich sind, wie es auf den ersten Blick immer scheint, dann erleichtert das nicht nur unseren Weg, sondern entspannt auch oft eine akute Situation. Wichtig ist, dass Sie auf Ihr Herz hören und das für sich auswählen, was für Sie passt. Wenn es sich gut anfühlt und Sie es annehmen können, dann ist es stimmig.

Alle Gefühle, die in uns schlummern, die aufgrund von bestimmten seelischen und/oder körperlichen Verletzungen, manchmal sogar Missverständnissen entstanden sind, haben wir selbst in uns erschaffen. Das ist der Ausgangspunkt. Natürlich wurde uns in den meisten Fällen etwas angetan, aber für die Reaktion darauf, für das Erschaffen der Gefühle in unserem Inneren sind wir selbst verantwortlich. Das ist ein ganz wichtiger Punkt, an dem viele Menschen straucheln, denn hier zeigt sich, dass wir nie nur Opfer sind. Wir sind immer Opfer und Täter. Das heißt, es ist wichtig, zunächst für unsere Kreationen die Verantwortung zu übernehmen. (Mehr darüber in der „To-do-Liste".)

Vielleicht verstehen Sie an dieser Stelle noch einmal besser, dass es uns überhaupt nichts nützt, anderen die Schuld für unser Unglücklichsein zu geben. Damit bleiben wir gefangen. Wenn wir wirklich etwas verändern wollen, müssen wir umdenken. Die frohe Botschaft lautet: Wenn wir selbst die Macht haben, bestimmte Gefühle in uns zu erschaffen, dann sind wir auch in der glücklichen Lage, diese wieder zu verändern. Die Macht dazu steht jedem von uns zu Verfügung. Sie ist angeboren. Nichts muss künstlich hergestellt werden und man braucht auch keine „Happy-Pille", die Wunder wirkt.

Der erste Schritt dahin ist die Erkenntnis darüber, aus welchem Grund man sich selbst und seine wahre Schönheit, die hier als Metapher für die eigene Größe steht, nicht entfalten konnte. Im nächsten Schritt übernimmt man die Verantwortung für die Gefühle, die man in diesem Zusammenhang erschaffen hat. Damit ist schon viel erreicht. Ist man dann noch irgendwann bereit, sich mit sich selbst und den Tätern auszusöhnen, steht der Heilung nichts mehr im Weg.

Die Selbstliebe ist das Fundament der wahren Schönheit

„Wenn Sie der großen Liebe Ihres Lebens begegnen wollen, schauen Sie am besten in den Spiegel."
Byron Katie, spirituelle Lehrerin und Autorin

Dieses Zitat weist uns unmissverständlich darauf hin, wer uns der wichtigste Mensch im Leben sein sollte. Nämlich wir selbst! Doch leider fällt es den meisten von uns sehr schwer, sich diese Liebe zu geben und sich mit den Augen der Seele anzuschauen.

Wir schauen überwiegend mit den „physischen“ Augen und nehmen uns als klein, schwach und mangelhaft wahr. Dabei ist es nicht möglich, grundlos der Selbstliebe zu entsagen. Wir kommen mit dieser Fähigkeit auf die Welt. Schauen Sie einem Baby zu, wie selbstvergessen es sich entdeckt, wie es sich über sich selbst freut. Bei den meisten von uns bricht das allerdings jäh ab, nämlich dann, wenn wir plötzlich in irgendeiner Form beurteilt werden oder wenn der Bruch mit der eigenen Person durch ein Trauma verursacht wird.

Wenn Sie in sich gehen, können Sie mit Sicherheit ganz genau sagen, wann der Zeitpunkt war oder wann es eine bestimmte Situation gab, in der andere oder Sie selbst sich verurteilt haben und wann Sie aufgehört haben, sich selbst zu lieben.

Oft waren es unsere Eltern, die Familie, unser Umfeld oder vielleicht auch unsere Lehrer, die uns die Selbstliebe förmlich abgewöhnt haben. Wie? Indem sie uns nicht so angenommen haben, wie wir waren. Stattdessen haben sie uns beurteilt und kritisiert. Wir mussten brav sein und uns allen familiären oder gesellschaftlichen Regeln anpassen. Wir mussten etwas tun, weil andere es von uns verlangt haben, auch wenn wir schon als Kinder gespürt haben, dass es uns dabei nicht gutgeht. Durch diese Prozesse blieb unser Selbstwert mehr und mehr auf der Strecke. Achtung und Respekt vor der eigenen Person nahmen ab, während sich die Annahme, dass wir so, wie wir sind, nicht liebenswert sind, in unseren Köpfen ausbreitete. Das hat unter anderem auch dazu geführt, dass wir uns von unserem inneren Kind getrennt haben. (Dazu mehr im nächsten Kapitel.)

In unserer Kindheit wird die emotionale Grundlage gelegt, die uns dann ein Leben lang zur Verfügung steht und uns in irgendeiner Form stets beeinflusst. Wurden uns seelische oder körperliche Verletzungen zugefügt, sind diese Gefühle in der Regel abgespalten und ins Unbewusste verschoben.

Vielen von uns wurde beigebracht, dass man sich eher um andere zu kümmern hat, statt um sich selbst. Oft wurde Selbstliebe mit Egoismus gleichgesetzt, der natürlich verpönt war. Sich um die Nächsten zu sorgen, sich zu kümmern war oberste Devise. Dass das ein großes Missverständnis ist und war, ist vielen nicht bewusst, denn wer sich selbst nicht liebt, kann sich auch nicht liebevoll aus dem Herzen heraus um andere kümmern.

Trotzdem wird dieses falsche Verständnis von Liebe seit vielen Generationen getragen und weitervererbt. Dennoch sind es nicht unsere Vorfahren, die wir dafür verantwortlich machen sollten, sondern wie Sie schon gelesen haben, ist es wichtig, selbst Verantwortung für die eigenen Gefühle und das eigene Handeln zu übernehmen.

Bitte verstehen Sie mich nicht falsch: Es geht überhaupt nicht darum, unseren Mitmenschen die kalte Schulter zu zeigen, wenn sie in Not sind. Es gibt immer Ausnahmesituationen, in denen andere Menschen auf unsere Hilfe angewiesen sind. Nur sollten wir uns immer ganz objektiv fragen, ob das, was sie fordern und verlangen, unsere Kräfte nicht eventuell auf Dauer übersteigt. Und wenn wir uns auf Ausnahmesituationen einlassen, sollten wir dafür sorgen, dass unser Kraftbrunnen reichlich gefüllt ist und immer wieder betankt wird, denn nur wenn wir genügend emotionale Kraft zur Verfügung haben, können wir sie auch an unsere Kinder, Partner oder unsere Mitmenschen weitergeben.

Vielleicht verdeutlichen diese zwei Beispiele noch besser, was ich meine:

1. Zu Beginn einer Flugreise wird man vom Bordpersonal über die Notmaßnahmen aufgeklärt – unter anderem auch darüber, wie und wann man eine Atemmaske aufzusetzen hat. Die Reihenfolge ist ganz klar: Zuerst soll man sich selbst die Atemmaske aufsetzen und dann erst den anderen dabei helfen. Sogar wenn unsere Lieben neben uns sitzen und wir mit Sicherheit den Reflex haben, erst ihnen zu helfen. Das würde allerdings bedeuten, dass man selbst sein Leben aufs Spiel setzt und am Ende vielleicht gar nicht mehr in der Lage ist, andere zu unterstützen.

2. Vor einigen Jahren hatte ich eine Klientin, die seit kurzem von ihrem gewalttätigen Mann getrennt war. Sie hatte drei kleine Kinder, keine Verwandte in dem Ort, das heißt, sie war ganz auf sich allein gestellt. Von dem Vater ihrer Kinder bekam sie keine Hilfe. Er war spurlos verschwunden.
Die Frau steckte tief in einem Burnout. Sie hatte sich selbst und ihr Leben komplett aufgegeben. Sie erzählte mir, dass sie nie Glück im Leben hatte und auch nicht haben wird. Mit dieser Einstellung und der Überzeugung lebte sie bereits viele Jahre und bekam natürlich genau das vom Schicksal

gespiegelt. Sie hatte nie gelernt, sich selbst Gutes zu tun, sondern sie gab immer nur, ihre ganze Kraft und am Ende auch ihre Gesundheit.
In unseren Sitzungen verstand sie den Mechanismus und lernte, gut für sich zu sorgen, sich selbst zu respektieren und zu lieben. Und so konnte sie ihren Kindern endlich ein gutes Vorbild sein. Sie begriff, dass viel auf dem Spiel stand, dass sie sogar ihre Kinder verlieren könnte, wenn sie selbst nicht mehr in der Lage ist, für sie zu sorgen. So lernte sie, erst sich selbst „die Atemmaske aufzusetzen“, um dann die anderen bemuttern zu können.

Selbstliebe heißt nichts anderes, als Respekt und Achtung vor sich selbst zu haben. Versagen wir uns das, dann werden wir auch von anderen respektlos behandelt. Das ist ein universelles Gesetz, an dem niemand vorbeikommt. Wer also ständig bemüht ist, Liebe, Achtung und Respekt von anderen zu bekommen, der sollte sich mal fragen, wie viel er sich eigentlich selbst davon gibt.

Sich selbst zu lieben, bedeutet auch zu vergeben, vor allem sich selbst, nicht ständig an sich herumzunörgeln und in Selbstvorwürfen zu ertrinken. Das ist eine der schwierigsten Aufgaben, die wir Menschen zu bewältigen haben. Noch schwieriger ist es allerdings, immer zu geben, wenn man gar nichts mehr hat, was man geben kann. So sagte schon Platon, einer der bedeutendsten Philosophen der Antike: „Ich kenne keinen sicheren Weg zum Erfolg, aber einen sicheren Weg zum Misserfolg – es allen recht machen zu wollen.“

Mir ist bewusst, dass es ein ganzes Stück Arbeit bedeutet, sich aus seinen Mustern und Prägungen zu befreien, um zu Selbstliebe und Selbstachtung zu gelangen. Dieser Prozess bedarf der Disziplin und viel Geduld. Wie eine Pflanze, die in uns wächst und gedeiht, Wasser und Dünger, Licht und Pflege braucht, will auch die Selbstliebe gepflegt werden. Wir können nicht erwarten, dass etwas, was in uns über viele Jahre verkümmert ist, von heute auf morgen wieder erblüht.

Lernen Sie sich zu lieben!

Ich habe passend zu diesem Thema das wunderschöne Gedicht „Als ich mich selbst zu lieben begann…“ von Charlie Chaplin herausgesucht, das er zu seinem 70. Geburtstag am 16.04.1959 verfasst hat. Ich wünsche Ihnen viele

Erkenntnisse beim Lesen! Am besten, Sie kopieren es und hängen es an einen Platz, zu dem Sie ab und zu mal hinschauen, um sich zu erinnern.

Als ich mich selbst zu lieben begann,
habe ich verstanden, dass ich immer und bei jeder Gelegenheit,
zur richtigen Zeit am richtigen Ort bin
und dass alles, was geschieht, richtig ist -
von da an konnte ich ruhig sein.
Heute weiß ich: Das nennt man VERTRAUEN.

Als ich mich selbst zu lieben begann,
konnte ich erkennen, dass emotionaler Schmerz und Leid
nur Warnungen für mich sind, gegen meine eigene Wahrheit zu leben.
Heute weiß ich: Das nennt man AUTHENTISCHSEIN.

Als ich mich selbst zu lieben begann,
habe ich aufgehört, mich nach einem anderen Leben zu sehnen,
und konnte sehen, dass alles um mich herum
eine Aufforderung zum Wachsen war.
Heute weiß ich: Das nennt man REIFE.

Als ich mich selbst zu lieben begann,
habe ich aufgehört, mich meiner freien Zeit zu berauben,
und ich habe aufgehört, weiter grandiose Projekte für die Zukunft zu entwerfen.
Heute mache ich nur das, was mir Spaß und Freude macht,
was ich liebe und was mein Herz zum Lachen bringt,
auf meine eigene Art und Weise und in meinem Tempo.
Heute weiß ich: Das nennt man EHRLICHKEIT.

Als ich mich selbst zu lieben begann,
habe ich mich von allem befreit, was nicht gesund für mich war,
von Speisen, Menschen, Dingen, Situationen
und von allem, das mich immer wieder hinunterzog, weg von mir selbst.
Anfangs nannte ich das „Gesunden Egoismus“,
aber heute weiß ich: Das ist SELBSTLIEBE.

Als ich mich selbst zu lieben begann,
habe ich aufgehört, immer recht haben zu wollen,
so habe ich mich weniger geirrt.
Heute weiß ich: Das nennt man DEMUT.

Als ich mich selbst zu lieben begann,
habe ich mich geweigert, weiter in der Vergangenheit zu leben
und mich um meine Zukunft zu sorgen.
Jetzt lebe ich nur noch in diesem Augenblick, wo ALLES stattfindet,
so lebe ich heute jeden Tag und nenne es BEWUSSTHEIT.

Als ich mich zu lieben begann,
da erkannte ich, dass mich mein Denken
armselig und krank machen kann.
Als ich jedoch meine Herzenskräfte anforderte,
bekam mein Verstand einen wichtigen Partner.
Diese Verbindung nenne ich heute HERZENSWEISHEIT.

Wir brauchen uns nicht weiter vor Auseinandersetzungen,
Konflikten und Problemen mit uns selbst und anderen zu fürchten,
denn sogar Sterne knallen manchmal aufeinander
und es entstehen neue Welten.
Heute weiß ich: DAS IST LEBEN!

Und noch eine letzte Strophe von mir ganz persönlich.

Als ich mich selbst zu lieben begann,
lernte ich die kleinen Dinge zu schätzen,
jede neue Erfahrung zu lieben,
in die Tiefe zu schauen und zu erfahren,
dass das Leben es nur gut mit mir meint.

Dieses Geschenk nenne ich heute DANKBARKEIT.

Der Einfluss des inneren Kindes auf unsere Schönheit und unser Lebensglück

Vielleicht spüren Sie öfter Gefühle des Alleinseins und der inneren Leere. Oder Sie fühlen sich manchmal einsam und verlassen, selbst wenn Sie mit einem oder mehreren Menschen zusammen sind. Oder Sie haben das Gefühl, dass „der Andere" Sie glücklich machen sollte.

Wenn Sie häufig Gefühle der Einsamkeit, Leere, Traurigkeit und des Alleinseins verspüren, kann es sein, dass Sie sich von Ihrem inneren Kind abgetrennt haben. Und wenn sich das innere Kind von dem erwachsenen Kind, das wir heute sind, nicht geliebt und angenommen fühlt, empfinden wir genau diese unangenehmen Gefühle.

Wer ist das innere Kind?

Das innere Kind ist ein Teil unseres Selbst, unser eigener Spiegel in uns, das Kind, das wir selbst waren und immer noch sind, auch wenn wir inzwischen erwachsen geworden sind. Deshalb bleiben viele Gefühle aus der Kindheit sehr präsent, obwohl wir oft den Zusammenhang zu dem Ereignis, das die Gefühle ausgelöst hat, gar nicht mehr herstellen können.

Das innere Kind repräsentiert ursprünglich unsere Einzigartigkeit, unser Strahlen, all die Liebe, mit der wir ins Leben gegangen sind. Strahlt dieses Kind nicht mehr, dann ist das ein Zeichen dafür, dass im Laufe der Entwicklung (auch schon im Mutterleib) verschiedene Erfahrungen dieses Selbstverständnis infrage gestellt oder sogar verletzt haben. Bereits im Mutterleib saugt das Kind alles, was die Mutter denkt und fühlt, wie ein Schwamm auf, und diese Informationen bleiben für das ganze Leben in uns.

Ich habe in meiner Praxis die Erfahrung gemacht, dass viele Klienten vor ihrer Geburt noch mit ihrem inneren Kind verbunden waren und dass die Trennung von der Mutter oder die Heftigkeit der Geburt erste Erfahrungen waren, die zu einer Abspaltung des inneren Kindes führten. Dabei spielen Einsamkeit und Verlassenheitsgefühle eine große Rolle. Vielleicht weil das Baby auf Grund einer Krankheit von der Mutter getrennt war oder weil es als Frühchen in den Brutkasten musste – all das können Gründe sein. So ein Baby erzeugt viel Angst in sich und leidet unter dieser Trennung. Ein Baby kann die Situationen ja auch nicht rational verstehen. Es spürt nur, dass es in großer Not ist, wenn die Mutter nicht da ist.

Es gibt aber auch viele Klienten, die sich schon in der pränatalen Zeit (die Zeit während der Schwangerschaft) unbewusst entschieden haben, sich von dem inneren Kind zu trennen, weil irgendetwas für sie unerträglich war. Vielleicht hatte die Mutter den Gedanken, das Kind abzutreiben, oder sie wünschte sich ein anderes Geschlecht oder aber sie war in dieser Zeit sehr unglücklich. Es kann verschiedene Gründe geben und Sie werden im Kapitel: „Die ersten Prägungen in der pränatalen und perinatalen Zeit“ mehr über dieses Thema erfahren.

Die Trennung vom inneren Kind kann man sich so vorstellen:

Wenn ein Kind etwas Schmerzhaftes erfährt, ob in der Schwangerschaft oder nach der Geburt, verschließt es – symbolisch gesehen – sein Herz. Es baut eine Mauer um diese Gefühle herum, die verhindern soll, dass sie nicht mehr gefühlt werden. Was aber tatsächlich passiert, ist, dass der Mensch – je höher die Mauer wird – mehr und mehr sein Strahlen verliert und auch weniger an sich herankommen lässt.

Ein Kind sollte seine universelle Natürlichkeit und Spontaneität ausleben, seinen impulsiven Gefühlen und Instinkten nachkommen, seine angeborenen Talente wie Kreativität, Verspieltheit und Neugier einfach ausprobieren. Wenn sich unser inneres Kind von Anfang an geliebt fühlt, bleibt das Herz „offen“. So ist es in der Lage, seine wahre Schönheit zu entfalten und Leidenschaft und Freude jederzeit auszuleben.

Aber wer von uns konnte schon in diesen Genuss kommen? Aus meiner beruflichen Erfahrung weiß ich: nur ganz wenige. Stattdessen mussten viele schon in der Kindheit Verantwortung wie ein Erwachsener übernehmen, meist für jüngere Geschwister, weil die Eltern entweder emotional oder physisch nicht anwesend waren. Oder wir wurden auf irgendeine Art und Weise „misshandelt“ (Misshandlungen können sowohl emotional als auch körperlich erfolgen).

All diese Verletzungen werden verdrängt und ins Unbewusste verschoben und dadurch haben wir uns unbewusst von unserem inneren Kind gelöst. Um diesen Zustand aufrechtzuerhalten, um also nicht mit diesen primären Gefühlen in Kontakt zu kommen, versuchen viele, sich durch Süchte, Co-abhängiges und oft auch gewalttätiges Verhalten zu betäuben. Nur nicht fühlen, lautet dann die Devise.

Viele Menschen haben auch aus dem, was man ihnen gesagt, oder daraus, wie man sie behandelt hat, falsche Glaubengrundsätze entwickelt, die sie heute immer noch in sich tragen. Die Folge ist, dass sie ein abhängiges und unglückliches Leben führen. Solange wir uns der Verantwortung für die eigenen Schmerzen und die eigenen Gefühle nicht stellen, so lange fühlt sich das innere Kind nicht mit uns verbunden und so lange leiden wir.

Je heftiger das innere Kind in uns verletzt wurde, umso intensiver suchen und brauchen wir Bestätigung und Bewunderung von unserer Außenwelt. Das zeigt sich auch sehr deutlich in unseren Beziehungen, wie Sie im nächsten Kapitel erfahren werden.

Wahre Schönheit und Partnerschaft

In diesem Kapitel ist mit dem Wort „Partner" sowohl die weibliche als auch die männliche Form gemeint.

Wir alle wünschen uns, von unseren Partnern bedingungslos angenommen und geliebt zu werden. Leider wissen wir häufig nicht, wie uns das gelingen kann oder warum es uns nicht gelingt.

Der Grund dafür ist, dass unser inneres, verletztes Kind diesen Zustand blockiert. Im Laufe der Partnerschaft wird dieses innere verletzte Mädchen, wenn Sie eine Frau sind, oder der innere verletzte Junge, wenn Sie ein Mann sind, deutlich sichtbar und spürbar, sowohl für uns als auch für den Partner. In der Verliebtheitsphase lässt es sich noch verbergen, aber irgendwann kommt es ans Licht, und zwar mit aller Macht. Vielleicht ist es sogar so, dass Beziehungen ausschließlich dafür da sind, damit unsere inneren Kinder sich zeigen können. Denn wenn es für viele auch nicht so leicht anzunehmen ist: In einer Beziehung kommen immer zwei zusammen, die zusammenpassen – unabhängig davon, wie die Beziehung sich dann entwickelt. Der Deckel passt immer zum Topf. Auch dann, wenn das Zusammenleben nicht harmonisch und glücklich ist, und auch unabhängig davon, wie lange es andauert. Beide Partner bringen ihr emotionales Potential in die Beziehung ein und genau nach diesem emotionalen Zustand der inneren Kinder richtet sich die Entwicklung des gemeinsamen Lebens.

Das bedeutet, wenn wir von unserem inneren Kind getrennt sind und das Kind sehr unglücklich ist, wir uns deshalb selbst nicht annehmen und lieben können, dann ist es fast unmöglich, dass unsere Partner dieses Defizit ausgleichen können, zumal das überhaupt nicht ihre Aufgabe ist. Hier kommen wir wieder zurück zur Selbstannahme und zur Selbstliebe, die wir uns, wie schon am Wort zu erkennen ist, nur *selbst* geben können. Niemand sonst ist dafür zuständig. Wir sind der Ausgangspunkt und jeder Veränderungsprozess kann nur bei uns beginnen.

Das ist ein natürliches, universelles Gesetz. Widersetzen wir uns dem und suchen nur im Außen nach wahrer Schönheit, nach Liebe, Wertschätzung, Anerkennung, danach, uns angenommen zu fühlen, und nach dem inneren Frieden, dann ist das nicht nur kräftezehrend, sondern leider häufig auch sehr schmerzhaft.

Das Problem ist, dass die Auslöser für die primären Gefühle meist nicht mehr abrufbar sind, weil wir sie verdrängt und vergessen haben. Ebenso wie das Ursprungsgefühl. Aber sie wirken aus unserer Tiefe heraus und schwingen in die Beziehung hinein, indem wir diese eigenen Gefühle unbewusst auf unseren Partner projizieren, ihn damit quasi als Spiegel benutzen. Anders ausgedrückt geben wir unbewusst unseren Partnern den Auftrag, an unseren primären Gefühlen zu rütteln und sie damit ans Licht zu zerren. Das ist nicht angenehm, das wissen wir alle. Aber dafür wird auch klar, wie viel Entwicklungspotential in jeder Beziehung für den Einzelnen steckt.

Der Partner wird uns nicht das geben, was wir selbst nicht in uns tragen. Das kann er gar nicht. Stattdessen ist er unser Lehrer, einer, der uns hilft, die alten Wunden zu erkennen und sie endlich zu heilen.

Natürlich entstehen dadurch viele unangenehme und schmerzhafte Auseinandersetzungen in Beziehungen. Meist richten wir dann verkrampft den Fokus auf den anderen und suchen nur bei ihm die Fehler. Leider muss ich Sie hier an diesem Punkt enttäuschen, genauso wie ich meine Klienten auch immer enttäuschen muss, wenn sie im Opferstatus feststecken. Es ist nämlich unsere ganz persönliche Aufgabe, dafür zu sorgen, dass wir unsere wahre Schönheit erkennen und uns glücklich und wertvoll fühlen. Unser Partner kann dann das Glück und die Wertschätzung, die wir bereits in uns haben, nur bestätigen.

Wenn wir lernen, bei uns zu beginnen, uns erst unsere eigenen „Leichen im Keller" anzuschauen, und verstanden haben, warum unser Partner uns diese

Haltung widerspiegelt, dann können wir anfangen, an uns zu arbeiten und die Verletzungen von damals zu heilen.

Das ist ein fairer und liebevoller Umgang mit sich selbst und auch mit unseren Partnern. Sie können oft nicht viel dafür, dass wir uns unwohl fühlen. Der Partner ist weder dafür zuständig, unsere Schönheit zu preisen, noch uns auf irgendeine andere Art nach dem Mund zu reden, wenn wir selbst an diesem Punkt scheitern, wenn wir uns selbst nur ständig kritisieren und mit uns unzufrieden sind, wenn wir uns selbst keine Komplimente machen und uns selbst nicht anerkennen.

Eine Klientin erzählte mir in einer Sitzung: „Mein Mann macht mir keine Komplimente mehr. Das ist sehr traurig für mich, wie anders er geworden ist". Natürlich gehört viel dazu, um genau rauszufinden, warum es so ist. Aber einer der wichtigen Gründe dafür war, dass die Frau nicht in der Lage war, sich selbst anzunehmen und zu lieben. Sie machte sich auch selbst keine Komplimente. Warum soll das dann ihr Mann tun?

Von unseren Partnern zu verlangen, dass sie uns mehr lieben, als wir uns selbst lieben, dass sie uns jeden Tag zeigen, wie einzigartig wir sind, ist eine Aufgabe, die sie überfordert. Weil sie uns nichts geben können, was nicht in uns ist. Fühlen wir uns in unserer Haut wohl, dann wird unser Partner uns das durch seine Haltung bestätigen. In so einer Konstellation gelingt eine glückliche Beziehung.

All das habe ich nicht erfunden, sondern ich habe auch mit meinem Mann erfahren, was man tun kann, damit eine Beziehung glücklich und erfüllt ist. Wir sind seit acht Jahren ein Paar, seit sieben Jahren verheiratet und ich würde ihn jeden Tag wieder heiraten. Er mich auch. Das es mit uns so gut funktioniert, hat mit Selbstliebe und Selbstannahme zu tun. Wir haben beide unsere eigenen Verletzungen geheilt und gelernt, jeder für sich, uns liebevoll anzunehmen und uns selbst zu lieben. So sind wir jetzt in der Lage, uns das in unserer Ehe gegenseitig zu geben.

Der Einfluss unserer Eltern auf unsere innere Schönheit und unser Lebensglück

Vielleicht haben Sie sich schon gefragt: „Warum fühle ich mich manchmal klein und hilflos, obwohl ich schon längst erwachsen bin? Oder warum plagen mich Selbstzweifel, Scham- und Schuldgefühle? Warum fühle ich mich einsam und leer? Warum habe ich keine Kraft?"

Bisher haben Sie etwas über den Zusammenhang mit Ihrem inneren Kind erfahren. In diesem Kapitel nun möchte ich Ihnen schildern, wie dieses innere Kind all die Gefühle erlernt hat, die uns daran hindern, unsere wahre Schönheit und unsere Potentiale zu leben, die volle Verantwortung für unser Leben zu übernehmen, tiefe und dauerhafte Beziehungen zu anderen aufzubauen und glücklich zu leben.

Der Ursprung liegt auch hier wieder in der Kindheit, indem wir abgelehnt, alleingelassen oder auch idealisiert wurden. Meist geschah das in einem Alter, an das wir uns bewusst nicht mehr erinnern können. Trotzdem wurde diese „Programmierung" in unserem Unterbewusstsein abgelegt und steuert so lange unser Handeln, bis wir sie enttarnen und verändern.

Eigentlich sollte unsere Familie ein Ort der Kraft sein. Denn die Energien unserer Eltern, aber auch unserer Geschwister, Großeltern und Ahnen verbinden sich in uns, leben durch uns durch und werden von uns an unsere Kinder weitergegeben. Fließt die Energie, fallen viele Probleme (auch Krankheiten) von uns ab. Sind wir jedoch im Widerstand, verurteilen wir unsere Eltern, haben ihnen nicht verziehen, was zu verzeihen war, verdrängen wir die vielen unangenehmen Gefühle aus der Kindheit, dann haben wir irgendwann in unserem privaten und beruflichen Leben Probleme, die mit diesen Widerständen verknüpft sind.

Jedem von uns stehen elterliche Energien uneingeschränkt zur Verfügung. Es liegt an uns, diese kraftvoll einzusetzen und die Möglichkeiten, die uns das Leben bietet, intensiv und sinnvoll zu nutzen. Um frei zu sein, ist es erforderlich, zunächst zu verstehen, dass unsere Eltern ihr Bestmögliches getan haben, und zwar mit dem Verständnis, dem Bewusstsein und dem Wissen, das ihnen einst zur Verfügung stand. Sie haben uns nur das gegeben, was sie selbst hatten, das bedeutet: all das, was sie selbst an Ahnen- und Seelenmustern übernommen haben.

Wenn Sie sich also bei Ihren Eltern beschweren wollen, dann sollten Sie diese Klage gleich mit an all Ihre Vorfahren richten. Denn wahrscheinlich waren Ihre Eltern genauso verschüchtert und ängstlich wie Sie, wollten auch nur bedingungslos geliebt werden, eine glückliche und unbeschwerte Kindheit haben, das Gefühl haben, angenommen zu sein. Sicher empfanden sie genau dieselbe Hilflosigkeit und Abhängigkeit wie Sie. Man kann es gar nicht oft genug sagen: Menschen können nur das geben, was sie selbst in sich tragen.

Paul Ferrini, einer meiner Lieblingsautoren und spiritueller Lehrer, sagt Folgendes zum Thema Eltern: „Es gibt keinen Menschen auf dieser Erde, der nicht von einem oder anderen Elternteil verraten oder missbraucht wurde. Denn jegliches unbewusstes Verhalten führt zum Missbrauch. Gewaltsames Verhalten ist immer auf unverheilte und verdrängte Wunden der betreffenden Person zurückzuführen. Alle Eltern dieser Welt haben solche Wunden. Kein Vater oder keine Mutter kann dich vollkommen respektieren, solange er oder sie nicht gelernt hat, sich selbst vollkommen zu respektieren."

Unabhängig davon, ob Sie eine Frau oder ein Mann sind, stehen jedem von uns die elterlichen Energien zur Verfügung. Und nicht nur das. Wir bestehen aus diesen Energien. Wir haben da auch gar keine Wahl, können uns dem nicht entziehen. In uns schwingt zu 50 Prozent die Energie der Mutter, die weibliche, mütterliche Energie, und zu 50 Prozent die Energie des Vaters, die männliche, väterliche Energie.

Diese Energien strahlen wir aus und ziehen dementsprechend Menschen und Umstände in unser Leben, die uns damit konfrontieren oder uns daran erinnern.

Wenn wir mit unserer Mutter und unserem Vater im Reinen sind, können sowohl die weibliche als auch die männliche Energie frei in uns fließen. Dann sind wir wahrhaftig in einem Zustand der Balance. Sind wir nicht im Reinen, dann fühlen wir entweder auf der einen oder auf der anderen Seite einen Mangel, was sich auf den unterschiedlichen Ebenen oder in Krisen in den von mir benannten Lebenssäulen ausdrücken kann.

Laotse, ein chinesischer Philosoph, sieht es so:

„Alle Dinge haben im Rücken das Weibliche und vor sich das Männliche. Wenn Männliches und Weibliches sich verbinden, erlangen alle Dinge Einklang."

Hier stellt sich die Frage: „Wie sieht dieses Verhältnis in Ihnen aus?" Ist es ausgewogen und geklärt? Ist das Verhältnis zu Ihrer Mutter und Ihrem Vater in Harmonie und Liebe? Und egal, was damals geschehen ist, wurde dieses Verhältnis geheilt? Sind Sie frei von energetischen Verstrickungen? Herrscht Frieden zwischen Ihren Eltern und Ihnen?

Wenn dieses Thema nicht geklärt ist, können wir nicht strahlen und glücklich sein. Das ist ein Naturgesetz, das für jeden gilt.

Wenn wir auch nur ein Elternteil nicht so annehmen, wie er ist – mit all seinen Stärken und Schwächen, seinen Fehlern und Talenten, mit seinem Denken und Handeln, Reden und Verhalten, seinen Träumen und Wünschen, Werten – sagen wir nicht nur „Nein" zu uns selbst, sondern begeben uns energetisch auf die Position eines Opfers.

Das bedeutet, wenn wir unsere Eltern nicht so anerkennen, wie sie sind, entscheiden wir uns automatisch dafür, uns auch nicht so anzunehmen, wie wir sind.

Das ist einer der wichtigsten Sätze in diesem Kapitel: ALL DAS, WAS WIR AN UNSEREN ELTERN ABLEHNEN, ZIEHEN WIR UNBEWUSST IN UNSER LEBEN HINEIN. Das bekommen wir von unseren Partnern, Kindern, Chefs und Mitmenschen gespiegelt.

Wenn wir uns als Kinder nicht geliebt gefühlt haben, verlassen wurden, wenn wir keine Zärtlichkeiten erfahren haben, nicht gelobt, unterstützt, bewundert wurden, bleibt die Sehnsucht danach so lange ein Teil von uns, bis wir dem ehrlich begegnet sind. Bis dahin verlangen wir von unseren Partnern, häufig auch von Vorgesetzten, ohne es zu wissen, das, was uns einst nicht vergönnt war. Viele Menschen sind emotional förmlich ausgehungert und suchen Menschen und Lebenspartner, die diesen Mangel wieder ersetzen können. Leider erfolglos. Wie Sie schon erfahren haben, sind solche Beziehungen meist zum Scheitern verurteilt.

Auch hier gilt das kosmische Gesetz des Hermes Trismegistos (griechischer Gott): „Wie innen, so außen", das auf allen Ebenen des Seins wirkt.

Haben Sie Achtung vor der eigenen Person und fühlen Sie sich wertvoll?

Lieben Sie sich so, wie Sie sind?

Sind Sie glücklich mit sich selbst?

Wenn Sie nur eine der Fragen mit „nein" beantwortet haben, werden Sie wahrscheinlich in Ihrer Beziehung, oft aber auch am Arbeitsplatz oder im Alltag mit Sicherheit eine „Baustelle" haben, durch die man Sie mit der Nase auf Ihr emotionales Potenzial stößt.

Es geht also letztendlich immer nur um zwei wichtige Punkte, wenn Sie Ihre wahre Schönheit leben und wenn Sie frei und glücklich sein wollen:

1. die Verantwortung für die eigenen Gefühle zu übernehmen und
2. sich selbst und den anderen zu vergeben.

Sie werden allerdings erst in der Lage sein, sich selbst zu vergeben, wenn Sie den anderen vergeben haben.

Solange wir anderen die Schuld an unseren Missständen geben, geben wir unsere Macht ab. Wenn Sie sich von Schuldzuweisungen und Anklagen nicht befreien können, werden Sie in der Regel auch Ihre Probleme behalten und Ihre wahre Schönheit und das Lebensglück nicht finden.

Dann entfernen Sie sich auch immer mehr von dem, was sich die meisten Menschen sehnlichst wünschen: Glück und Freiheit.

Vielleicht fragen Sie sich jetzt, woran Sie erkennen können, dass Sie wirklich verziehen haben. Ich habe mich das auch viele Jahre gefragt und keiner konnte mir meine Frage beantworten. Dabei ist die Antwort gar nicht so schwer, wie ich heute weiß. Sie lautet: „Wenn Sie frei von allen emotionalen Verletzungen sind und diese nicht mehr in Ihnen wirken, erst dann haben Sie von Herzen vergeben."

Unsere Eltern sind Kriegskinder – Die Folgen und Auswirkungen

Über eine lange Zeit habe ich das Thema Generationen und welche Auswirkungen sie jeweils auf ihre Kinder haben, studiert. Vorrangig, weil ich erfahren wollte, wie meine eigenen Großeltern und Eltern durch das, was sie erlebt hatten, geprägt waren. Ich habe hier einige Informationen zusammengestellt, um Ihnen mehr Verständnis dafür zu vermitteln, warum wir so sind, wie wir sind, und warum unsere Eltern so waren, wie sie waren.

Mir ist klar, dass man mit dem Verstehen allein das Handeln der Eltern nicht entschuldigen kann, aber das Verständnis kann uns zumindest die erste Tür in Richtung Heilung öffnen.

Susan Forward, amerikanische Psychotherapeutin, schildert die Übertragung der eigenen Traumata und des emotionalen Mangels unserer Eltern wie folgt:

„Unsere Eltern pflanzen seelische und emotionale Samenkörner in uns, die mit uns wachsen. In manchen Familien sind es die Samen von Liebe, Respekt und Unabhängigkeit. In anderen sind jedoch die Samen von Angst, Verpflichtung und Schuld.

Beim Erwachsenwerden wachsen diese Samenkörner zu unsichtbarem Unkraut, das Ihr Leben so stark durchdringt, wie Sie es sich nie hätten träumen lassen. Seine Ausläufer haben vielleicht Ihre Beziehungen, Ihr Berufsleben oder Ihre Familie beeinträchtigt, gewiss aber haben sie Ihre Selbstachtung und Ihr Selbstvertrauen untergraben.“

Viele Informationen wurden von Generation zu Generation übertragen und weitervererbt. Das Verhalten unserer Eltern wurde durch das Verhalten ihrer Eltern, unserer Großeltern beeinträchtigt, das der Großeltern durch die Urgroßeltern usw.

Letztendlich haben wir keinen Einfluss auf das Erbe unserer Ahnen in uns. Wir kommen von ihnen und sind in Teilen wie sie. Heute wird das durch die epigenetische Forschung belegt. Aber wir müssen kein Wissenschaftler sein, um das zu erfahren oder zu begreifen.

Die Leser, die das Familienstellen kennen, wissen, wovon ich spreche. In dieser Therapie kann sichtbar und spürbar werden, wie tief wir seelisch mit unseren Ahnen verwurzelt sind, dass ihre Energien in uns schlummern und diese Energien unser Leben in allen Bereichen beeinflussen.

Viele Eltern meiner Generation sind in einer Zeit aufgewachsen, in der sowohl wirtschaftlich als auch emotional große Armut herrschte. Meist haben sie Schreckliches im Zweiten Weltkrieg erleben müssen. Sie sind emotional extrem vorbelastet und der größte Teil von ihnen konnte sich nie von dieser Vergangenheit befreien, auch wenn sie das alles so gern vergessen hätten.

Hier einige konkrete Fakten:

In einem Artikel im deutschen Ärzteblatt vom Juli 2004 wird ausführlich über die psychosozialen Folgen einer Kindheit im Zweiten Weltkrieg berichtet. Diese Zeit haben viele Eltern meiner Generation aktiv erlebt.

Meine Mutter wurde 1938 in Schlesien geboren, war ein Jahr alt, als der zweite Weltkrieg begann und sie wurde durch seine Folgen schwer traumatisiert. Ebenso mein Vater, der 1937 geboren wurde. Mein Heimatland Polen war das erste Land, das angegriffen wurde, und man muss nicht einmal genau hinschauen, um die Auswirkungen dort heute noch zu erkennen.

Unsere Eltern oder Großeltern, die zwischen 1929 und 1945 geboren wurden, wuchsen also selbst auch unter dauerhaft beschädigten familiären, sozialen und materiellen Bedingungen auf. Damals herrschte auf allen Ebenen Mangel. Und wenn Sie in der Zeit zurückschauen, dann wissen Sie, dass auch die Großelterngeneration, die den 1. Weltkrieg noch erlebt hat, keine besseren Startbedingungen hatte.

75 Prozent der heute über 60-Jährigen erlebten die damalige Zeit als Kinder oder Jugendliche und damit als passiv Betroffene. Der Zweite Weltkrieg hinterließ 1,8 Millionen Witwen und 2,5 Millionen Halbwaisen, allein in Deutschland. Nach US-amerikanischen Schätzungen leben in ganz Europa zirka 20 Millionen Halbwaisen. Etwa 14 Millionen Menschen wurden vertrieben.

Traumen können durch ganz unterschiedliche Erfahrungen ausgelöst werden. Wir wissen aber heute, dass langfristige oder dauerhafte väterliche Abwesenheit, ständige Bombenangriffe/Ausbombung, Flucht/ Vertreibung mit Heimatverlust, Aufwachsen in einer teils feindselig eingestellten Umwelt mit starken sozialen und materiellen Einschränkungen auf jeden Fall auslösende Faktoren sind.

Es gibt zu dieser Thematik einige interessante Forschungen:

- Ausbombung und Vertreibung wirken sich bei Betroffenen nachhaltig massiv auf die Lebenszufriedenheit und die psychosoziale Gesundheitsfunktionsfähigkeit aus. Depressivität und sozialer Rückzug, Panikattacken und Angstzustände sind Folgen, die sich ganz eindeutig auf Kriegserlebnisse zurückführen lassen.
- Langfristige Kriegsteilnahme oder Gefangenschaft oder dauerhafte (weil gefallen oder vermisst) Abwesenheit des Vaters führen aufgrund einer symbiotischen Mutter-Kind-Beziehung, insbesondere bei den Söhnen, zu eingeschränkter bis verunsicherter psychosozialer und psychosexueller Identität sowie auch zu Beziehungs- und Bindungsstörungen.
- Kriegsbelastungen sind ein hoher Risikofaktor für koronare Erkrankungen (so das Deutsche Ärzteblatt).

Dazu kommt, dass man damals über all das natürlich nicht sprach. Gefühle wie Angst, Panik, Verzweiflung, Trauer oder Verlassensein waren tabu. Darüber redete man nicht, denn bei den meisten ging es um das nackte Überleben. Aus dem Grund konnte man sich auch kaum um sich selbst kümmern. Sich psychologisch helfen zu lassen, war nicht so verbreitet und „normal“ wie heutzutage. Wenn man es dann aber beansprucht hätte, wäre man als gefährlich oder gar als psychisch krank eingestuft worden, erzählte mir meine Oma.

In der heutigen Zeit ist es ganz normal, einen Therapeuten, einen Mentor oder einen Coach zu buchen, wenn wir Hilfe benötigen. Welch ein Luxus! Aber mir geht es um etwas anderes. Schaut man in der Zeit zurück und sieht man, wie Eltern und Großeltern gelitten haben, dann lernt man sie zu verstehen. Dann entwickelt man ein Gefühl dafür, warum sie so waren, wie sie waren. Das öffnet die Türen für die Heilung der Kindheit.

Die Kraft unserer Ahnen

Die Kraft unserer Ahnen ist das energetische Erbe, das wir in uns tragen und das durch uns zum Ausdruck gebracht wird.

Wir sind von unseren Ahnen nicht nur äußerlich geprägt, sondern auch innerlich, durch ihre Energie im Sinne der Charaktereigenschaften, wie: Temperament, Humor, Talente, Leidenschaften, Lebenseinstellung, Dynamik, Ehrgeiz, Motivation, Freundlichkeit, Großzügigkeit, Natürlichkeit, Offenheit, Zuverlässigkeit, oder aber Sturheit, Skrupellosigkeit, Egozentrik, Kleinkariertheit, Ignoranz, Dominanz, Aggressivität. Auch ob wir cholerisch, egoistisch, hysterisch, ignorant oder manipulativ, oberflächlich oder pedantisch sind.

Wie Sie im vorherigen Kapitel schon lesen konnten, sind unsere Ahnen allein schon durch die Kriegserlebnisse sehr geprägt. Hinzu kommen andere Schicksalsschläge, wie Todesfälle, Morde, Gewalttaten, Krankheiten, Seuchen etc. All diese Energien, aber auch das Wissen und die Erfahrungen, die daraus gewachsen sind, ihre Weisheit und Liebe fließen in unserem energetischen System. Je nachdem, wie das Gewicht verteilt ist, sind diese Energien entweder emotional unterstützend oder sie schwächen uns. Das betrifft nicht nur unseren seelischen, sondern auch unseren körperlichen Zustand. Ein großer Teil unseres emotionalen Körpers ist vom Lieben aber auch vom Leiden unserer Ahnen bestimmt, und zwar so lange, bis wir diese Energien irgendwann befreien und heilen.

Wenn man beispielweise sechs Generationen zurückrechnet, haben 64 Menschen daran mitgewirkt, dass es Sie heute gibt. Die sechste Generation lebte vor zirka 120-130 Jahren. Das ist noch nicht so lange her.

Stellen wir uns jetzt vor, dass hinter jedem von uns unsere Eltern stehen und hinter ihnen unsere Großeltern, hinter ihnen die Ur-Großeltern usw. Diese 64 Menschen schauen jetzt auf uns und wünschen uns, dass wir in unsere Kraft kommen, glücklich sind und es besser machen als sie. Wenn man im meditativen Zustand mit Ahnen Kontakt aufnimmt, so kann dieses Erlebnis sehr emotional sein und es fließt unendlich viel Segen, Kraft und Liebe zu.

Geschwister-Konstellationen

Dieses Thema spielt auf dem Weg zur wahren Schönheit auch eine sehr wichtige Rolle, denn Geschwisterkonstellationen prägen unsere soziale Entwicklung.

Haben Sie Geschwister, dann hatten diese mit Sicherheit in irgendeiner Form Einfluss auf Sie, ob Sie es nun wahrhaben wollen oder nicht. Ich habe in meinen Sitzungen sogar die Erfahrung gemacht, dass auch Geschwister, die entweder nicht mehr leben, verloren gegangen sind oder abgetrieben wurden, einen Einfluss auf unseren Emotionalkörper haben.

Zwischen Geschwistern entstehen energetische Verstrickungen, die uns nicht frei sein lassen. Oft sind sie von Schuldgefühlen, Scham, Abhängigkeit bis hin zu Gewalt geprägt.

Unsere Geschwister können unsere Freunde, aber auch unsere Feinde sein. Haben wir die feindliche Energie in unserem System, können wir unsere innere Schönheit nicht entfalten, deshalb ist es wichtig, das Thema zu beachten.

„Neuere Forschungen haben gezeigt, dass die Geburtenfolge fundamentalen Einfluss auf die Persönlichkeitsentwicklung hat. Bei erstgeborenen Kindern trifft dies in besonderer Weise zu – kommen Geschwister nach, müssen sie ihre „Einzelkindrolle“ aufgeben und die Liebe ihrer Eltern plötzlich mit den Geschwistern teilen, für viele Erstgeborene ein schmerzhafter Prozess, der oft jahrelang nachwirkt, wenn sie aus ihrer Umgebung keine Unterstützung erhalten. Verhaltensauffälligkeiten, die niemand so recht einordnen kann, sind häufig die Folge“, so schreibt die Psychologin Dr. Jirina Prokop in ihrem Buch „Erstgeborene“.

Je nachdem, an welcher Stelle in der Geschwisterfolge wir geboren wurden, mussten wir lernen, uns den anderen Geschwistern anzupassen. Wir mussten lernen, mit den Geschwistern zu teilen, uns zu wehren, sie zu erdulden, uns gegen sie behaupten, manchmal gegen sie kämpfen, sie vertreten, sie beschützen, uns mit ihnen solidarisieren usw.

Der Erstgeborene hat es nicht einfach, wenn ein Geschwisterchen zur Welt kommt, denn plötzlich bekommt er viel weniger Unterstützung und Aufmerksamkeit als vorher. Das Vertraute verschwindet. Alles dreht sich um den kleinen Bruder oder die kleine Schwester und der „Große“ bleibt auf der Strecke und fühlt sich oft ausgeschlossen. Darum fühlen sich Menschen, die das betrifft, auch später häufig benachteiligt und müssen sich bemühen, neue Möglichkeiten zu finden, die Bestätigung zu erhalten, die sie vor der Geburt der Geschwister genießen konnten. Geburten von Geschwistern gehören zu den ersten Lebenskrisen im Kindesalter.

Manchmal werden den Erstgeborenen Rollen aufgezwungen, die verhindern, dass er oder sie Kind sein kann. Sie müssen sich mitkümmern, auf das Baby aufpassen, es später hier und da begleiten und vieles mehr. Das führt zu Überforderung.

Aber auch die sogenannten „Sandwichkinder“ haben es nicht leicht. Als Kind in der Mitte werden sie zwischen Erstgeborenen und Nachzüglern oder Nesthäkchen oft übersehen. Sandwichkinder laufen so nebenbei mit und entwickeln häufig ein auffälliges Verhalten, um die Umwelt auf sich aufmerksam zu machen. Oder sie bleiben brav und zurückgezogen und schaffen es nicht, ihr Potential zu entfalten, weil sie gelernt haben, dass es besser ist, ruhig und unauffällig zu sein.

Die ersten Prägungen in der pränatalen und perinatalen Zeit

Die pränatale Zeit – die Zeit der Schwangerschaft

Auch dieses Thema finde ich sehr wichtig, um die Zusammenhänge zu verstehen, die Ihnen auf dem Weg zu Ihrer Erkenntnis und auf dem Weg zu Ihrer wahren Schönheit und Ihrem Lebensglück behilflich sein können.

Die pränatale Psychologie beschäftigt sich mit den vorgeburtlichen Erfahrungen des Menschen und den Auswirkungen auf das Seelenleben des Ungeborenen.

In den letzten Jahrzehnten hat sich die pränatale und perinatale Psychologie als eigenständige Teildisziplin der Psychologie etabliert.

Man hat festgestellt, dass das Leben eines Menschen schon weit vor der Geburt beginnt.

Die Frau ist die erste Person, die von ihrer Schwangerschaft erfährt. Und für viele Frauen ist der erste Kontakt mit dem Gedanken, Mutter zu werden, nicht so angenehm, wie allgemein behauptet wird. Viele Frauen fühlen sich unsicher oder sind überhaupt nicht begeistert davon, schwanger zu sein. Bei den meisten beginnt sich stattdessen sofort eine ganze Gedankenspirale zu drehen. Fragen, ob der Mann, von dem sie das Kind erwartet, überhaupt der Richtige ist oder ob der Zeitpunkt stimmt, beherrschen von nun an ihr Denken. Dazu kommen Zweifel, ob die Frau selbst es überhaupt verantworten kann, ein Kind großzuziehen. Vielleicht hat sie in ihrem Elternhaus nicht viel Gutes darüber erfahren. Weitere Fragen, die auftauchen, sind: Haben wir genug Geld, um ein Kind zu ernähren und einzukleiden? Haben wir eine Wohnung, in der wir gemeinsam leben können? Wer kümmert sich um das Kind, wenn beide berufstätig oder noch in der Ausbildung sind? Haben wir überhaupt eine Arbeit und können wir uns das Kind „leisten"?

Vielleicht sind die Mutter oder der Vater oder sogar beide krank oder kränklich und die Frau macht sich Gedanken darüber, ob das Kind in dieser Konstellation überhaupt gesund werden kann? All das treibt die werdende Mutter plötzlich um. Selbst die Frauen, die mit einer Schwangerschaft rechnen, weil sie künstlich befruchtet wurden, sind davon nicht frei. Manch eine Frau denkt vielleicht sogar an eine Abtreibung.

Während der Schwangerschaft hat das Kind keine Möglichkeit zu wählen. Es kann nicht entscheiden, ob es dies oder jenes annimmt. Stattdessen saugt es alles auf, was von der Mutter kommt, wie ein Schwamm. Bereits vom Zeitpunkt der Zeugung sind wir ein offenes System, das alles aufnimmt – alle Gefühle und Gedanken, die von der Mutter kommen. Denkt sie an Abtreibung, dann ist das für das Ungeborene eine Extremsituation. Selbst wenn sich die Frau im Laufe der ersten Wochen der Schwangerschaft von diesem Gedanken löst, kann es trotzdem katastrophale Folgen für ein Kind haben, weil die Emotionen, die sich aus dem Gedanken „Ich bin nicht gewollt" heraus entwickeln, auf der feinstofflichen Ebene abgespeichert werden und ein Leben lang wirken können, ohne dass man je den Zusammenhang dazu herstellen kann.

Erkenntnisse der pränatalen Psychologie zeigen, dass Ungeborene über ein eigenständiges elementares Gefühlsleben verfügen und die Zeit der Schwangerschaft sowie die Geburt emotional miterleben. Die vorgeburtlichen Erlebnisse können also einen entscheidenden Einfluss und massive Wirkung auf die Entwicklung und das spätere Leben eines Menschen haben.

Über den Hormonhaushalt der Mutter nimmt das Kind schon im Bauch an allen affektiven (emotionalen) Regungen teil. Alle Ängste und Unsicherheiten der Mutter erleidet das Baby ebenso. Das heißt, dass unsere eigene Lebens- und Erlebensgeschichte schon im Mutterleib beginnt. Es gibt zahlreiche wissenschaftliche Untersuchungen, die beweisen, dass die ersten Prägungen bereits in der Schwangerschaft stattfinden. Sobald die werdende Mutter in eine leichte Verunsicherung gerät, reagiert das Baby sofort mit schnellerem Herzschlag und Bewegungsunruhe.

Die Ängste der Mutter nimmt das Baby als sein eigenes Leiden wahr. Es kann nicht unterscheiden und speichert die Gefühle im unbewussten Bereich ab. Wie ich bereits dargelegt habe, wird nichts von unserem System vergessen.

Der Diplom-Pädagoge und Autor Andreas Winter schreibt dazu Folgendes: „Bereits in der dritten Schwangerschaftswoche – zu dieser Zeit weiß eine Mutter noch gar nicht, dass sie überhaupt schwanger ist – beginnt unser Herz zu schlagen und unsere ersten Nervenzellen entwickeln sich. Der Fötus ist nach weiteren zweieinhalb Wochen unser Nervenzentrum und kann spüren, ob sich Stresshormone, Glückshormone, Schlafhormone oder etwa Drogen in seiner Umgebung befinden. Das Kind tritt in Interaktion mit dem mütterlichen Körper. Im Alter von etwa fünf Monaten bekommt das Kind sogar eine ganz genaue Vorstellung davon, ob es im Bauch willkommen ist oder etwa ungewollt. Durch Neurotransmitter, die durch die Nabelschnur direkt zum embryonalen Gehirn rasen, kann das Kind erfahren, was seine Mutter denkt und fühlt."

Das Ungeborene hat also einfach keine Wahl, es muss vielleicht mit der Tatsache leben, dass es nicht gewollt ist, und das, obwohl es der größte Wunsch jeder Seele ist, ohne Bedingungen und vorbehaltlos angenommen zu werden.

Wolfgang H. Hollweg, ein Prä- und Perinatalpsychologe berichtet aus seiner Erfahrung von 50 Patienten, die einen Abtreibungsversuch überlebt haben: „Typische Symptome waren schwere Depressionen, Unlebendigkeit bis zur Stumpfheit, ausgeprägte Menschenscheu, Autismus, Verfolgungswahn (Paranoia) und ungebremste Aggressionen bis Vergewaltigung und Mord, massive Körperschmerzen allgemeiner Art."

Aber nicht nur die Gefühle der Mutter spielen eine Rolle. Der kalifornische Psychoanalytiker Bernhard Bail sagt: „Das Baby muss das Unbewusste der Mutter und des Vaters mittragen. Es muss sich mit dem Unbewussten und Konflikthaften der Eltern beschäftigen, gewissermaßen dem verlorenen Selbst der Mutter eine Zuflucht geben und dieses Selbst zu retten versuchen."

Somit wird das kleine Kind bereits im Mutterleib entmachtet und bevormundet. Es darf nicht einfach Kind sein, sondern muss schon die emotionalen Lücken der Eltern füllen. Kinder, die so etwas erleben, fühlen sich häufig von anderen nicht angenommen, erleben ständig Gefühle der Bedrohung, Angst- und Verlustzustände, Minderwertigkeitskomplexe und denken im schlimmsten Fall sogar an Selbstmord.

Auch der Wunsch nach einem bestimmten Geschlecht wird vom Kind oft als Ablehnung wahrgenommen, falls es den Wünschen der Eltern nicht entspricht.

Zusammengefasst lässt sich sagen, dass alles, was in der Zeit der Schwangerschaft geschieht, sich nicht nur in der Kindheit, sondern auch später im Erwachsenenleben als Trauma oder als Muster manifestieren kann. Deshalb ist es meiner Meinung nach enorm wichtig, als angehende Eltern in dieser Zeit besonders behutsam und auch achtsam mit seinen Gefühlen umzugehen, sicher in dem Rahmen, in dem es möglich ist, denn manches lässt sich nicht vermeiden. Aber wenn sie sich später darüber wundern, dass ihre Kinder zum Beispiel sehr unordentlich sind und das Kinderzimmer regelmäßig in ein Chaos verwandeln, dann kann das unter anderem mit diesen Aspekten zusammenhängen. Kinder bringen die emotionalen Zustände der Eltern zum Ausdruck, und wenn in uns Chaos herrscht oder geherrscht hat, dann spiegelt uns das Kind genau das wider. Eigentlich machen sie uns damit ein Geschenk, indem sie uns darauf aufmerksam machen, wie es in uns aussieht. Leider können das nur die wenigsten erkennen, und sie sehen es stattdessen als ein Problem an, das das Kind hat.

Die perinatale Zeit – die Zeit während der Geburt

Schon im Jahr 1909 hat sich Sigmund Freud zum Thema Geburt wie folgt geäußert: „Der Geburtsakt ist übrigens das erste Angsterlebnis und somit die Quelle und das Vorbild des Angstaffektes".

Das kann man sich ganz einfach vorstellen. Das Baby verlässt nach neun Monaten den warmen, vertrauten Mutterleib und wird durch gigantische Kräfte nach draußen gepresst. In Dunkelheit und Enge kämpft sich der kleine Körper durch die unbekannte, unheimliche „Achterbahn". Durch komplexe Drehungen und Wendungen, heftige Wehen, durch die Engen und Windungen des Geburtskanals findet das Kind, oft nach vielen Stunden des Kampfes, total erschöpft in die neue Welt.

Es ist nicht selten, dass einige Babys im Geburtskanal steckenbleiben. Dann wird mit verschiedenen medizinischen Instrumenten, wie Zange oder Saugglocke, nachgeholfen. Dadurch entstehen häufig Überempfindlichkeiten am Kopf, Klaustrophobie und verschiedene andere unangenehmen Empfindungen, die auch im späteren Leben nicht nur spürbar, sondern vor allem auch ein Hindernis sein können.

Ebenso wie die vorgeburtlichen Erfahrungen werden auch diese Erlebnisse im Körpergedächtnis gespeichert. Kennt man den Zusammenhang lässt sich so etwas zum Beispiel durch die Cranio-Sakral-Therapie lösen oder zumindest lindern.

Auch das Gefühl, die Nabelschnur um den Hals gewickelt zu haben, gehört zu den dramatischen Erlebnissen im Mutterleib und das Kind erfährt hierbei das Gefühl der Erstickung und kann sogar eine Todesangst entwickeln.

Wenn das Kind den warmen, dunklen Bauch der Mutter verlässt, „landet" es – sofern es in einem Krankenhaus geboren wird, das seine Ausstattung noch nicht auf die Bedürfnisse von Säuglingen ausgerichtet hat – in einem relativ kalten Raum, der meist von grellem Neonlicht beleuchtet wird. Oft werden die Babys nicht so zärtlich und liebevoll empfangen, wie es wünschenswert wäre. Früher wurde das Baby sogar von dem Arzt oder der Hebamme an den Füßchen mit dem Kopf nach unten, wie ein Kaninchen gehalten, und es bekam einen „Begrüßungsklaps" auf den zarten Hintern, damit es die erste Portion Luft schnappte. Dann freuten sich alle, dass es schön weint, und man glaubte, dass alles gut sei. Solch ein Erlebnis muss der absolute Alptraum für jedes Kind sein. Früher war es auch üblich, das Neugeborene gleich von der Mutter wegzunehmen und es nur zum Stillen zu bringen. Allein das plötzliche Verlassensein löste in vielen Kindern bereits ein Trauma aus. Nach so vielen Wochen im direkten Kontakt mit der Mutter und ihrem Körper bleibt das Kind plötzlich allein in einem Raum mit anderen schreienden Babys, die genauso unglücklich, einsam und hungrig nach Mutterliebe und Nähe sind. Verständlich, dass das Kind Angst bekommt, wenn die Mutter nicht mehr in deren Nähe ist, denn das Kind braucht gerade in den ersten Stunden unbedingt eine Bezugsperson.

Mit einer festen Mutter-Bindung fühlt sich das Kind geborgen und aufgehoben. Wenn dieses symbiotische Band nicht aufgebaut wird, fehlt dem Kind automatisch die energetische Verbindung zu seiner Umwelt. Es fühlt sich allein und isoliert. Diese Information bleibt ein ganzes Leben im System gespeichert, es sei denn, sie kann irgendwann therapeutisch aufgelöst werden. Im erwachsenen Alter kann man in der Hypnose den Ängsten wieder begegnen und sie auch „korrigieren". Bis dahin lebt man allerdings viele Jahre mit ihnen, wird durch sie belastet und weiß in der Regel nicht, woher diese kommen.

Darum kann ich es nur begrüßen, dass heute die meisten Babys in einer sehr angenehmen Atmosphäre zur Welt kommen. Ärzte und Hebammen lassen den frischen Eltern und dem Säugling meist erst einmal Zeit, um sich kennenzulernen.

Dr.med. William Emerson, ein Prä- und Perinatalpsychologe, hat eine Statistik der geburtstraumatischen Belastung aufgestellt. Nach seinem Bericht hatten 45 Prozent der untersuchten Personen ein starkes Geburtstrauma, 50 Prozent ein leichtes bis mäßiges Trauma und nur 5 Prozent der Untersuchten zeigten keine Hinweise auf etwaige Geburtstraumen. Auch ich habe Geburtstraumata oft in meinen Sitzungen beobachtet. Viele meiner Klienten konnten sich in der Hypnose an die schrecklichen Erlebnisse erinnern, immer dann, wenn das Unbewusste die Erlaubnis dafür gegeben hatte, dass sich der Betroffene von der alten Last befreien konnte.

Falls Sie Kinder haben und diese bereits nach der Geburt bestimmte Verhaltensweisen gezeigt haben, ist Ihnen jetzt vielleicht klarer, woran das liegen könnte.

Aber bitte! Mit diesen Informationen möchte ich niemandem ein schlechtes Gewissen einreden, keiner Mutter und keinem Vater. Die meisten Eltern wollen nur das Beste für ihr Kind. Wir können nicht alles verhindern. Wir können auch nicht alles von unseren Kindern fernhalten. Vor allem dann nicht, wenn wir selbst an vielen Stellen noch unbewusst sind. Das Leben verläuft so, wie es verlaufen soll. All das, was wir erleben, erleben wir, weil es auf unserem Seelenplan „geschrieben steht". Wir haben oft gar keine andere Wahl.

Wir können uns vor bestimmten Gefühlen und Erlebnissen nicht verstecken. Wichtig ist am Ende nur, dass wir bewusst mit diesen Gefühlen umgehen und immer gut für uns sorgen. Wenn wir es tun, dann fühlen sich auch unsere Kinder und unsere Partner gut.

Die Entwicklungspsychologie – Die postnatale Zeit

Die postnatale Zeit – die Zeit nach der Geburt

Die Entwicklungspsychologie befasst sich mit verschiedenen Entwicklungsstadien und Entwicklungsprozessen, die ein Mensch im Laufe seines Lebens durchläuft.

Je früher und je stärker bestimmte Entwicklungsschritte blockiert waren beziehungsweise nicht stattfinden konnten, umso größer sind die seelischen Folgen oder Störungen, die sich auf alle Bereiche unseres Lebens beziehen und sich dort ausdrücken können.

Hier einige Beispiele:

Die Entwicklungspsychologie lehrt, dass, wenn ein Kind zwischen 0 und 18 Monaten – in der sogenannten oralen Phase – von der Mutter verlassen wird, die Mutter nicht ausreichend zur Verfügung steht, wenn das Kind zu viele Einschränkungen und Disziplinierungen erlebt oder zu früh zu Ordnung und Sauberkeit erzogen wird, es dann statt eines Urvertrauens eher Misstrauen entwickelt. Dazu können Bindungsunfähigkeit, Süchte, Angst vor dem Verlassenwerden, Sexualstörungen, Angstneurosen, Essstörungen und verschiedene Persönlichkeitsstörungen kommen.

Gibt es schon in der frühen oralen Phase zwischen der Geburt und dem sechsten Monat Störungen, kann das Kind eine schizoide Struktur entwickeln, die sich wie folgt ausdrückt: Das Kind ist besonders distanziert, isoliert, in sich gekehrt, ein Einzelgänger, ohne Wärme, freudlos, lieblos, unbeeinflussbar, überaus empfindsam, zurückgezogen in eine eigene Welt.

Wenn in der späten oralen Phase, also zwischen dem sechsten und 18. Monat emotionaler Mangel entstanden ist, ist die Wahrscheinlichkeit groß, dass der Betroffene eine depressive Struktur ausbildet. Das heißt, dass er die eigenen Bedürfnisse zurückstellt, sehr höflich und rücksichtsvoll ist, aber abhängig von Anerkennung und Liebe anderer, leistungsbezogen, oft einhergehend mit einer übertriebenen Anpassung.

Wenn das Kind in der weiteren Entwicklungsphase zwischen 18 Monaten und drei Jahren (in der sogenannten analen Phase) unter- oder überversorgt wird, ihm keine angemessenen Grenzen gesetzt werden, ihm kein Schutz und Halt gegeben wird, wenn die Sauberkeitserziehung zu rigide ist und das Kind ständig kontrolliert wird, kann daraus eine zwanghafte Struktur entstehen.

Diese charakterisiert sich dadurch, dass der Mensch übertrieben ordentlich, sparsam und reinlich ist, oder überkorrekt, pedantisch, perfektionistisch, unflexibel, leistungsbezogen, übervorsichtig und dass er ebenso, wie er es gelernt hat, dazu neigt, alles kontrollieren zu wollen.

Die weitere Entwicklungsphase ist die phallische Phase (auch ödipale Phase genannt). Sie findet zwischen drei und sechs Jahren statt.

Wenn das Kind in dieser Phase durch Angst und Schrecken diszipliniert wird, gehänselt wird und dadurch Schamgefühle entstehen, wenn vom Kind der gleichgeschlechtliche Elternteil als schwach erlebt wird oder dieser Elternteil zu stark und zu aggressiv ist, wenn die Vorbildfunktion von Seiten der Eltern fehlt, kann sich eine hysterische oder histrionische Persönlichkeitsstruktur entwickeln.

Diese charakterisiert sich durch Theatralik, dem Drang, im Mittelpunkt stehen zu wollen, jede Form der Selbstdarstellung, übertriebene, oberflächliche und labile Gefühle. Betroffene sind erlebnishungrig, ständig beschäftigt mit der eigenen Wirkung und Attraktivität, legen ein übertrieben verführerisches Verhalten an den Tag oder leiden unter Ängsten, Phobien, Partnerschaftsproblemen und Sexualstörungen.

Zwischen dem sechsten und dem zwölften Lebensjahr findet die weitere Entwicklungsphase – die Latenzphase statt. Wenn in dieser Lebensphase die Entwicklungsaufgaben, wie die Entwicklung der intellektuellen Fähigkeiten, das Vertrauen in das eigene Können, darin, Entscheidungen zu treffen, nicht erfüllt wurden, wenn das Gefühl, etwas zu können, dazuzugehören, etwas zu Ende zu bringen, eine andere Meinung zu haben und trotzdem mit sich im Reinen zu sein, sich nicht etablieren konnten, oder wenn die Eltern zu sehr wetteiferten oder Probleme für das Kind lösten, zu hohen Erwartungsdruck ausübten, dem Kind zu viel oder zu wenig Verantwortung abnahmen, können daraus die verschiedensten Störungen entstehen. Unter anderem leiden solche Menschen unter Verhaltensstörungen, Bindungsproblemen und/oder allgemeiner Leistungsschwäche.

Eine weitere Entwicklungsphase, die im Alter zwischen 12 und 18 Jahren stattfindet, nennt man die späte genitale Phase. In dieser Phase findet der Mensch seine Identität. Außerdem wiederholen sich alle Entwicklungsthemen aus früheren Jahren, die sich entweder bestätigen oder korrigiert werden sollten.

Störungen können entstehen, wenn Jugendlichen keine Grenzen mehr gesetzt werden, wenn Eltern keine Orientierung oder Reibung mehr bieten, bei rigider Erziehung mit wenigen Freiräumen oder durch sexuellen Missbrauch.

Wissenschaftliche Untersuchungen ergaben, dass viele Verhaltensweisen und Störungen, die sich nach der Geburt zeigen, eng mit bestimmten Entwicklungsstadien in der Schwangerschaft verknüpft sind.

Der verlorene Geschwisterteil

Gerade haben Sie erfahren, was für einen enormen Einfluss die Schwangerschaft und die Geburt auf das Ungeborene haben. Aufgrund meiner therapeutischen Erfahrung in den letzten Jahren habe ich festgestellt, dass es viele Klienten gibt, die eine quälende, unerklärliche Sehnsucht, Schuldgefühle und Einsamkeit erleiden, obwohl vieles bereits in Heilung gegangen ist.

Die Gründe dafür können natürlich in verschiedensten Bereichen liegen, aber ein Teil meiner Klienten berichtet, dass sie ihr ganzes Leben „etwas“ vermisst und/oder nach „etwas“ gesucht haben, ohne dass klar war, was dahinterstehen könnte.

Erst durch die Erfahrungen im hypnotischen Zustand konnten sie sich „erinnern“ – daran, was ihnen fehlte und wonach sie suchten. Diese Tatsache ließ sich dann auch durch kinesiologische oder idiomotorische Tests begründen.

Es geht um Zwillings- oder Mehrlingsschwangerschaften.
Was ist der wissenschaftliche Hintergrund?

Viele Spezialisten auf dem Gebiet der pränatalen Medizin haben erforscht, dass sich zu Beginn einer Schwangerschaft mehrere Embryonen in der Gebärmutter befinden können, die im Laufe der Schwangerschaft, manchmal sogar unbemerkt, die Gebärmutter verlassen oder einfach von der Gebärmutterschleimhaut aufgenommen werden.

Die Spezialisten haben durch den Einsatz hochmoderner dreidimensional abbildender Ultraschallgeräte festgestellt, dass jede zehnte Schwangerschaft so beginnt. Das bedeutet, dass jeder Zehnte von uns im Bauch der Mutter ein Geschwisterchen hatte.

Der Verlust des Geschwisterchens ist ein traumatisches Erlebnis und in der Seele des Überlebenden entsteht ein Loch, das mit nichts gefüllt werden kann.

Die tiefe Traurigkeit durch den Verlust, die Einsamkeit und Sehnsucht nach dem verlorenen Geschwisterchen und die Überlebensschuld begleiten den Überlebenden sein ganzes Leben und viele erleiden schreckliche seelische Schmerzen.

Diese Schmerzen können einen Menschen daran hindern, sich beispielweise auf Beziehungen einzulassen, Freundschaften zu schließen, in beruflicher Hinsicht erfüllt zu werden und Misserfolge zu vermeiden. Manchmal wird sogar die unbewusste Bereitschaft, ein Kind zu empfangen, davon beeinflusst.

Ich habe häufig schon mit Klienten gearbeitet, die von dem Verlust eines Zwillingsbruders oder einer Zwillingsschwester nichts wussten, weil ihnen von Seiten der Eltern nichts erzählt wurde – entweder bewusst nichts erzählt wurde oder weil die Eltern auch nichts davon bemerkt hatten. Wenn der Verlust allerdings offensichtlich war, dann war das für beide Elternteile mit Sicherheit eine schreckliche Erfahrung. Dieser überdimensionale Schmerz wird gern verdrängt oder man will das Kind, das überlebt hat, damit nicht belasten. Aber wir wissen ja nun, dass unser Unbewusstes nichts vergisst, darum ist es zwangsläufig so, dass sich diese Tatsache auf einer anderen Ebene dann doch zeigt. Sei es in einem auffälligen Verhalten des Kindes oder in einer mangelnden oder zu starken Bindung der Eltern an das überlebende Kind.

Es gibt heutzutage viele verschiedene Möglichkeiten, das untersuchen zu lassen und zu heilen. Es ist sogar möglich, in einem hypnotischen Zustand mit dem verlorenen Geschwisterkind oder mit mehreren Geschwistern, die nicht geboren wurden, Kontakt aufzunehmen, um die Schmerzen und die Sehnsucht zu verabschieden.

Teil 5

To-do-Liste – Ihre Hausaufgaben

Rechtlicher Hinweis:
Diese Aufgaben in diesem Kapitel sind nur für Menschen gedacht und zu empfehlen, die sich eigenständig und selbstverantwortlich den Themen Ihres Lebens stellen möchten und können. Sie ersetzen keine Psychotherapie oder ärztliche Behandlung.

Ein paar Worte vorneweg

„Denn das liegt jetzt in meiner Macht: meinem Leben die Richtung auf das Gute zu geben."
Leo Tolstoi, russischer Schriftsteller

In diesem Teil des Buches finden Sie praktische Aufgaben, die Ihnen helfen, für den nötigen Ausgleich auf allen Ebenen (emotional, mental und körperlich) zu sorgen.

Diese Aufgaben sind seit vielen Jahren auch meine täglichen Begleiter und sie haben mich immer unterstützt und auf meinem Lebensweg bestärkt.

Die Aufgaben öffnen Ihnen das Tor zur Selbstliebe, Selbstannahme und zur Selbstverantwortung und letztendlich zur Vergebung. Wenn Sie sie regelmäßig anwenden, werden dadurch die Selbstheilungskräfte in Ihnen aktiviert.

Ich werde sehr oft gefragt, was man denn konkret tun kann, um die wahre Schönheit und das Lebensglück zu finden und zu leben, aber auch, was man tun soll, um diesen Zustand dauerhaft zu halten. Einige der Antworten dazu werden Sie hier in diesem Teil des Buches finden. Oft brauchen wir Menschen ganz konkrete Anweisungen, um zu lernen, wie wir ein neues Bewusstseinslevel erreichen können, wie wir den Zugang zu unserer Herzensintelligenz finden und wie wir uns von falschen Illusionen trennen können, um die wahre Schönheit zu entfalten und ein glückliches Leben zu führen.

Leider wird uns das nirgends beigebracht. In der Schule wird alles gelehrt – vieles, was man niemals gebrauchen wird. Aber ein Fach, in dem das Kind das Grundwissen der universellen Gesetze lernt, bleibt immer noch ein offener Wunsch vieler Eltern, Lehrer und Erzieher.

In asiatischen Ländern geht man mit diesem Thema ganz anders um. Das fängt schon damit an, dass junge Menschen alte Menschen dort nicht nur respektieren, sondern sie als sehr weise Wesen ansehen und bereit sind, sich nach deren Erfahrungen zu richten und ihre Lebenslehren zu übernehmen. In den westlichen Ländern dagegen werden alte Menschen leider „aussortiert". Kaum jemand hat Respekt vor ihnen. Das kann man deutlich im Alltag beobachten. Ich persönlich finde das extrem schade, denn damit verschwenden wir nicht nur viel Lebenswissen, sondern wir missachten auch das, was diese Menschen uns geben könnten. Dies ist eine sehr traurige Tatsache, die uns als Gesellschaft auch nicht gut zu Gesicht steht.

Aber nicht nur in der Schule mangelt es an solchen Lehren, auch unsere Eltern konnten uns dieses Wissen häufig nicht weitergeben, weil sie es selbst nicht hatten. Wie Sie nach dem letzten Kapitel wissen, ist das allerdings kein Grund, sie zu verurteilen oder ihnen die Schuld dafür zu geben, dass wir emotional unwissend durch unser Leben gehen.

Auch unsere Eltern hatten leider keine oder wenig Möglichkeiten, sich das Wissen über die spirituellen Gesetze von ihren Eltern anzueignen, weil auch ihre Eltern es nicht kannten.

Aber wir – wir haben heute den großen Luxus, dass uns alles zur Verfügung steht, damit wir in dieses Wissen eintauchen können. Wir haben die Chance, es aufzunehmen und unser Leben damit positiv zu verändern. Leider machen wir es häufig nicht oder nicht freiwillig, sondern schlagen erst dann einen neuen Weg ein, wenn Lebenskrisen über uns hereinbrechen.

Die Aufgaben in diesem Kapitel zeigen Ihnen Möglichkeiten, vorzusorgen und nicht erst dann anzufangen, wenn das Kind schon in den Brunnen gefallen ist. Ich möchte Sie mit den Übungen nicht nur ermutigen und inspirieren, sondern auch motivieren, damit Sie mit Freude an sich arbeiten.

„Von nichts kommt nichts", heißt eine Redewendung. Das gilt auch für die geistige und emotionale Entwicklung und Stärke. Wir tun so viel für andere, für unseren Körper, unsere Arbeit, unsere Wohnung, unser Auto, unseren Erfolg etc. In allen Bereichen will man immer mehr und immer besser sein. Aber das ist nicht alles. Das ist nicht das Wesentliche im Leben. Denn was ist mit dem Geist und der Seele? Was bekommen sie? Sie stehen meistens ganz hintenan und müssen warten, bis wir in eine Lebenskrise schlittern, damit sie endlich Beachtung finden.

Vielleicht werden Sie sich nun fragen: Wann soll ich am besten damit beginnen? Meine Antwort lautet: JETZT! Denn für diesen Weg ist es nie zu früh und vor allem auch nie zu spät.

Wie schon kurz erwähnt, ist eine meiner Klientinnen inzwischen 79 Jahre alt geworden, und als sie im Alter von 77 Jahren zu mir in die Therapie kam, sagte sie: „Wissen Sie, Frau Waellnitz, ich bin schon ziemlich alt und ich hatte bis jetzt kein gutes Leben. Aber wenn ich noch ein halbes Jahr leben sollte, dann wünsche ich mir zu sagen: „Das war ein gutes Leben, weil ich mich endlich mit mir und meiner Welt versöhnt und mich gut gefühlt habe."

Und um nichts anderes geht es. Denn wir werden all unsere materiellen Güter nicht mitnehmen können, wenn unsere Seele aus unserem Körper geht. Am Ende bleibt nur dieses ganz bestimmte Gefühl. Das Einverstandensein mit allem, was war.

In vielen Seminaren nutzen Trainer eine bestimmte Taktik, um Menschen näher an ihre Wahrheit zu führen. Sie stellen die Frage, was man tun würde, wenn einem nur noch ein Monat zum Leben bleiben würde. Lässt man sich ehrlich auf dieses Gedankenspiel ein, dann kommen in der Regel viele verdrängte Wünsche hoch: alles, was man nicht getan hat, weil man sich vielleicht den anderen angepasst hat, sich aufgegeben hat und dadurch die eigenen Träume nicht erfüllen konnte.

Sind Sie bereit? Dann stelle ich Ihnen jetzt diese Frage. Machen Sie sich eine Liste mit den Antworten und dann schauen Sie, ob Sie in den letzten Jahren gut für sich gesorgt haben. Waren Sie sich selbst der beste Freund oder die beste Freundin? Hatten Sie Freude und Spaß im Leben? Haben Sie Ihre Träume gelebt oder eher verraten? Was haben Sie vermisst? Ist Ihre Liste lang? Dann kennen Sie die Antwort und dann ist es Zeit, zu handeln.

Ich weiß, dass es oft sehr schwer ist, diesen Glückszustand, den alle anstreben, zu erreichen, aber ich sage Ihnen, dass es wirklich möglich ist. Es fängt damit an, dass wir häufig die „Kleinigkeiten" übersehen, die doch aber so wertvoll sind. Und dann die Sache mit dem ersten Schritt. Man muss einfach nur beginnen, aufhören, anderen die Schuld für das eigene Unglück in die Schuhe zu schieben, und endlich die Verantwortung für die eigenen Gefühle übernehmen.

Genau jetzt ist der beste Moment dafür, den ersten Schritt in das glückliche Leben zu machen. Glauben Sie mir: Es stehen uns unendlich viele Möglichkeiten zur Verfügung. Selbst, wenn die materiellen Mittel begrenzt sind, dann finden sich eben andere Wege.

Jeder von uns besitzt heutzutage ein Handy und einen PC. Wir können uns übers Internet über alles informieren, können Filme, Meditationen, Vorträge etc. kostenlos herunterladen. Wir können uns in der Buchhandlung einen ganzen Tag lang hinsetzen und jedes Buch oder jede Fachzeitschrift, die uns gefällt, in die Hände nehmen und lesen. In den großen Buchhandlungen bekommt man sogar Wasser umsonst.

Wenn Sie jetzt sagen: „Ja, aber das geht bei mir nicht", dann kann ich Ihnen das nicht abnehmen. Dann wird es eher so sein, dass Ihnen der Mut und die Kraft fehlen. Und selbst das wäre zu hinterfragen. Die meisten behaupten, sie hätten keine Zeit, sich um sich selbst zu kümmern. Aber jedem von uns stehen 24 Stunden zur Verfügung. Rund 17 Stunden, die wir im Wachzustand verbringen, und sieben bis acht Stunden, in denen wir schlafen.

Haben Sie sich schon mal gefragt, was Sie in den vielen Stunden tun? Gehen Sie mit Ihrer Zeit bewusst um oder lenken Sie sich ab, weil unangenehme

Gefühle hochkommen? Wie viel Zeit investieren Sie in Ihre Arbeit, in Fernsehen, in stundenlange Telefonate mit Freunden, sich mit Fastfood vollzustopfen, wegzugehen, zu feiern, sich zu betrinken?

Ich sage nicht, dass man das alles nicht tun kann oder sollte, aber wenn jemand behauptet, er hätte keine Zeit, um diese in sich selbst zu investieren, dann glaube ich das nicht. Werden Sie Ihr persönlicher Zeitmanagement-Coach und listen Sie auf, was Sie tagsüber tun. Und dann fragen Sie sich, wie bewusst Sie die Dinge tun und ob Sie damit Ihren emotionalen Haushalt nähren.

Sie sollten sich von Anfang an im Klaren darüber sein, dass viele Veränderungen nur mit Fleiß und Disziplin möglich sind. Ohne diese beiden Komponenten wird es schwierig sein, an die wahre Schönheit und das Lebensglück zu gelangen und es zu leben.

(Mehr darüber erfahren Sie im Kapitel „Selbstdisziplin und Fleiß zahlen sich aus.")

Seien Sie mutig und machen Sie den ersten Schritt, um sich Ihrer persönlichen Lebensgeschichte zu stellen, unabhängig davon, wie schlimm sie war und ist. Wenn Ihnen der notwendige Mut fehlt, dann suchen Sie einen Fachmann, der Sie bei diesem Prozess begleitet und Ihnen den Weg zeigt. (Wie Sie ihn finden und auf was Sie dabei achten sollten, beschreibe ich im Kapitel: „Wer kann mich unterstützen? Wie finde ich den richtigen Lehrer, Meister, Therapeuten, Begleiter etc.?")

Trotzdem sollten Sie sich im Klaren darüber sein, dass Sie diesen Weg allein gehen müssen, selbst wenn Sie fachliche Unterstützung in Anspruch nehmen. Ein Coach oder Therapeut kann Ihnen Impulse geben, aber gehen müssen SIE die Schritte. Es ist wichtig, dass Sie Ihre Hausaufgaben selbstständig und kontinuierlich erledigen, nicht erst dann, wenn Sie wieder in einer Lebenskrise stecken.

Sich von alten Mustern zu lösen und umzulernen, ist anstrengend und diese Aufgabe kann Ihnen niemand abnehmen, aber Sie können auf jeden Fall von den Profis lernen.

Dabei muss Ihnen klar sein, dass es keinen Therapeuten, keinen Berater, keinen Heiler auf der ganzen Welt gibt, der Ihr Leid wegzaubern kann. Man muss sich den Prozessen selbst stellen und den Weg alleine gehen.

Manche Übungen in dieser To-do-Liste erscheinen Ihnen vielleicht sehr einfach oder etwas komisch. Probieren Sie sie ein paarmal aus und Sie werden selbst feststellen, wie viel Positives sie bewirken. Sie sollen auch nicht alle auf einmal probieren, sondern Sie können Ihr Programm nach Belieben für sich zusammenstellen.

Gehen Sie bei der Wahl der Aufgaben nach Ihrem Gefühl und entscheiden Sie sich unter dem Aspekt: Wenn es sich gut anfühlt, dann ist das mein Weg.

Ich wünsche Ihnen viel Glück und wundervolle Inspirationen auf dem Weg zu Ihrer wahren Schönheit und Ihrem persönlichen Glück.

„Selbst eine Reise von tausend Meilen
beginnt mit dem ersten Schritt."
Laotse, chinesischer Philosoph

Verantwortung übernehmen

Wie bereits festgestellt, haben die meisten von uns den Umgang mit den eigenen Gefühlen nicht oder nur unzureichend gelernt, deshalb ist es an der Zeit, sich diesem Thema zu widmen.

Gefühle entstehen aufgrund all dessen, was wir erlebt, gesehen oder gehört haben. Gefühle sind nichts anderes als Energien, die wir in uns speichern, wenn wir etwas erleben, unabhängig von der Qualität der Erlebnisse. Unangenehme Gefühle speichern wir und verschieben sie ins Unterbewusstsein. Das ist ein ganz natürlicher Abwehrmechanismus, der angeboren ist und den wir nicht bewusst steuern können. Dieser Abwehrmechanismus dient in erster Linie dem eigenen Schutz.

Trotzdem ist irgendwann der emotionale Haushalt so voll und vor allem in so einem kritischen Zustand, dass eine Lebenskrise zwangsläufig kommen muss, um diesen emotionalen Krampf zu lösen. Das ist so, wie eine Erkältung immer dann ausbricht, wenn der Körper einen Kanal braucht, um sich zu reinigen. Dies ist ein rein biologischer Vorgang, der dazu dient, Altes, Belastendes, Krankes aus dem Körper zu transportieren oder eben, wenn es um Emotionen geht, um angestaute Energien zu entladen.

An dieser Stelle noch einmal der Hinweis darauf, dass wir alle Gefühle, die wir empfinden, in uns SELBST erschaffen haben und immer wieder erschaffen. Das hat keiner für uns getan. Sicher waren wir vielleicht Opfer eines Geschehens oder uns wurden Schmerzen zugefügt, aber die Gefühle, die damit im Zusammenhang stehen, die haben WIR kreiert.

Der nächste Schritt ist also, sich das bewusstzumachen und zu erkennen, was man da alles in sich abgespeichert hat. Stellen Sie sich die Frage: Was hat dazu geführt, dass ich heute in dieser Lebenskrise stecke oder dieses oder jenes Problem habe?

Der zweite Schritt ist, die Verantwortung für all das Selbsterschaffene zu übernehmen, sich bewusstzumachen, dass es Ihre Aufgabe ist, den emotionalen Haushalt wieder in Ordnung zu bringen und für den eigenen Seelenfrieden zu sorgen.

Verantwortung zu übernehmen bedeutet dann auch, aufzuhören, andere zu beschuldigen. Je mehr Verantwortung wir übernehmen, desto mehr kommen wir in unsere Kraft, die uns dann für die weiteren Schritte zur Verfügung steht. Diese lauten: sich selbst und allen anderen zu verzeihen, die uns verletzt haben.

Jeder von uns hat – außer er ist krank – die Macht bekommen, sich selbst vom Leid zu befreien. Und wenn wir den Weg bewusst gehen, fleißig und diszipliniert sind, erreichen wir irgendwann das Glück und die Leichtigkeit in allen Bereichen unseres Lebens.

Wie ich bereits erwähnt habe, ist Wissen nicht das, was unsere Seele erfüllt. Mit Wissen stillen wir lediglich unseren Hunger nach rationalem Verständnis.

Das hilft uns vielleicht, eine neue Perspektive einzunehmen. Wollen wir jedoch Gefühle der Traurigkeit, des Verlassenseins, der Einsamkeit, Angst, Scham oder Schuld transformieren, müssen wir uns auf eine andere Ebene begeben.

Man kann es gar nicht oft genug betonen: Niemand kann Ihnen irgendwelche Gefühle aufzwingen oder einreden. Was Sie fühlen, bestimmen Sie. Sie allein sind Schöpfer, und der wichtigste Schritt zu einem besseren und glücklicheren Leben führt darüber, Verantwortung für das eigene Schöpfertum zu übernehmen. Vielleicht ist es ja wirklich so, dass jeder einen Seelenplan hat und wir bestimmte Erfahrungen anziehen, damit die Seele sie erleben kann. Auch diese Sicht hilft, milde auf das zu schauen, was uns „geschehen" ist, statt zu urteilen und uns zu beschweren.

Sich selbst und anderen vergeben

„Lerne loszulassen,
das ist der Schlüssel zum Glück."
BUDDHA

Vergeben ist ein wichtiger Schritt zu unserer emotionalen Freiheit und somit zur wahren Schönheit und zu unserem Lebensglück. Dabei bedeutet Vergeben in erster Linie Loslassen, loslassen von all den unangenehmen Gefühlen, die wir im Laufe unseres Lebens erschaffen haben und an denen wir krampfhaft festhalten.

Jede seelische Verletzung hat in unserem Herzen eine Wunde hinterlassen, auf die wir in unserem Leben immer wieder aufmerksam gemacht werden. Wie schon in Teil 3 beschrieben, kann sich emotionaler Mangel in allen drei Säulen manifestieren – im Bereich „Gesundheit", im Bereich „beruflicher Erfolg und finanzielle Freiheit" und im „Liebesglück in der Beziehung oder Ehe". Aber nicht nur dort machen sich Defizite bemerkbar, oft sind es unsere Kinder, die uns auf einen Mangel aufmerksam machen, in dem sie all das Unbewusste in uns zum Ausdruck bringen. Sogar Haustiere tun das. Diese spannende Erfahrung habe ich mit einigen meiner Klienten gemacht.

Unser Leben erinnert uns immer wieder an die alten Verletzungen, indem wir mit Situationen und Menschen konfrontiert werden, die genau diese Wunden berühren. Es ist vergleichbar mit einem Messer, das in der Wunde steckt und das durch Umstände oder Menschen immer tiefer in die Wunde hineingebohrt wird.

Wenn wir in der Lage sind, den Tätern von Herzen zu vergeben, fällt die emotionale Last von uns ab und wir spüren die innere Befreiung und Erleichterung. Denn „Wo Vergebung der Sünden ist, da ist auch Frieden und Seligkeit", sagte der deutsche Theologe Martin Luther. Vergeben bedeutet keinesfalls gutheißen.

Wenn diese Vergebung nur im Kopf stattfindet, was sehr oft vorkommt, ist man längst noch nicht frei, sondern lässt zu, dass die Verletzungen das Leben dauerhaft beeinflussen.

Wie bereits gesagt, beginnt der Weg zur Vergebung bei uns. Dazu muss man zunächst das eigene Herz öffnen, den Schmerz zulassen, ihn fühlen und auch zu eigenen Fehlern stehen. In diesem Moment wird der Körper beginnen zu atmen, sich auszudehnen, blockierte Energien werden freigesetzt.

Damit wird den Gefühlen auf feinstofflicher Ebene signalisiert, dass wir sie anerkennen, bereit sind, sie anzunehmen und zu heilen.

Beim Vergeben geht es aber nicht nur darum, den Tätern zu vergeben, sondern in erster Linie uns selbst. Viele wollen das gar nicht glauben, aber es ist der weitaus schwierigere Part, denn meist versperrt uns die Scham über die eigene Fehlbarkeit den Weg. Abgeschlossen sind beide Vergebungsprozesse, wenn wir in Bezug auf uns und auf den oder die Täter keine unguten Gefühle mehr in uns spüren und uns von ihnen gelöst haben. Dann ist es wirklich vergeben.

Vergebung ist der größte Wunsch unseres Herzens. Sobald wir Vergebung im Herzen spüren, erlösen wir uns aus unseren karmischen Verstrickungen.

Wer vergeben kann, lässt automatisch nicht mehr zu, dass andere Menschen oder Situationen sein Leben beeinflussen. Dieser Mensch übernimmt für alles die Verantwortung und öffnet sich für ein neues Leben.

Die Vergangenheit können wir heute nicht mehr ändern, aber wir können sie verständnisvoll annehmen, verzeihen, sie loslassen, um wieder neu zu beginnen.

Ein Verzeihungsprozess nimmt oft viel Zeit in Anspruch und verläuft ganz individuell. Es hängt von mehreren Faktoren ab, wie man ihn gestaltet und wie viel Zeit er benötigt. Je tiefer die Wunden sind, umso länger brauchen wir, um vergeben zu können. Zwischen den Verzeihungsperioden können Tage, Monate, manchmal sogar Jahre vergehen. Das Wichtigste ist, dass Sie den festen Wunsch haben zu verzeihen. Das ist ein guter Anfang.

Ich habe oft gehört, dass Vergebung ein Zeichen von Schwäche sei. Das behaupten vorwiegend Männer. Ich bin anderer Meinung. Vergebung ist ein Zeichen großer Stärke, denn es kostet sehr viel Kraft und Mut, sich den Prozessen zu stellen und mit der Vergangenheit abzuschließen.

Ich bin auch der Meinung, dass es nie zu spät ist für eine „glückliche Kindheit".

Unsere Vergangenheit mit den seelischen Verletzungen werden wir wahrscheinlich nie vergessen, aber die dazugehörenden Emotionen können sich verändern, und zwar so, dass sie uns nicht mehr quälen. Ich habe das selbst erlebt und kann heute über meine Kindheit ohne Schmerz, Scham, Traurigkeit oder andere unangenehme Gefühle erzählen, weil sie geheilt sind. Das ermöglicht mir in emotionaler Schönheit und Freiheit zu leben, ein Gefühl, das mich sehr glücklich macht.

Man muss nicht sofort einen Therapeuten zu Rate ziehen, manchmal reicht es schon, ein paar Dinge anzustoßen. Zum Beispiel können Sie die Geschichte aufschreiben, die Ihnen widerfahren ist. Mit all den dazugehörigen Gefühlen. Hilfreich wäre es dabei, das innere Kind erzählen zu lassen. Wie ist es ihm damals ergangen? Wie hat es sich gefühlt? Diese Perspektive hilft, aus dem Verstand ins Fühlen zu kommen. Wenn man alles aufgeschrieben hat, kann man den Zettel in einem Ritual verbrennen und die Gefühle mit dem Satz verabschieden: „Es ist vorbei!" (Diesen Satz bitte dreimal wiederholen!).

Seien sie mutig, und wenn es Ihnen möglich ist, machen Sie den ersten Schritt auf die Person zu, die Sie verletzt hat und mit der Sie nach wie vor emotional verstrickt sind. Erzählen Sie der Person zuerst von sich und Ihren Gefühlen und wie es Ihnen damals ergangen ist, als die Person Ihnen wehgetan hat. Tun

Sie das, ohne dieser Person in diesem Moment für etwas die Schuld zu geben oder sie zu verurteilen. Versuchen Sie ganz bei sich zu bleiben und NUR von IHREN Gefühlen, Verletzungen und Erlebnissen zu erzählen.

Versuchen Sie möglichst, ohne dieser Person Vorwürfe zu machen, das zu schildern, was damals aus Ihrer Sicht geschah und was in Ihnen vorgegangen ist.

Und dann warten Sie ab und bitten Sie die Person, etwas dazu zu sagen. Lassen sie sich das „Warum" erklären. Das kann manchmal sehr hilfreich sein – nicht nur für uns, sondern auch für die Täter. Glauben Sie mir, die meisten Täter leiden schrecklich darunter, wissen nicht, wie sie sich verhalten sollen, oder sind einfach nicht in der Lage, den ersten Schritt auf uns zu zu machen. Und bedenken Sie bitte – jeder Täter ist selbst ein Opfer! Er konnte nur Schlimmes tun, weil man es ihm auch angetan hat. Dieses Verständnis kann vielleicht der Türöffner für den ersten Schritt in Richtung Vergebung sein.

Sollten starke Emotionen hochkommen, dann lassen Sie sich und dem anderen etwas Zeit und gehen das Gespräch später noch einmal an. Durch die Konfrontation haben die Täter auch die Möglichkeit, nachzudenken und sich vielleicht klar zu werden, warum sie das getan haben. Es ist bekannt, dass es den meisten Tätern nicht bewusst war, was sie damals getan haben, nicht bewusst, dass sie aus Angst oder aus irgendeiner Art von seelischem Mangel heraus gehandelt haben und selbst Opfer waren.

Ihre Täter haben vielleicht durch Sie die Möglichkeit, sich selbst weiterzuentwickeln. Unsere Vorfahren hätten wahrscheinlich dazu gesagt: Der Klügere gibt nach. Stimmt, denn derjenige, der nachgibt, hat verstanden, worum es geht. Und er hatte den Mut, den ersten Schritt zu gehen. Auch das ist verantwortungsbewusstes Handeln.

Wenn die betroffene Person (der Täter) nicht mehr lebt, ist es auch möglich, ihr in der Hypnose zu begegnen und die Themen zu klären. Ich habe es oft erlebt, dass es für viele sogar leichter ist, mit der Seele des Verstorbenen zu kommunizieren und zu erfahren, dass er sehr bereut, was damals geschehen ist.

Kennen Sie die Geschichte vom Vergeben?

Ein Schüler kommt zu seinem Meister und jammert darüber, dass alle um ihn herum so unfreundlich und beleidigend sind. Der Meister fordert ihn daraufhin auf, sich einen Sack zu nehmen, für jeden, der ihn beleidigt hat, eine Kartoffel in den Sack zu legen, auf die er vorher den Namen des Täters geritzt hat, und dann den Sack eine Woche lang überall mit sich rumzutragen. Nach einigen Tagen wird dem Schüler der Sack wegen seiner Schwere und weil er anfängt zu stinken, natürlich lästig. Also geht er zum Meister zurück, der ihn fragt, was er denn aus der Übung gelernt habe. „Wenn ich anderen nicht vergebe, trage ich diese Gefühle des Ärgers immer mit mir, genau wie die Kartoffeln. Und irgendwann verfault das Ganze auch noch. Also muss ich die Kartoffeln entfernen, indem ich meinen Mitmenschen vergebe, so wie es alle großen Weltreligionen predigen", antwortet der Schüler. Der Meister fordert ihn auf, die Kartoffeln jener Menschen, denen er vergeben hat, zu entfernen und stattdessen – da ja nun eine Woche um war – neue Kartoffeln für eventuelle neue Täter hineinzulegen. Da erschrak der Schüler, denn er verstand, dass er so ständig eine Last mit sich herumzutragen hatte. Das ist allerdings nicht das Ende der Geschichte, denn der Schüler wollte nun noch wissen, was er denn dagegen tun könnte, dass man ihn beleidigt, welcher Schritt ihm nützen würde, damit überhaupt keine Kartoffeln mehr in seinem Sack landen. Darauf der Meister: „Das Problem ist, dass sie (die Religionen, die Vergebung predigen) nur an die Kartoffeln denken und nicht an den Sack. Aber wenn die Kartoffeln deine negativen Gefühle sind, was ist dann der Sack?"

„Der Sack steht für das Ego", stellt der Schüler fest, und am Ende geht es darum, den loszulassen.

Aus dem Tao

Geistige Heilung in Stille, Ruhe, Alleinsein und Schweigen – Die Geschichte über die Stille

„Denn der Raum des Geistes,
dort, wo er seine Flügel öffnen kann,
das ist die Stille."
Antoine de Saint-Exupéry, Autor

Wenn wir ruhig und still sind, wenn wir alleine sind und schweigen, kann unser Geist ebenso zur Ruhe kommen. Dieser Zustand unterstützt uns auf dem Weg zu uns selbst, zu der wahren Schönheit und zum Lebensglück. Es ist wichtig zu lernen, den äußeren und inneren Lärm des Lebens zu reduzieren, nach innen zu gehen, um sich mit der eigenen Seele, mit der inneren Wahrheit und Kraft verbinden zu können, um bewusster und leichter zu leben.

Das Leben dreht sich in einem rasanten Tempo um uns. Wir werden mit vielen Dingen überladen. Ob das nun die vielen alltäglichen Bilder sind, die an uns vorbeirasen, oder Töne, die unsere Ohren verstopfen. Viele Menschen reden den ganzen Tag fast ununterbrochen, manchmal beruflich bedingt, aber auch, weil sie es nicht anders kennen.

Dabei ist es so wichtig, immer wieder nach innen zu gehen, all den Lärm auszuschalten und sich ein paar „Schweigeminuten" zu gönnen. Das beruhigt den Geist, den Körper und die Seele und ist eigentlich eine kinderleichte Aufgabe, sollte man meinen. Aber Sie glauben ja nicht, wie viele Menschen sich extrem schwer damit tun, Ruhe und Stille zu genießen. Auch ich musste es für mich erst lernen.

Viele Menschen brauchen ständig eine Beschäftigung oder andere Menschen um sich herum – alles, um ja nicht mit sich alleine sein zu müssen und zu schweigen. Warum? Weil es unerträglich ist. Es könnte ja passieren, dass man bewusst an die eigenen Gefühle herankommt, und viele ahnen, dass das vielleicht nicht besonders angenehm ist.

Der Mensch von heute hat kaum Ruhe und Zeit für sich, deshalb ist es so wichtig, diesen Ausgleich für unsere Seele zu schaffen. In der Stille erhalten wir geistige Nahrung, Vitalität und neue Kraft, oft auch wundervolle Ideen. (Ich habe zum Beispiel viele Ideen für dieses Buch in der Nacht „empfangen“). In diesem Zustand können wir unsere mentalen und spirituellen Batterien aufladen. Und wir finden zu uns selbst, zu unserem wahren Kern.

Innere Ruhe und Stille sollten nicht von äußeren Umständen abhängen. Letztendlich ist es immer eine Frage des Wollens und auch der Übung. Man kann sich an einem unruhigen Ort befinden und trotzdem abschalten, indem man bewusst atmet, sich mit dem inneren Kern verbindet und die Stille im Inneren des Körpers genießt. In diesem Zustand ist es möglich, auch schwierige, turbulente, laute Zeiten und Situationen mit einer gewissen Gelassenheit zu überwinden.

Werden Sie zu einem ruhigen See, um Ihre eigene Schönheit und Herrlichkeit zu spüren!

Die folgende Geschichte zeigt deutlich, wie wertvoll Stille ist:

Ein Mönch hatte sich in die Einsamkeit zurückgezogen, um in der Abgeschiedenheit vom lärmenden Leben seine Zeit der Meditation und dem Gebet widmen zu können. Einmal kam ein Wanderer zu seiner Einsiedelei und bat ihn um etwas Wasser. Der Mönch ging mit ihm zur Zisterne, um Wasser zu schöpfen. Dankbar trank der Fremde, und etwas vertrauter geworden, bat er den Mönch, ihm eine Frage stellen zu dürfen: „Sag mir, welchen Sinn siehst du in deinem Leben in der Stille?“

Der Mönch wies mit einer Geste auf das aufgewühlte Wasser der Zisterne und sagte: „Schau auf das Wasser! Was siehst du?“ Der Wanderer schaute tief in die Zisterne, dann hob er den Kopf und sagte: „Ich sehe nichts.“ Nach einer kleinen Weile forderte der Mönch ihn wieder auf: „Schau auf das Wasser der Zisterne. Was siehst du?“

Noch einmal blickte der Fremde auf das Wasser und antwortete: „Jetzt sehe ich mich selbst!“

„Damit ist deine Frage beantwortet“, erklärte der Mönch. „Als du zum

ersten Mal in die Zisterne schautest, war das Wasser vom Schöpfen unruhig und du konntest nichts erkennen. Jetzt ist das Wasser ruhig und das ist die Erfahrung der Stille: Man sieht in sich hinein und erkennt sich selbst!
AUTOR UNBEKANNT

Meditation und Achtsamkeit – der Umgang mit Gedanken und Gefühlen

„Die wahre Größe der Meditation ist nicht in irgendeiner Methode zu finden. Sie liegt in einer kontinuierlichen und lebendigen Erfahrung von Präsenz und Glückseligkeit, in Klarheit, Frieden und – am wichtigsten von allem – in der völligen Abwesenheit jeden Greifens."
SOGYAL RINPOCHE, TIBETISCHER MEISTER UND LEHRER

Die Meditation sollte für Sie ein fester Teil Ihres Alltags werden, nicht nur, um zur Ruhe zu kommen und die Gedanken zu beruhigen, sondern um sich auch bewusst auf allen Ebenen – der emotionalen, mentalen und körperlichen Ebene – wahrzunehmen, zu spüren und um zu lernen, den Geist zu lenken. Es geht um den Ausgleich zwischen dem Außen und dem Innen, zwischen laut und leise, verspannt und entspannt, letztendlich um die Balance, die notwendig ist, um zu sich selbst zu finden.

Was bedeutet Meditation?

Meditation (das Wort ist abgeleitet aus meditatio = Ausrichtung zur Mitte; lateinisch medius – mittlerer, medium – die Mitte) ist eine spirituelle Übung, die aus vielen Religionen und Kulturen bekannt ist. In der Meditation werden Achtsamkeit und Konzentration geschult und auf das Innere gelenkt, damit der Geist mit seinen Gedanken zur Ruhe kommt. Wahre Meditation ist, zu lernen die Gedanken loszulassen. Sie hilft uns, durch die Achtsamkeit im gegenwärtigen Moment zu sein, wo alles beginnt, wo wir wir selbst sind.

Es verlangt große Bereitschaft, achtsam und konzentriert zu sein, sich zu fokussieren und die Gedanken, also das Bewusstsein, auf Glück, Liebe, Leichtigkeit und Frieden auszurichten. Durch das Meditieren können wir viel mehr Wertschätzung für unser Leben entwickeln. Wir können lernen, die Dinge zu ehren, Frieden, Harmonie und Wahrheit zu finden und größere Selbsterkenntnis zu erlangen. Letztendlich hilft uns die Meditation, das eigene Bewusstsein zu erweitern.

Meditieren Sie über alles, was liebevoll, schön und wahr ist, und schenken Sie den Energien Ihre ganze Aufmerksamkeit. Beobachten Sie dabei Ihre Gedanken, wie sie entstehen, wie sie sich ausdehnen und wie sie wieder vergehen. Halten Sie inne, damit Sie sie klar sehen, fühlen und verstehen können. Während der Meditation tauchen möglicherweise Erkenntnisse auf, die uns bis dato nicht zugänglich waren. Das bedarf natürlich langer Zeit der Übung, aber geben Sie nicht auf und motivieren Sie sich selbst.

Durch das Üben werden Sie feststellen, dass es von Mal zu Mal leichter wird, und Sie werden es immer mehr genießen. Es lohnt sich wirklich.

Es wird Tage geben, an denen Sie Ihren Geist unruhig erleben, vielleicht auch voller negativer Gedanken. Das gehört dazu, aber gerade deshalb ist es wichtig, nicht aufzugeben und dem Geist damit zu signalisieren: „Ich beobachte dich die ganze Zeit und lasse dich nicht mehr ohne Leine herumlaufen und Chaos veranstalten“. Wenn Sie Kinder haben, werden Sie durch deren Verhalten das Verhalten Ihres Geistes besser verstehen können. Wenn Kinder keine Aufmerksamkeit bekommen, was machen sie? Sie werden unruhig, quengelig, laut, impulsiv, unkonzentriert, manchmal sogar aggressiv. Genauso agiert unser Geist.

Bei Kindern kann sich aus mangelnder Aufmerksamkeit sogar ein ADHS-Syndrom – also eine Aufmerksamkeitsdefizit-Hyperaktivitätsstörung entwickeln. Der Hirnforscher und Professor für Neurobiologie Gerald Hüther stellte die These auf, dass den ADHS-Kindern vor allem Erfahrung mit dem Gefühl der Zugehörigkeit fehlt. Das hieße, wenn die Kinder Liebe, Aufmerksamkeit und das Gefühl der Zugehörigkeit bekommen würden, wären sie lieb, glücklich und vor allem ruhig.

Ähnliches geschieht mit uns, wenn wir uns selbst das Gefühl der Liebe nicht geben, wenn wir mit uns selbst nicht verbunden, nicht einverstanden sind. Dann werden wir unruhig und denken automatisch negativ. Beobachten Sie sich. Was geschieht mit Ihrem Geist im Leerlauf? Wenn Sie nichts ablenkt? Werden Sie unruhig? Hibbelig? Nervös?

Geben wir unserem Geist die Aufmerksamkeit, die er haben will und auch verdient, lässt er los und beruhigt sich. Und wenn wir bewusst, tief, sanft und langsam atmen, verstärken wir diesen Prozess. Durch das bewusste Atmen kann man die Achtsamkeit intensivieren, damit sie lebendig bleibt.

Wenn wir achtsam und konzentriert sind, können wir auch die Botschaften des Lebens besser empfangen und diese deuten. Wenn wir uns den Gefühlen, die in der Meditation hervorgerufen werden, stellen, eins mit ihnen werden, sie beruhigen und dann loslassen, können wir einen tiefen Blick auf ihre Ursache werfen, können vielleicht sogar erkennen, dass sie auf falschen Vorstellungen beruhen. Durch die Meditation beginnen wir die Gefühle zu verstehen und fangen an, sie zu verwandeln.

Wenn Sie ein Gefühl angenommen, dem Gefühl seinen Raum gegeben haben, wird es an Intensität abnehmen und sogar verschwinden, so wie sich das Kind beruhigt, das wieder die nötige Aufmerksamkeit bekommen hat. Das ist auch eine Form, Verantwortung für dieses Gefühl zu übernehmen. In diesem Moment beginnt die Transformation, die wie eine Erneuerung des Geistes wirkt. Durch sie gelingt es uns, von einem negativen Zustand in einen qualitativ besseren Zustand überzugehen, vom Mangel zu Fülle und Überfluss, von Begrenzung zur Freiheit, von Dunkelheit ins Licht.

Meditation wirkt am besten, wenn Sie täglich üben. Sie müssen aber nicht gleich eine Stunde meditieren, sondern beginnen erst mit fünf bis zehn Minuten. Die kurze Zeit kann sehr effektiv sein. Es reicht, um zur Ruhe und ins Gleichgewicht auf allen Ebenen zu kommen. Gleichzeitig können Sie sich entspannen und Ihren Geist kräftigen.

Wenn Sie eine gewisse Zeit geübt haben, vielleicht drei bis vier Wochen, können Sie die Übung zeitlich etwas ausdehnen und sogar Ihren Seelenführer einladen.

„Einen Seelenführer?“, fragen Sie vielleicht. „Wer ist denn dieses Wesen?“

Wir alle haben eine Energie – ein Wesen, das immer bei uns ist, das uns seit der Zeit der Zeugung begleitet. Ich überlasse es Ihnen, ob Sie daran glauben möchten oder nicht. Aber wenn Sie sich vielleicht dem Gedanken öffnen und voll kindlicher Fantasie damit umgehen, stehen Ihnen sehr schöne Erfahrungen offen, die Sie zusätzlich stärken werden.

Ihren Seelenführer haben schon viele Klienten in meiner Praxis in den Hypnose-Sitzungen und in Rückführungen in frühere Leben kennengelernt. Glauben Sie mir: Jeder hat ihn!

Während der Meditation können Sie alles Schöne visualisieren. Was das ist, überlasse ich Ihrer Fantasie und auch Ihrer inneren Führung. Sollte es Ihnen jedoch nicht gelingen, dann suchen Sie eine Meditationsgruppe und lassen Sie sich anleiten. Alles geht, wenn man es wirklich will.

Beruhigen Sie Ihren Geist mehrmals täglich, nicht nur in der Meditation. Die Übung macht den Meister. Sie können zwischendurch immer mal für einen Moment die Augen schließen, bewusst und tief durchatmen und vielleicht eine kurze Affirmation sprechen. Hier ein Beispiel: „Ich bin ruhig und entspannt. So wie ich bin, bin ich gut und liebenswert. Ich bin immer zur richtigen Zeit am richtigen Ort. Ich bin eins mit Harmonie, Gesundheit, Frieden, Freude, Glück, Liebe, Fülle, Erfolg, und alle meine Wünsche sind bereits erfüllt.“ Sie können die Sätze beliebig formulieren.

Falls Sie sich selbst bei negativen Gedanken ertappen sollten, verzeihen Sie sich selbst und denken Sie sich einfach einen kleinen Text aus. Hier ein Beispiel: „Ich verzeihe mir, dass ich die Gedanken erschaffen habe. Ab sofort pflege ich nur Gedanken der Liebe und des Glücks. Ich bin dankbar für diese Erkenntnis.“ (Im Kapitel „Gebete, Wünsche und Affirmationen“ beschreibe ich genau, wie diese wirken.)

Wenn Sie die Sätze für Ihre Meditation bilden, beachten Sie bitte, dass sie immer in der Gegenwart ausgedrückt werden, damit sie sich auch in der Gegenwart manifestieren können. Wichtig ist es, dass Sie nicht daran denken, dass die Dinge noch nicht da sind, oder grübeln, wie sie realisiert werden können. Geben Sie dem Unterbewusstsein stattdessen Ihren Glauben, dass diese Schätze in der Tiefe bereits vorhanden sind.

Die besten Zeiten für Ihre Meditation sind der frühe Morgen und der späte Abend direkt vor dem Schlafengehen. In dieser Zeit ist die Frequenz der geistigen Schwingung noch nicht so hoch. Die Natur und die Menschen sind ruhig, die Geräusche nehmen ab oder sind noch nicht da. Die Ruhe unterstützt Ihre Konzentration und Achtsamkeit. Wenn Sie abends meditieren, kann das Unterbewusstsein dann in der Nacht auf Hochtouren arbeiten.

Nur in der Stille ist es möglich, den Kontakt zu unserer Seele aufzunehmen. Mit jeder Übung wird die Stille tiefer und intensiver. Sie werden sich zunehmend mehr spüren und so werden Sie auch lernen, immer intensiver bei sich zu sein, und bald erkennen, wer Sie wirklich sind. Die Stille wird Ihnen viel Kraft schenken.

In der stillen Meditation erkennt man den Geist, schenkt ihm nicht nur Aufmerksamkeit, sondern auch Achtung, und oft erhält man von ihm wichtige Antworten auf Fragen, die noch offen sind. Das nennt man: die geistige Nahrung.

Einer meiner Lieblingsautoren, Deepak Chopra, sagte Folgendes zum Thema Stille: „Die Stille schärft den Geist, macht ihn weich. Beim Weg der Stille geht es darum, die Fähigkeit zu entwickeln, etwas mit Sicherheit zu wissen. Du kannst lernen, zu entspannen und still zu sein, aber wenn es an der Zeit ist, eine Entscheidung zu treffen, wirst du imstande sein zu handeln."

Wenn Sie sich das Thema Stille zu Herzen nehmen und üben mit der Stille umzugehen, können Sie nach und nach ein wunderbares Bauchgefühl entwickeln, und Entscheidungen zu treffen, wird für Sie immer leichter werden.

Nun konkret. Wie können Sie beginnen? Hier die Übung:

Wählen Sie einen ruhigen Platz zum Sitzen und machen Sie es sich ganz gemütlich. Sie können entweder auf einem Stuhl sitzen oder im Lotussitz auf dem Boden.

Schließen Sie die Augen und atmen Sie ein paarmal tief ein und aus. Atmen Sie in Ihrem Rhythmus, so wie es für Sie angenehm ist, aber achten Sie darauf, dass Sie wirklich tief bis in den Bauch hineinatmen. Versuchen Sie, achtsam Ihren Atem zu beobachten und ihn mit Ihrer Aufmerksamkeit zu begleiten.

Sie atmen ruhig und tief in Ihren Bauch hinein, so dass sich die Bauchdecke hebt und senkt.

Es kann sein, dass der Atem unruhig wird, dann lassen Sie ihm Zeit, langsam mit Ihnen in eine angenehme, ruhige Schwingung zu kommen.

Es kann sein, dass Ihre Gedanken zunächst verrückt spielen, dann lassen Sie ihnen erst einmal freie Bahn.

Sie atmen weiter und beobachten, wie sich dieses Spektakel zwischen Ihrer Atmung und Ihren Gedanken abspielt und bleiben ganz bei sich und spüren sich.

Nach einer Weile werden Sie merken, wie Ihre Atmung ruhiger wird und Sie sich langsam entspannen.

Horchen Sie einfach Ihrem Atem und Ihren Gedanken zu und beobachten Sie diesen Prozess. Nehmen Sie wahr, was in Ihrem Kopf vorgeht, und werden Sie sich darüber bewusst, dass es gar nicht so leicht ist, die Gedanken abzustellen.

Wenn Sie sich auf Ihre Atmung konzentrieren, nehmen Sie automatisch den Gedanken ihre Wirkungskraft, nach dem Prinzip: Wohin wir die Aufmerksamkeit lenken, das dehnt sich aus.

Sie können sich zum Beispiel vorstellen, dass Sie ein großer Felsen oder ein Berg und Ihre Gedanken weiße Wolken sind, die an Ihnen vorüberziehen. Diese Wolken tun Ihnen nichts. Sie kommen, bleiben für eine gewisse Zeit und ziehen von ganz alleine wieder weiter. Sie berühren Sie nicht einmal.

Das Gleiche machen Sie mit Ihrem Atem. Sie beobachten ihn, wie er kommt, für einen kurzen Moment bleibt und wie er ganz von alleine wieder geht.

Wenn Gefühle, wie Wut, Trauer, Angst oder Scham oder unangenehme Erinnerungen auftauchen sollten, erlauben Sie ihnen, da zu sein, und beobachten Sie, wie sie entstehen, heranwachsen und wieder vergehen.

Erlauben Sie, sich selbst zu fühlen, ganz bewusst.

Bleiben Sie bei der Sache – konzentriert und achtsam.

Das ist übrigens der Anfang jeder Hypnose-Sitzung in meiner Praxis.

Weiter können Sie sich etwas Schönes vorstellen, zum Beispiel die schönste Erinnerung aus Ihrem Leben. Lassen Sie sich Zeit dabei. Währenddessen vergessen Sie nicht, tief, ruhig und bewusst zu atmen.

Malen Sie sich dieses Bild mit Ihren inneren Farben so aus, dass es für Sie nicht nur stimmig, sondern wunderschön ist. Dehnen Sie die schönen Gefühle mit Ihrem Atem noch mehr aus, so als wenn Sie in einen Ballon einatmen würden.

Verweilen Sie so lange in diesem Bild, solange Sie es mögen, und nehmen Sie dann die schönen Gefühle mit zurück in Ihren Alltag, zurück ins Hier und Jetzt. Öffnen Sie Ihre Augen, stehen Sie langsam auf und trinken Sie ein Glas Wasser.

Diese Meditation können Sie so oft machen, wie Sie mögen. Es kann nie zu viel sein. Mit dem regelmäßigen Üben kommt auch der Erfolg. Geben Sie nicht auf!

Sie können diese Meditation auch etwas verlängern oder ergänzen. Falls unangenehme Gefühle hochkommen sollten, sprechen Sie ganz leise in sich hinein:

„Alles ist gut, wie es ist, alle Gefühle dürfen jetzt da sein, alle Gedanken dürfen jetzt da sein, alles in mir darf jetzt da sein, ich darf so sein, wie ich bin, und so, wie ich bin, bin ich wundervoll und verdiene geliebt zu werden." Atmen Sie dabei bewusst weiter.

Das wird wie eine Liebeserklärung auf Sie wirken, denn Ihre innere emotionale und mentale Welt darf in diesem Moment bewusst existieren und Sie schenken sich selbst damit Liebe und Aufmerksamkeit.

Noch ein Hinweis: Es ist besser, die Meditation im Sitzen als im Liegen durchzuführen, denn im Liegen kann man schnell einschlafen und diesen Prozess nicht bewusst erleben.

„In seiner unendlichen Weisheit hat Gott
die Hölle im Paradies versteckt.
Damit wir immer wachsam bleiben."
Paulo Coelho, brasilianischer Schriftsteller

Das bewusste Atmen

„Wir können nicht im Herzen sein,
wenn wir flach oder angestrengt atmen.
Wenn der Atem flach ist, ist das Denken oberflächlich."
Paul Ferrini, spiritueller Lehrer und Autor

Sie haben gerade erfahren, wie wichtig das bewusste Atmen ist und das nicht nur bei einer langen Meditation, sondern ganz allgemein in unserem Leben. Richtig zu atmen ist der Schlüssel, der ganz neue Tore öffnet, hinter denen Sie eine andere Welt mit anderen Empfindungen vorfinden. Denn wer bewusst atmet, findet zurück zu sich und ist im Hier und Jetzt – nicht in der Zukunft und nicht in der Vergangenheit.

Der Fluss des Lebens kann uns gar nicht mehr einholen, weil wir oft nur noch wie getriebene Hyänen durch das Leben hetzen. Das ist auch der Grund dafür, warum wir uns so oft abgegrenzt fühlen und keinen Antrieb mehr haben. Wenn wir anfangen, richtig – das heißt bewusst, bis tief in den Bauch hinein, langsam und sanft zu atmen, wird sich die Verbindung wieder einstellen.

Ohne Atem kein Leben. Diese simple Botschaft wird von uns Menschen oft genug unterschätzt. Der Atem ist unser treuster Begleiter, jemand, der für uns eine Aufgabe erfüllt, ohne dass wir ihn bewusst darum bitten müssen. Es atmet uns einfach von der ersten Sekunde unseres Lebens.

Beim bewussten Atmen lässt man allerdings nicht mehr einfach nur geschehen, sondern wird man zu einem bewussten Schöpfer und kann vieles in seinem Leben beeinflussen und verändern. Denn durch das richtige bewusste, ruhige und tiefe Atmen kann man sich mit dem Unbewussten verbinden und unendlich viel Kraft schöpfen.

Durch das bewusste Atmen bleibt man im gegenwärtigen Moment verankert, tankt Energie und erhält manchmal plötzlich und überraschend neue Ideen oder Lösungswege.

Üben Sie, so oft es geht!

Schließen Sie einfach für drei bis fünf Minuten die Augen und atmen Sie ruhig, achtsam und tief und schon sind Sie bei sich und in Verbindung mit Ihrer schöpferischen Quelle. Versuchen Sie ganz bewusst bei Ihrem Atem zu bleiben und beobachten Sie ihn. Richten Sie Ihre Aufmerksamkeit nach innen und begleiten Sie Ihren Atem.

Diese kleine Übung können Sie einige Male am Tag durchführen. Einfach kurz abschalten und nach innen sinken.

Wenn man nicht richtig atmet (meistens flach), lässt man dem Verstand viel Raum und er übernimmt die Führung. Wenn man aber bewusst, entspannt und richtig atmet, werden die Gedanken davonfliegen und an uns vorüberziehen, wie die Wolken, die ich gerade in der Beschreibung der Meditation erläutet habe.

Atmen Sie tief und sanft, damit sich Ihr Herz öffnen kann und Sie sich mehr spüren und erleben können.

„Sich des Atems bewusst zu werden ist eine Möglichkeit,
im gegenwärtigen Augenblick anzukommen."
Thick Nhat Hahn, buddhistischer Mönch,
Schriftsteller und Lyriker

Die Kraft der Natur

„Die Natur ist ein Brief Gottes an die Menschheit."
Platon, griechischer Philosoph

Die Natur ist, wie sie ist, und wir lieben sie dafür. Das ist auch genau der Punkt, an dem wir von ihr lernen können: bedingungslose Annahme dessen, was ist.

Die Natur ist ein Elixier für Ihr Wohlbefinden. In der Natur finden wir viele positive, bejahende Energien, die uns stärken. Hier ist keiner, der uns kritisiert oder uns Schmerzen zufügt. Hier finden wir die Ruhe und Stille, die notwendig für unsere Heilung sind.

Gönnen Sie sich regelmäßig Ausflüge in die Natur – am besten allein. So bleiben Sie ganz bei sich und lauschen auf Ihren Atem und Ihre Empfindungen.

Weinen Sie, wenn Ihnen zum Weinen zumute ist. Zeigen Sie sich mit Ihren Gefühlen, so wie Sie sind. Hier dürfen Sie schwach, traurig, ängstlich, verärgert oder fröhlich, impulsiv und glücklich sein.

Sie müssen sich nicht gleich sportlich betätigen. Gehen Sie einfach spazieren, egal bei welchem Wetter. Sie werden staunen, wie viel Schönes Sie dort finden, wenn Sie dabei bewusst atmen und auch die Natur bewusst betrachten. Je öfter Sie es tun, umso mehr werden Sie wahrnehmen: Geräusche, Farben, Düfte, Dinge, die Sie zuvor völlig übersehen haben.

Es ist von großer Bedeutung, sich mit Energien zu umgeben, die uns guttun. Die Natur bietet diesen Luxus zu allen Jahreszeiten. Schenken Sie sich selbst diese Zeit und diese Momente in und mit der Natur.

Ich liebe es, in den Wald zu gehen. Da kann ich alles ausgleichen und meinen Alltag hinter mir lassen. Die Bäume dort haben eine wunderbare Energie. Sie zeigen uns, wie es ist, gut und stabil in der Erde verwurzelt zu sein. Sie verbinden den Himmel und die Erde, und wenn Sie ganz nah an einem Baum stehen, können Sie vielleicht in der Stille diese Verbindung spüren.

In der Natur gibt es keine Vergleiche. Keiner will besser oder schöner als der andere sein. Hier ist alles vollkommen und wundervoll. Jeder ist für sich eine Schönheit und ein wundervolles Gotteswerk. Das können Sie lernen, wenn Sie sich mit der Natur verbinden.

Wenn Sie draußen unterwegs sind, können Sie eine kleine Übung durchführen: Als Erstes suchen Sie einen Baum, zu dem Sie sich ganz besonders hingezogen fühlen. Das muss nicht der schönste sein. Entscheiden Sie nach Ihrem Gefühl. Stellen Sie sich mit dem Rücken angelehnt an diesen Baum. Spüren Sie bewusst Ihre Füße auf dem Boden und nehmen Sie mit Ihrem Atem Kontakt zur Erde auf.

Vielleicht hat dieser Baum Wurzeln, die Sie wahrnehmen können. Schauen Sie für einen Moment zu Ihren Füßen und stellen Sie sich vor, Sie sind eins mit diesem Baum. Spüren Sie den Halt, den der Baum Ihnen bietet. Lehnen Sie wieder den Kopf an den Baum und schließen Sie die Augen.

Wenn Sie da so stehen – verbunden mit der Erde, mit dem Universum und auch mit dem Baum – stellen Sie sich vor, wie aus Ihren Füßen imaginäre kräftige Wurzeln in die Erde hineinwachsen.

Sie atmen die Energie aus der Erde tief in sich ein und bleiben ganz bewusst bei dem Geschehen und Ihrem Atem. Sie können sich auch vorstellen, wie in die linke Körperhälfte die weibliche, mütterliche Energie und in die rechte Körperhälfte die männliche, väterliche Energie hineinfließt. Aus diesen Energien bestehen wir, wie Sie bereits erfahren haben. Tanken Sie hier auf und laden Sie Ihre Energiespeicher voll.

Die Kraft der Musik

„Schon ein ganz kleines Lied kann viel Dunkel erhellen."
Franz von Assisi, Heiliger aus Italien

Mit Musik können Sie Ihre Hausaufgaben wirkungsvoller gestalten.

Hören Sie während Ihrer Atemübungen oder auch bei einer Meditation leichte, ruhige und leise Musik. Dafür eignen sich einige ruhige Stücke von Vivaldi, Mozart oder Beethoven.

Klassische oder auch Entspannungsmusik sind für diese Übungen sehr zu empfehlen. Die Schwingung der Musik unterstützt Sie noch mehr dabei, dass Sie zu sich finden. Durch die Musikschwingung kommen auch Prozesse in Ihnen in Gang, die die Selbstheilungskräfte aktivieren.

Positives Denken

„Das was du heute denkst, wirst du morgen sein!"
Buddha

Gedanken bilden die Welt, in der wir leben. Wenn wir eine Welt voller Schönheit und Glück haben wollen, müssen wir Schönheit und Glück erst in uns selbst erschaffen, damit sie sich in der Außenwelt manifestieren können. Die Zukunft wird durch unser gegenwärtiges Denken geformt, das heißt, Gedanken sind Energien, die unser Leben erschaffen. Sie bilden die Ursache für alles Positive sowie alles Negative. Daher ist es von grundlegender Bedeutung, wie und was wir denken, dass die Gedanken rein und harmonisch sind.

Das innere Leben existiert als Gedankenwelt und diese Gedanken bringen Handlungen hervor. So wie der Mensch denkt, so wird er, und so erschafft er seine innere und äußere Realität.

Unser Geist ist nur von dem abhängig, was wir im vorgeben. Wir glauben zwar oft, dass er den Ton angibt, nach dem wir zu leben haben. Aber das stimmt nicht. Wir selbst geben ihm die Erlaubnis dazu, indem wir nicht bewusst denken, unsere Gedanken nicht kontrollieren. Das ist, als ob man die Zügel von einem Pferd loslassen würde. Das Tier würde das machen, was es will.

Das Gleiche passiert mit unseren Gedanken. Halten wir sie nicht unter „Aufsicht" und beobachten und steuern wir sie nicht bewusst, werden sie wild herumtoben und ein Eigenleben führen. Das hat zur Folge, dass wir uns immer in denselben Gedankenspiralen wiederfinden, uns manipulieren lassen und uns schlecht, sorgenvoll oder ängstlich fühlen.

Die gute Nachricht: Wir sind in der Lage, unseren Geist zu schulen. Sobald er anfängt, unkontrolliert zu plappern, stoppen wir bewusst diesen Vorgang und denken anders – nämlich positiv. Unterstützend dabei sind Meditationen, Gebete und Affirmationen und das richtige Atmen.

Natürlich verändert sich unser Leben nicht nur durch das positive Denken, aber es wirkt auf jeden Fall unterstützend. Es geht letztendlich immer darum, die Harmonie zwischen Körper, Geist und Seele zu finden, und darum, dass wir aufmerksam sind, worauf wir unseren Fokus richten. Wir sind die Herren unserer Gedanken. Niemand sonst kann sie beeinflussen.

Alles, was wir denken, kommt zu uns zurück, wie ein Bumerang. Obwohl die Aussage stimmt, möchte ich sie trotzdem ein wenig differenzieren, denn das Leben ist hochkomplex und das universelle Gesetz, dass wir durch unsere Gedanken Wirklichkeit erschaffen, ist natürlich nur ein Teil des Ganzen. Es gibt Dinge, auf die haben wir keinen Einfluss.

Als Kinder lernen und übernehmen wir die Denkweise von unseren Eltern. Auf dem Boden ihrer Reaktionen, ihres Verhaltens, ihrer Sprache, ihrer Überzeugungen, ihres Glaubens wachsen unsere eigenen Glaubenssätze. Wir übernehmen sie automatisch, identifizieren uns damit und glauben oft ein Leben lang, dass es unsere eigenen Überzeugungen sind.

Schafft man es, sich damit auseinanderzusetzen und das Alte von der eigenen essentiellen Wahrheit zu trennen, kommt man irgendwann zu einem Punkt, an dem man die „fremden" Gedanken einfach nur noch registriert, ohne sich mit ihnen zu identifizieren. Dann braucht man auch nicht mehr übertrieben zu reagieren, wenn man mit einem Hindernis – egal welcher Art – konfrontiert wird. Man hat gelernt, die eigenen Gedanken zu beruhigen. Das geht, wie Sie bereits erfahren haben, mit Hilfe von Meditation oder Atem- und Entspannungsübungen. Wenn man entspannt in seinem Körper ist und keine wertlosen Gedanken mehr zulässt, ist der Geist entmachtet und in uns kann sich Glück, Freiheit und Zufriedenheit einstellen. Wenn der Geist ruhig ist, sind oft Wunder möglich.

Dazu möchte ich Ihnen noch eine Metapher anbieten:

Unsere Gedanken, unsere Einstellung zum Leben, unsere Vorstellungen, unsere Gefühle und unser Glaube sind insgesamt wie Einzahlungen auf ein Konto der Bank des Unbewussten. Diese Einzahlungen wirken wie Zinsen, die sofort ausgezahlt werden.

Wenn man Positives einzahlt, bekommt man positive Zinsen. Wenn man Negativität einzahlt, bekommt man eben das Negative, was sich dann in Mangel, Unzufriedenheit, Versagen oder Verlust im Leben äußert.

Predigen Sie Ihrem Unterbewusstsein Liebe, Reichtum, Leichtigkeit, damit Ihr Unbewusstes Sie damit versorgen kann. Das positive Denken wird sich im Außen manifestieren. Dazu reicht es allerdings nicht, nur das negative Denken aufzugeben. Für einen wirklichen Wandel in Ihrem Leben braucht es die Ausrichtung auf ein positives Denken.

Wenn man sich ständig Sorgen macht, Unglück befürchtet, ängstlich ist, wird man genau diese Energien ins Leben ziehen. Viele Menschen leben mit fast schon chronischen Befürchtungen oder in ständiger Ängstlichkeit, was enorme Auswirkung auf die Gesundheit der Betroffenen haben kann, auf ihre Leistungskraft, einfach auf das gesamte Lebensglück.

„Was Sie fühlen, ziehen Sie an; was Sie sich vorstellen, das werden Sie.“
„Angst ist Glaube an das Falsche.
Sie ist ein Gedanke, den Sie selbst hervorgebracht haben.
Er besitzt keine Realität, ist nur ein Schatten in Ihrem Geist.“
Dr. Joseph Murphy – Psychologe, Philosoph und Autor

Darum: Werden Sie bewusst und gehen Sie mit Ihren Gedanken bewusst um.

Werden Sie selbst der Herr Ihrer Gedanken und pflegen Sie diese. Auch die Bibel fordert uns zum richtigen Denken auf: „Was der Mensch sät, das erntet er“. Das heißt, wenn wir Gedanken an Gesundheit, Schönheit, Wohlstand, Fülle, Leichtigkeit säen, können wir kostbare Früchte ernten. Wenn wir an Mangel und Co. denken, bekommen wir die verdorbenen Früchte.

Auch diese Redewendung kennen Sie bestimmt: „Ein gesunder Geist wohnt in einem gesunden Körper.“ Es lohnt sich, die kleinen Übungen regelmäßig zu praktizieren und den Geist zu schulen, um mit ihm irgendwann Frieden zu schließen und ihn zu Ihrem Freund zu machen.

Dass Gedanken auf unseren Körper und unsere Gefühle wirken und wie sie uns verändern, hat der japanischer Wissenschaftler Dr. Masaru Emoto durch seine beeindruckenden Experimente mit Wasserkristallen bewiesen. Es ist ihm wie keinem anderen Forscher gelungen, die Wissenschaft mit der Spiritualität zu verbinden. Er hat die geistige Welt in seinen Bildern sichtbar gemacht. In zehntausenden Versuchen fand Dr. Masaru Emoto heraus, dass Wasser nicht nur gute und schlechte Informationen, Musik und Worte, sondern auch Gefühle speichern kann. Er fotografierte die Kristalle und machte somit für jeden sichtbar, dass Wasser sich verändert, je nach dem, wo es fließt oder wie es behandelt wird.

Der menschliche Körper besteht zu 70-80 Prozent aus Wasser. Wenn man unserem Körper eine Information zufügt, kann sie also entscheidenden Einfluss auf unser Wohlbefinden und unsere Gesundheit haben. Wenn unser Körper eine negative Schwingung aussendet, dann ist diese für andere intuitiv spürbar. So ziehen wir – ohne dass es uns bewusst ist – kraftvoll und treffsicher wie ein Magnet unangenehme und negative Situationen und Menschen an, eben jene, die auch auf dieser Frequenz schwingen.

Informieren Sie sich darüber, schauen Sie sich die Bilder von Emoto im Internet an. Sie werden staunen und erkennen, welchen Einfluss wir auf uns selbst haben.

Die Sprach-Hygiene

„Die Zunge des Weisen liegt in seinem Herzen,
das Herz des Narren liegt auf der Zunge."
Aus China

Nicht nur unsere Gedanken, auch das, was wir sagen, hat großen Einfluss auf das, was wir erleben. „Wie es in den Wald hineinruft, so schallt es heraus", sagt eine alte Volksweisheit. Sprache ist auch Energie, und wenn sie freigesetzt wird, kommt diese Energie in der gleichen Stärke zurück zum Absender.

Spricht man positiv, kann sich das Positive ausdehnen, spricht man dagegen negativ, dann reagiert das Negative auf unserer Welt.

Wenn Sie Ihre Gedanken zum Ausdruck bringen und sie aussprechen, reagiert das ganze Universum auf diese Botschaft mit der Antwort: „Dein Wunsch ist mir Befehl."

Das heißt, wenn man mit der Sprache nicht bewusst umgeht und sich negativ ausdrückt, wird es „gehört", aber auch „erhört", und das Ausgesprochene kommt in unser Leben. Tratschen und schlecht über andere zu sprechen ist übrigens auch ein sicherer Weg, um Negativität in das eigene Leben zu ziehen.

Deshalb spielt die Sprachhygiene eine große unterstützende Rolle auf unserem Weg zum Lebensglück. Unsere Gefühle, unser Denken und auch das Sprechen sollten positiv, harmonisch und ausgeglichen sein, um im Einklang mit dem Schöpferischen zu sein.

Wenn man ständig über negative Dinge spricht, fühlt man sich seelisch schlechter und der Heilungsprozess verzögert sich. Deshalb ist es enorm wichtig, dass man es trainiert, sich auch sprachlich dem Schönen und Erfreulichen zu öffnen. Das verbessert das seelische Wohlbefinden und der Heilungsprozess stellt sich ein. Gehen Sie also bewusst und achtsam mit Ihrer Sprache um!

Gebete, Wünsche und Affirmationen

„Das Gebet ist der Schlüssel für den Morgen und der Türriegel für den Abend."
MAHATMA GANDHI, INDISCHER POLITISCHER UND GEISTIGER FÜHRER

Keine Sorge, das wird jetzt kein Religionsunterricht, sondern was kommt, ist ein liebevoller Hinweis auf die Kraft und die Wirkung von Gebeten.

Was sind Gebete?

Erst einmal geht es hier nicht um die Gebete, die man aus dem Gebetbuch vieler Kirchen kennt. Ich weiß, dass sie für viele Menschen kompliziert sind und nicht immer das aussagen, was wir gerne sagen würden. Sie sind eher im allgemeinen Sinne.

Gebete und Affirmationen sind nichts anderes als Wünsche, die wir nach Belieben formulieren können. Auch sie aktivieren die Selbstheilungskräfte.

Schon in der Bibel, in der Bergpredigt im Matthäus-Evangelium werden wir auf die Kraft des Gebetes und auch des Denkens aufmerksam gemacht:

„Bittet, so wird euch gegeben; suchet, so werdet ihr finden; klopfet an, so wird euch aufgetan. Denn wer bittet, der empfängt; und wer da suchet, der findet; und wer da klopft, dem wird aufgetan."

Gebete sind seit vielen Jahren auch meine täglichen Begleiter und nicht nur zu einer bestimmten Stunde oder in Zeiten der Not, sondern immer dann, wenn ich bewusst bei mir bin, mir etwas wünsche oder mich bedanken möchte. Auch für die vielen Kleinigkeiten, die eine große Rolle in meinem Leben spielen und gerade darum nicht selbstverständlich sind.

Meine Einstellung zu diesem Thema hat mit Religion oder irgendwelchen Dogmen gar nichts zu tun. Ich sehe Gebete als ein wunderbares Hilfsmittel für den Alltag, was sich in jeder Lebenssituation anwenden lässt.

Beim Beten gilt eine wichtige Regel: Beten ist nicht Betteln, sondern eine bewusste Wortwahl und eine Art des Wünschens, die wir an Gott, falls man an ihn glaubt, oder einfach an das Universum, an unsere Seele oder an das Leben richten, stets mit dem nötigen Vertrauen, dass wir die Schöpfer unserer Realität sind.

Man kann das Wort „Gott“ auch gern durch das „Unterbewusstsein“, „Universum“ oder „das Höhere Selbst“ ersetzen, denn unsere innere, unbewusste Kraft ist dieselbe wie die Gottes. Für mich ist alles eins und die Götter aus allen Religionen sind ein und derselbe Gott.

Beim Beten treten wir in den bewussten Kontakt mit der unendlichen Intelligenz in uns. Diese Verbindung stellt sich während des Gebetes von ganz alleine her. Allerdings macht ein Gebet nur dann Sinn und ist hilfreich, wenn Sie wirklich daran glauben, dass es erfüllt wird.

Im Grunde gleicht alles, was wir denken, schon einem Gebet. Denken wir an Unglück, wird es erhört und häufig wird auch Unglück geschehen, denken wir an Mangel, erhalten wir Mangel.

Gebete helfen uns, unseren Geist zu schulen, ihn neu auszurichten, damit er uns gehorcht und nicht wir ihm. Es ist wissenschaftlich nachgewiesen, dass wir täglich 60.000 Gedanken denken, davon aber nur 5 Prozent (3.000) bewusst. Der Rest ist immer wiederkehrendes Geplapper.

Gebete unterstützen unser Denken. Doch auch wenn Ihre Gebete nicht sofort erhört werden, sollten Sie nicht gleich das Handtuch werfen. Bleiben Sie im Vertrauen. Ein Gebet ist eine bekräftigte positive Einstellung, die schließlich in eine feste Überzeugung übergeht. Sobald Ihr Wunsch von Ihnen selbst völlig akzeptiert worden ist, das heißt, wenn Sie Ihr Unbewusstes mit Ihrer Überzeugung und Ihrem Glauben hinter dem Wunsch überzeugt haben, werden das Gebet und Ihr Wunsch erfüllt. Sie müssen sich allerdings für eine Lösung, für einen Ausweg aus der für sie bedrückenden Situation öffnen. Schon während des Gebets kann so eine dezente Veränderung stattfinden, die sich nach regelmäßigem Wiederholen verstärkt.

Hier ein Beispiel für ein Gebet von Dr. Joseph Murphy, das Sie am Beginn eines neuen Tages einsetzen können:

Der göttliche Wille ordnet mein Leben. Alles wendet sich heute zu meinem Besten, heute beginnt ein neuer und wunderschöner Tag, glücklicher als je zuvor. Die göttliche Weisheit lenkt mich auf meinem Weg und der göttliche Segen ruht auf allem, was ich heute beginne. Die göttliche Liebe umgibt und beschützt mich. Sobald meine Gedanken von dem abzuschweifen beginnen, was gut und konstruktiv ist, werde ich mich sofort zur Ordnung rufen und mich wieder ausschließlich auf das Schöne und Gute konzentrieren. Ich bin ein geistiger und seelischer Magnet, der Glück und Segen an sich zieht. Alle meine heutigen Unternehmungen werden sich zu außerordentlichen Erfolgen entwickeln. Ich werde den ganzen Tag über uneingeschränkt glücklich sein.

Heute entscheide ich mich für das Glück und für den Erfolg, heute entscheide ich mich für die richtige Handlungsweise, heute entscheide ich mich für die Liebe und den guten Willen allen meinen Mitmenschen gegenüber, heute entscheide ich mich für den Frieden.

Ein Gebet funktioniert genauso wie eine Bestellung, die Sie an ein Versandhaus schicken.

Formulieren Sie positiv. Sagen Sie genau, was Sie wünschen, und nicht, was Sie nicht wünschen, sonst entsteht Verwirrung und Ihre Wünsche können missverstanden werden.

Ein guter Zeitpunkt, um Wünsche auszusenden, ist gleich nach dem Aufwachen oder direkt vor dem Schlafengehen, weil das Unterbewusstsein dann „seine Pforten weit offen hat" und mit diesen Energien der Gebete in der Nacht weiterarbeiten kann, während man schläft. In der Nacht wirken unsere Gebete besonders intensiv auf unser Unterbewusstsein. Wichtig ist, wie gesagt, dass man daran glaubt.

Seien Sie dankbar für alles, was Ihnen das Leben geschenkt hat. Oft sehen wir vieles gar nicht. Im Kapitel „Die Dankbarkeit und die Dankbarkeitsliste" beschreibe ich das noch genauer, aber vorher schon ein Gebet, das Sie nutzen können, um sich für die Geschenke des Lebens zu bedanken. Je öfter Sie es tun, umso intensiver werden diese sich in Ihrem Leben vermehren. Doch auch hier: Der Glaube dahinter ist von großer Bedeutung.

Ich bin EINS mit der unendlichen schöpferischen Kraft in mir und alle meine Bedürfnisse sind schon befriedigt.
Ich bin EINS mit dem Universum und allen Kräften, die mich führen und jeden Tag begleiten und mein Leben mit Glück und Liebe füllen.
Ich bin EINS mit der göttlichen Gegenwart und vertraue auf diese Führung.
Ich bin EINS mit dem göttlichen Licht und seiner Kraft, das in mein Leben hineinleuchtet und meinen Weg klarer macht.
Ich bin EINS mit dem göttlichen Reichtum und empfange jeden Tag Gottesgeschenke.
Mein Leben ist wunderbar.
Ich bin voller Dankbarkeit. (Das ist der wichtigste Satz.)
Ich bin dankbar für mein Leben.
Ich bin dankbar für meine Kinder.
Ich bin dankbar für meine wundervolle Liebe mit …
Ich bin dankbar, dass ich die Liebe zu ihr/ihm leben darf.
Ich bin dankbar für meine Gesundheit und meinen gesunden, schönen Körper.
Ich bin dankbar für meinen Job.
Ich bin dankbar, dass ich so viel erreicht habe.
Ich bin dankbar, dass mich meine Mitmenschen schätzen und achten, denn ich achte und schätze sie auch.
Ich bin dankbar für ALLES, was ich erleben durfte, denn diese Erfahrungen haben mich zu mir selbst geführt und ich habe mich wunderbar entwickeln können.
Ich bin dankbar für die neuen Erkenntnisse.
Ich bin dankbar für die göttliche Liebe.

Ich lasse alles los und bin im Vertrauen.
Ich bin geführt und geliebt.
Ich bin ruhig und bei mir.
Gott lenkt mich immer in die richtige Richtung.

Ich bin immer zum richtigen Zeitpunkt am richtigen Ort.
Ich bin gesund und kraftvoll.
Ich bin glücklich und erfolgreich.

Ich bin voller Liebe und Vertrauen. Das Glück fliegt mir zu.
Ich bin glücklich und dankbar für dieses wundervolle Leben.
Ich bin bereit für den Reichtum in meinem Leben.
Ich bin offen und bereit, die Liebe zuzulassen.
Ich habe ALLES, was ich brauche.
Ich erwarte nur das BESTE.
Ich bin ruhig und gelassen.

Ich bin liebenswert, so wie ich bin.
Ich liebe und akzeptiere ALLES in und an mir.
Ich bin einzigartig und komme meiner Liebe zu mir jeden Tag näher.
Durch meine Liebe zu mir selbst, wecke ich die Liebe in..., die/der mich mit den gleichen Augen betrachtet wie ich mich selbst.

Wenn Sie ein wenig geübt haben, wird sich Ihre eigene Kreativität entfalten und Sie werden bald mit Freude auch Ihre persönlichen Texte schreiben können.

In vielen Gebeten wird Gott angesprochen. Wie schon öfter erwähnt: Falls Sie mit diesem Begriff wenig anfangen können, ersetzen Sie es durch „Höheres Selbst“. Das ist die Höchste Macht, die allumfassende Instanz, die Lebensessenz, die uns durch unser Leben führt.

Wenden Sie sich in Ihren Gebeten an sie und ich bin mir ziemlich sicher, dass Sie bald erhört werden. Das wünsche ich Ihnen von ganzem Herzen!

Nur die Übung macht den Meister, deshalb seien Sie fleißig und üben Sie!
Werden Sie selbst der Meister Ihres Glücks!

Geben sie nicht auf!
Die Geschichte von zwei Fröschen

Auf dem Bauernhof stand ein Eimer. Zwei Frösche kamen vorbei und waren neugierig, was da wohl im Eimer sei. Also sprangen sie mit einem großen Satz in den Eimer.

Es stellte sich heraus, dass das keine so gute Idee war, denn der Eimer war halb gefüllt mit Milch. Da schwammen die Frösche nun in der Milch, konnten aber nicht mehr aus dem Eimer springen, da die Wände zu hoch und zu glatt waren.

Der Tod war ihnen sicher.

Der eine der beiden Frösche war verzweifelt. „Wir müssen sterben", jammerte er, „hier kommen wir nie wieder heraus." Und er hörte mit dem Schwimmen auf, da alles ja doch keinen Sinn mehr habe.

Der Frosch ertrank in der Milch. Der andere Frosch aber sagte sich: „Ich gebe zu, die Sache sieht nicht gut aus. Aber aufgeben werde ich deshalb noch lange nicht. Ich bin ein guter Schwimmer! Ich schwimme, solange ich kann."

Und so stieß der Frosch kräftig mit seinen Hinterbeinen und schwamm im Eimer herum. Immer weiter. Er schwamm und schwamm und schwamm. Und wenn er müde wurde, munterte er sich selbst immer wieder auf. Tapfer schwamm er immer weiter. Und irgendwann spürte er an seinen Füßen eine feste Masse. Ja tatsächlich – da war keine Milch mehr unter ihm, sondern eine feste Masse. Durch das Treten hatte er die Milch zu Butter geschlagen! Nun konnte er aus dem Eimer in die Freiheit springen.

Nach Aesop, griechischer Dichter

Es lohnt sich also, dranzubleiben und nicht aufzugeben. Geben wir auf, gehen wir unter!

Also lassen Sie uns weiterschwimmen, bis der Boden unter unseren Füßen wieder fest wird und wir in die Freiheit springen können!

Sie brauchen viel Geduld

„Wenn man eine Eiche pflanzt, darf man nicht die Hoffnung hegen, bald in ihrem Schatten zu ruhen."
ANTOINE DE SAINT-EXUPÉRY, AUTOR

Mit dem Thema Geduld haben die meisten von uns so ihre Schwierigkeiten.
Wir wollen immer alles und das am besten sofort. Ich kann mich gut daran erinnern, dass ich selbst zu Beginn meines Weges sehr ungeduldig war, deshalb möchte ich Sie darauf vorbereiten und motivieren, nicht gleich das Handtuch zu werfen, wenn es mal hakt und nicht gleich alles von heute auf morgen läuft.

Natürlich ist es verständlich, dass jeder gern den Turbogang einlegen würde, um sich von dem Schleier der schmerzhaften Vergangenheit zu befreien und sich endlich wohlzufühlen. Was ich beobachtet habe, ist aber, dass man kaum Einfluss darauf hat, in welcher Geschwindigkeit sich die Prozesse entwickeln. Manchmal ist es wichtig, an einer Stelle länger zu verweilen, um etwas noch mal oder ausgiebiger zu fühlen. Und auch, wenn das schmerzhaft sein kann, so gehört es oft dazu. Unsere Seele sorgt dafür, dass wir uns in einem angemessenen Rhythmus emotional entwickeln.

Ein Baby kann ja auch nicht sofort laufen, sondern muss zunächst eine gute Motorik entwickeln, um die ersten Schritte gehen zu können. Und selbst dann fällt es noch hin und wieder um, strauchelt oder stolpert. Ähnlich verhält es sich mit unserer seelischen Entwicklung. Auch wir werden immer mal wieder hinfallen, wichtig ist nur, aufzustehen und weiterzugehen.

Man könnte die seelische Entwicklung auch mit dem Bildungsweg vergleichen. Niemand würde auf die Idee kommen, ein Kleinkind in eine Universität zu setzen, damit es dort seinen Doktor machen kann. Bildung erfolgt auch Schritt für Schritt. Und für die meisten ist es nicht möglich, mal eben eine Klasse zu überspringen. Natürlich gibt es Ausnahmen, hochbegabte Menschen, auch in Bezug auf eine hochentwickelte Seele – wie zum Beispiel den Dalai Lama.

Alle anderen müssen ihren Weg langsamer – Station für Station – gehen, um ihre Lernprozesse kontinuierlich zu erleben und Erfahrungen zu sammeln. Nur so können wir wachsen und uns entsprechend unseres Seelenplans entwickeln.

Hildegard von Bingen sagte, dass die Geduld und Gelassenheit die besten, stärksten, aber auch die billigsten Heil- und Beruhigungsmittel sind. Das Umlernen und Auflösen alter Strukturen benötigt einfach Zeit, und da wir keinen Einfluss auf die Geschwindigkeit haben, ist es viel besser, sich damit abzufinden und uns in Geduld zu üben. Vertrauen Sie darauf, dass Sie bekommen werden, was Sie sich von Herzen wünschen.

„Das beste Gebet ist Geduld."
BUDDHA

Selbstdisziplin und Fleiß zahlen sich aus

„Das Wort Disziplin bedeutet lernen, nicht kontrollieren, unterwerfen, nachahmen und anpassen."
JIDDU KRISHNAMURTI, INDISCHER PHILOSOPH UND SPIRITUELLER LEHRER

Viele wollen es gar nicht glauben, aber Disziplin und Fleiß sind die zwei Haupteigenschaften, die uns den Weg zu innerer Schönheit und zum Lebensglück ebnen! „Übung macht den Meister", heißt es im Volksmund. Disziplin ist der Schlüssel zum Glück, und glauben Sie mir: Die meisten Menschen scheitern im Leben nicht, weil sie zu untalentiert sind oder weil ihnen irgendetwas fehlt. Nein, sie scheitern, weil sie nicht diszipliniert genug hinter ihren Vorhaben stehen. Wie vieles andere ist auch Disziplin Übungssache. Leider wurde sie uns in der Schule regelrecht aufgezwungen, was den Umgang damit erschwert.

Vielleicht hilft es Ihnen, sich immer wieder zu vergegenwärtigen, dass es nun nicht mehr darum geht, es den Eltern oder irgendeinem Lehrer recht zu machen, sondern es geht um Sie. Und glauben Sie mir: Disziplin kann richtig Spaß bereiten. Sie bringt uns in den Flow. Sie stärkt unser Selbstbewusstsein und unser Selbstvertrauen.

Lernschritte diszipliniert zu üben und zu wiederholen führt dazu, dass sich der Stoff in unserem Langzeitgedächtnis und in den energetischen Körperzellen festsetzt und nachhaltig abrufbar bleibt. Außerdem – und das ist etwas, was besonders Schriftsteller bestätigen können – wenn wir uns jeden Tag diszipliniert an unsere Aufgabe setzen, belohnen uns die Götter mit Inspiration. Sie kommt nicht, wenn wir darauf warten, sondern sie kommt, wenn wir uns ihr entgegenbewegen und durch Disziplin unsere Absicht bekräftigen.

Sie sind nicht alleine! Die Geschichte von Taizé

Es gibt eine kleine, überlieferte Geschichte, die Ihnen helfen soll, auch an dunklen Tagen den Mut nicht zu verlieren. Vertrauen Sie Ihrer Seele und auch darauf, dass Sie ganz bestimmte Aufgaben im Leben haben und dass es genau dieser Weg ist, den Sie gehen sollen.

Die Geschichte von Taizé

Ein Mann hatte nachts einen Traum. Er träumte, dass er mit Gott am Strand spazieren ginge. Am Himmel zogen Szenen aus seinem Leben vorbei. Und für jede Szene aus seinem Leben waren Spuren im Sand zu sehen. Als er auf die Fußspuren im Sand zurückblickte, sah er, dass manchmal zwei Spuren und manchmal nur eine Spur da waren.

Er bemerkte weiter, dass sich zu Zeiten größerer Not und Trauer nur eine Spur zeigte. Deshalb fragte er den Herrn: „Herr, ich habe bemerkt, dass zu den traurigen Zeiten meines Lebens nur eine Spur zu sehen ist. Du hast aber versprochen, stets bei mir zu sein. Ich verstehe nicht, warum du mich da, wo ich dich am nötigsten brauchte, allein gelassen hast".

Da antwortete der Herr: „Mein lieber Freund, ich liebe dich und würde dich niemals verlassen. In den Tagen, in denen du am meisten gelitten und mich am nötigsten gebraucht hast, da habe ich dich getragen.

Dankbarkeit und die Dankbarkeitsliste

„Wer dankbar auf sein Leben blickt, der wird einverstanden sein mit dem, was ihm widerfahren ist. Er hört auf, gegen sich und sein Schicksal zu rebellieren. Geh mit dem Engel der Dankbarkeit durch diesen Tag. Du wirst sehen, wie du alles in einem andern Licht erkennst. Du wirst erfahren, wie dein Leben einen neuen Geschmack bekommt."
Anselm Grün, Benediktinerpater, geistlicher Berater, Autor spiritueller Bücher

Dankbarkeit ist eine der stärksten Energien im Universum. Sie ist die Essenz allen mentalen, geistigen und materiellen Reichtums und der Fülle. Sie bringt uns in Harmonie mit der Unendlichkeit und in Verbindung mit den schöpferischen Kräften des Universums. Durch sie werden wir zu einem spirituellen Magneten und ziehen Reichtum und Fülle an.

Darum sollten wir lernen, uns gerade auch für das kleine Glück zu bedanken. Das kann eine winzige Freude sein, die wir erfahren durften, eine schöne Blume, ein Lächeln, ein Sonnenuntergang, ein Kuss, eine liebevolle Umarmung, ein Duft, der Sternenhimmel oder ein Regenschauer, ein schöner Spaziergang in der Natur, schöne Musik, ein warmer Tee, eine kuschelige Decke, ein warmes Bad mit angenehmen Düften, Kerzenschein, liebevolle Menschen um uns herum, schönes Licht, die Tier- und Pflanzenwelt. All das sind wundervolle Geschenke, die das Leben jeden Tag für uns bereithält.

Vieles übersehen wir, weil wir gewohnt sind, durch das Leben zu hetzen. Dabei ist es so wichtig, innezuhalten und achtsam zu sein. Denn wenn wir lernen, die kleinen Dinge zu schätzen und für sie dankbar zu sein, werden sie sich automatisch vermehren.

Seien Sie konkret! Schreiben Sie auf, wofür Sie in Ihrem Leben dankbar sind. Schreiben Sie insbesondere die Kleinigkeiten auf und nennen Sie es „Meine Dankbarkeitsliste."

Erstaunlicherweise fällt es den meisten Menschen sehr schwer, solch eine Liste zu erstellen, weil sie im Laufe des Lebens dem halbleeren Glas mehr Bedeutung gegeben haben als dem halbvollen.

Versuchen Sie sich trotzdem zu überwinden und schreiben Sie diese Liste am besten an einem Tag, an dem Sie in guter Stimmung sind. Diese Liste können Sie dann an schlechten Tagen lesen. Sie werden überrascht sein, wie sich Ihr Fokus verändert, wenn Sie plötzlich nicht alles nur schwarzsehen, sondern erkennen, wie reich Sie in Wahrheit sind.

Sind wir für die kleinen Dinge dankbar, können wir vielleicht Größeres erfahren.

Wir haben so unendlich viele Gründe, dem Leben „Danke" zu sagen. Wir leben in einem Land, in dem jeder zu essen und zu trinken, jeder ein Dach über dem Kopf hat, wo jeder sich kleiden kann, wie er mag. Niemand muss im Winter frieren, fast jeder fährt ein Auto, selbst die meisten Menschen, die arbeitslos sind, können sich einen Urlaub leisten. Wir leben in einem wirtschaftlich hochentwickelten Land, vieles steht uns zur Verfügung, was manche Menschen nicht daran hindert, ständig zu meckern. Statt dankbar zu sein, vergleichen sie sich mit anderen und produzieren so ein stetes Mangelgefühl.

Es gibt einen wunderbaren Satz von Johannes Chrysostomos, christlicher Prediger und Erzbischof von Konstantinopel, der die Thematik genau auf den Punkt bringt:

„Ein reicher Mensch ist nicht der, der am meisten hat, sondern der, der am wenigsten braucht, und arm ist nicht, wer wenig hat, sondern wer viel begehrt."

Hier ein paar Anregungen, für die es sich lohnt, dankbar zu sein:

Danke, dass:
- mir so viel im Leben gelungen ist
- ich lieben kann oder konnte

- ich meine Kindheit überlebt habe und keine schweren Schäden davongetragen habe
- ich so viele Möglichkeiten habe, dass ich manchmal gar nicht weiß, was ich als Erstes nehmen soll
- ich mich seelisch und geistig entwickeln kann und mir dafür alle Mittel zu Verfügung stehen
- ich mich über alles, was ich wissen will, informieren kann
- ich Freunde habe oder liebe Bekannte
- ich lernen kann
- ich sehen, sprechen, hören, riechen, fühlen, verstehen, mich bewegen kann
- ich lesen und schreiben kann
- ich satt bin
- ich mir alles zu essen und zu trinken kaufen kann
- ich in einer Wohnung leben darf, in der es warm ist
- ich in einem Bett unter einer warmen Decke schlafen darf
- ich mich jeden Tag waschen und mir saubere Kleidung anziehen kann
- die sanitären Einrichtungen auf einem angenehmen Niveau sind
- ich in einem Land leben darf, in dem ich gut versorgt werde, in dem die Menschen würdevoll behandelt werden
- das Gesundheitswesen so entwickelt ist, dass ich im Notfall gut versorgt werde und ich zu jeder Zeit jeden Fachmann aufsuchen kann
- mir alle Arzneien zur Verfügung stehen
- ich ein Auto besitzen darf
- ich die Möglichkeit habe, mich von A nach B mit anderen Verkehrsmitteln zu bewegen und ich es mir leisten kann
- ich gesunde Kinder habe, die sehen, sprechen, hören, riechen, fühlen, verstehen, sich bewegen können
- meine Kinder in den Kindergarten und in die Schule gehen können
- das Bildungssystem so viel zu bieten hat
- ich Familie habe
- ich einen Job habe
- ich als Arbeitsloser das Nötigste zum Leben habe
- ich einen Partner, eine Partnerin habe

Wenn Sie eine Frau sind, danken Sie dafür, dass:

- Sie in diesem Land leben, in dem Frauen würdevolle Rechte haben
- Sie schwanger sein und Kinder gebären können

Diese Liste könnte endlos sein, und wenn Sie sich schon vergleichen müssen, dann vergleichen Sie sich bitte mit denen, die weniger haben als Sie. Mit Menschen, die in der Dritten Welt leben und keinen Zugang zu all diesen unseren Selbstverständlichkeiten haben.

Lernen Sie, Ihre Dankbarkeit jeden Tag zu feiern, und Sie werden das Glück in Ihr Leben einladen. Das ist auch ein universelles Gesetz.

Liebe deinen Nächsten wie dich selbst!

„Lerne, diejenigen zu lieben, die dir nicht ähnlich sind, die anders erscheinen, deiner eigenen Kultur und deiner eigenen Geschichte fremd. Sie sind die anderen Spiegel deines Selbst. Ohne sie hast du nur ein unvollständiges Bild vom Glück, hast du dich nicht wirklich mit dir selbst versöhnt."

Drupka Rinpoche, buddhistischer Mönch und Gelehrter

Den Fluss der Energien im Leben kann man mit dem Bumerang-Prinzip vergleichen. Alles, aber absolut alles, was wir aussenden, ob gesagt, getan oder gedacht, bekommen wir mit absoluter Sicherheit zurück, früher oder später, in diesem Leben oder spätestens im nächsten.

Darum: Handeln Sie lieber fair, und falls Ihnen das nicht immer gelingen sollte, dann bereuen Sie es, entschuldigen Sie sich dafür, machen Sie es wieder gut, soweit es geht, und werden Sie sich vor allem Ihrer Taten, Ihrer Worte und Ihres Denkens ganz bewusst.

Wir alle machen Fehler oder, anders ausgedrückt, Erfahrungen. Und vielleicht sind das nicht immer gute Erfahrungen. Jeder kommt mal in eine Situation, in der er sich nicht richtig verhält, weil er in diesem Moment unbewusst war. Wichtig ist, aus diesen Erfahrungen zu lernen, statt sie herunterzuspielen. Ansonsten laufen wir Gefahr, dass sich die Negativität, die wir ausgesendet haben, irgendwann, in irgendeiner Form auf unsere drei Säulen auswirkt.

Sinnvoll ist es auch, sich immer, wenn man einem negativen Erlebnis ausgesetzt ist, zu fragen: Könnte es sein, dass das jetzt gerade der Bumerang für etwas ist, das ich ausgesendet habe? Sozusagen die Revanche? Habe ich das vielleicht doch verdient? Habe ich mir diese Energien selbst auf mein Seelenkonto eingezahlt?

Manchmal werden wir vom Leben auf die Probe gestellt. Dann begegnen wir vielleicht Menschen, die uns scheinbar vom Weg abbringen oder uns auf unsere Schwächen und Ängste aufmerksam machen. Das ist nicht gerade angenehm und oft gehen wir mit diesen Menschen nicht gerade liebevoll um. Manchmal zeigen uns andere auch, wie wir nicht sein wollen. Trotzdem ist es wichtig, sie so sein zu lassen, wie sie sind.

Jeder Mensch hat seine Ecken und Kanten. Sie erinnern sich an die Geschichte mit den Kartoffeln? Es ist müßig und völlig sinnlos, darauf zu reagieren oder andere zu beschuldigen. Menschen, die immer nur auf die anderen schauen, über sie lästern und sie kritisieren, zeigen eigentlich mit ihrem Verhalten, dass sie selbst noch sehr unreif sind und auch nicht bereit sind, etwas an – oder besser – in sich zu verändern. Solche Menschen sind nicht im Frieden mit sich selbst und lenken sich mit ihrem Verhalten von den eigenen Problemen und den eigenen Prozessen ab. Wer über seine Mitmenschen urteilt und ihnen schadet, urteilt über sich und schadet vor allem sich selbst.

Anderen Menschen Liebe und Respekt zu vermitteln, heißt letztendlich, sich selbst zu respektieren und zu lieben.

Lachen, lachen, lachen – Freude ist Ihr bester Therapeut

„Das Lächeln, das du aussendest, kehrt zu dir zurück."
INDISCHES SPRICHWORT

Es ist – rein psychologisch betrachtet – unmöglich, gleichzeitig Spaß und Angst zu haben. Wenn wir entspannt und fröhlich sind, sind es unsere Gedanken auch. Darum ist es so wichtig, Lachen und Freude so oft, wie es geht, in unser Leben zu holen! Auch und gerade dann, wenn es eigentlich nicht viel oder gar nichts zum Lachen gibt.

Wie können Sie das tun?

Ein wichtiger Schritt ist, sich von den Nachrichten, die tagtäglich auf uns einprasseln, abzukoppeln. Niemand zwingt Sie dazu, Nachrichten aus Zeitungen oder Fernsehen zu konsumieren. Die meisten von uns tun es, um sich abzulenken, den Tag ausklingen zu lassen oder um abzuschalten. Wenn Sie aber am Abend viel Negatives aufnehmen, dann tragen Sie diese Energien mit in die Nacht hinein. Das Unterbewusstsein nimmt alles auf und arbeitet mit diesen Energien weiter. Manchmal beeinflusst das, was wir abends gesehen haben, noch unsere Träume oder sogar die Qualität und die Stimmung des nächsten Morgens.

Ich persönlich habe vor vielen Jahren aufgehört, Nachrichten zu sehen, zu hören oder zu lesen, da sie überwiegend nur negativ sind und angstvolle Stimmung verbreiten. Ich entscheide selbst, was ich wissen will und was nicht, und schütze mich damit vor negativen Energien. Es reicht, einmal am Tag kurz zu erfahren, was im Land und in der Welt los ist. Danach kann ich abschalten und mich anderen Dingen widmen. Wer in einer Krise steckt oder ohnehin Schwierigkeiten im Leben hat, sollte darauf verzichten, seinen Zustand mit solchen Bildern noch zu verstärken.

Stattdessen sollte man sich lieber für einen Film entscheiden, der positiv stimmt und zum Lachen animiert. Lachen entspannt und schiebt Negatives zur Seite. Ein tibetischer Mönch sagte mal: „Erst wenn der Mund geöffnet ist, kann man die Pille der Weisheit einwerfen." Und nun überlegen Sie mal, wann der Mund offen ist. Beim Lachen oder beim Grübeln? Beim Lachen, oder wenn Sie ängstlich sind?

Lernen Sie auch, fremde Menschen anzulachen. Sie werden staunen, was zu Ihnen zurückkommt. Lachen ist liebevolle Energie, eine Botschaft, die menschliche Barrieren zum Schmelzen bringt. Wenn wir eine Person anlächeln, wirken wir selbst gleich zugänglicher. Stecken Sie Ihre Mitmenschen mit Ihrem Lächeln an. Das funktioniert. Man macht jemanden eine kleine Freude, indem man ihm zeigt: Ich gehe nicht einfach an dir vorbei, sondern ich sehe dich und ich sende dir gute Energie, ein kleines Lächeln.

Wer kann mich unterstützen? Wie finden Sie den richtigen Lehrer, Meister, Therapeuten, Begleiter?

„Ich brauche keinen Lehrer, der mich beeinflusst,
sondern einen Lehrer, der mich lehrt,
mich nicht beeinflussen zu lassen."
S.R.Yesudian, Yogi

Dieser Weisheit des Yogi Yesudian sollten Sie bei der Auswahl und auch während der Arbeit mit Ihren Lehrern folgen. Die Erkenntnisse, die Sie in diesem Kapitel finden, sind aufgrund meiner eigenen Erfahrungen in den letzten Jahren entstanden, in denen ich selbst Patientin und Klientin war. Vieles habe ich an meinen Lehrern vermisst, einiges hat mich gestört, oft habe ich mich nicht wohlgefühlt, und ich wäre an vielen Stellen damals sehr dankbar gewesen, wenn man mir vorher ein paar Tipps gegeben hätte. Andererseits weiß ich aber auch, dass diese Erfahrungen wichtig für mich waren.

Was Sie hier nachfolgend lesen, spiegelt meine Sicht auf das Thema. Wichtig dabei ist allerdings, dass Sie Ihre eigene Meinung und vor allem Ihr eigenes Gefühl entwickeln und Ihrer inneren Stimme, dem sogenannten Bauchgefühl, vertrauen.

Ein guter Lehrer oder Therapeut darf keine Autoritätsposition beanspruchen. Er darf Sie nicht festhalten und vor allem darf er Sie nicht von sich abhängig machen. Er sollte Sie so akzeptieren, wie Sie sind, als einen gleichwertigen Menschen, Sie ermutigen, Ihre eigene Wahrheit zu finden, Ihre eigene Kraft und Autorität zu erkennen, sich selbst durch Selbstliebe und Selbstannahme zu heilen, und Ihnen dafür die nötige Zeit und den nötigen Raum und Rahmen zur Verfügung zu stellen.

In den Anfängen, wenn man sich schlecht fühlt und emotionales Chaos im System herrscht, weil man in einer Krise steckt, hat man keine klare Sicht auf die Situation und auf sich. Man hängt dann wie in einer Wolke. Die Aufgabe des Lehrers ist es, Ihnen zu helfen, durch diese Wolke auf das Wesentliche zu schauen, Klarheit und freie Sicht zu gewinnen und Sie dabei zu unterstützen, selbst zu erkennen, welche Gründe Sie bewogen haben, jene Gefühle zu erschaffen, die zu dem Leid geführt haben.

Die Aufgabe des Lehrers ist es nicht, Sie zu heilen. Das kann nicht funktionieren und das wäre auch nicht der Sinn. Ein Lehrer oder Therapeut kann Ihnen nur den Raum und den Rahmen schaffen, in dem Heilung aus Ihnen selbst heraus stattfinden kann.

Ein guter Lehrer darf Ihre Gedanken, Gefühle und Aussagen nicht aus seiner eigenen Perspektive oder aus einer rationalen Sichtweise heraus werten, sondern er muss in der Lage sein, zu verstehen, was den Klienten aus seinem Weltbild zu bestimmten Meinungen, Glaubenssätzen und Handlungen bewogen hat.

Er soll für Sie da sein und darf Sie nicht belehren, sondern muss Sie begleiten und unbedingt loslassen und Ihnen „erlauben“ – ja, Sie sogar dazu motivieren, Ihre Schritte alleine zu gehen. Er darf Sie auf gar keinen Fall an sich binden oder von sich abhängig machen.

Er darf nicht werten, sondern sollte sich neutral verhalten, aber mit viel Mitgefühl und Anerkennung für alles, was Sie beschäftigt.

In den Sitzungen sollten stets SIE die wichtigste Person sein.

Ihr Lehrer sollte Ihnen achtsam und mitfühlend zuhören, ohne zu urteilen. Auf keinen Fall sollte er versuchen, die Dinge für Sie in Ordnung zu bringen.

Er sollte schnell Ihre Problematik erkennen und Ihnen Hilfestellungen anbieten, die Sie annehmen können, die für Sie verständlich und greifbar sind.

Versprechungen oder Behauptungen gehören nicht zu einem seriösen Lehrer. Bitte denken Sie an das, was ich schon geschrieben habe, nämlich dass es keinen Heiler, Meister oder Lehrer in der Welt gibt, der Ihr Leid wegzaubern kann. Es ist IHRE Aufgabe, sich damit auseinanderzusetzen, und es ist Ihr Weg. Der Lehrer kann Sie nur unterstützen und begleiten, mehr aber nicht.

Hören Sie vor allem auf Ihr Herz und Ihr Bauchgefühl und entscheiden Sie danach. Diese Regel haben Sie schon kennengelernt: Wenn es sich gut anfühlt, dann ist das der richtige Weg. Wenn Sie bei Ihrem Lehrer ein gutes Gefühl haben und Sie ihm vertrauen können, dann ist er der Richtige für Sie.

Es gibt fast unendlich viele verschiedene Methoden, die auf dem Markt angeboten werden, und deshalb sollten Sie sich genau informieren und natürlich auch den Mut haben, einiges auszuprobieren. Wenn Ihnen eine Methode gefällt, arbeiten Sie mit ihr eine gewisse Zeit, machen Sie dann unbedingt eine Pause, natürlich nach Absprache mit Ihrem Lehrer, und dann wechseln Sie vielleicht zu einer anderen Methode oder kommen nach einer gewissen Zeit wieder zu der gleichen zurück. Ihre innere Stimme wird Ihnen mitteilen, wann der richtige Zeitpunkt dafür ist.

Ihr Lehrer sollte auch sich selbst und dem Klienten gegenüber fair sein. Wenn er feststellt, dass nach mehreren Sitzungen keine positiven Resultate sichtbar werden und sich nichts bewegt hat, ist es Zeit, den Klienten an andere Kollegen weiterzuleiten.

Es ist wichtig, dass Ihr Lehrer genügend Selbsterfahrung besitzt und selbst gut geklärt ist, denn solange er seine eigenen Tiefen nicht erforscht hat, so lange können ihn Klienten aus dem Gleichgewicht bringen, die genau diese Themenbereiche ansprechen. Das würde dazu führen, dass die Prozesse des Klienten negativ beeinflusst werden könnten.

Achten Sie darauf, dass Ihr Lehrer authentisch ist, jemand, der Ihnen ein Vorbild ist, der Ihnen kein unechtes Lebensglück und verschleierte Schönheit vorspielt (Davon gibt es genügend, bitte seien Sie achtsam!). Er sollte Sie mit seinem Dasein, seinem positiven, gesunden, glücklichen Erscheinungsbild und seiner Ausstrahlung überzeugen.

Wenn er selbst das Glück lebt, das Sie anstreben, können Sie an seinem Beispiel lernen.

Achten Sie bei Ihrem Lehrer oder Therapeuten darauf, wie ausgewogen seine drei Säulen sind. Spüren Sie nach, ob er sich in einer natürlichen und angenehmen Balance befindet.

Auch der Raum, in dem die Sitzung stattfindet, sollte für Sie angenehm sein. Aktivieren Sie gleich zu Beginn alle Ihre Sinne. Fragen Sie sich selbst, ob Sie sich in diesem Raum wohlfühlen können und ob der Raum den Rahmen für Ihre emotionale Öffnung bieten kann.

Ich bin gern zu Therapeuten gegangen, die mir empfohlen wurden, aber natürlich von Menschen, zu denen ich Vertrauen hatte. Das Wichtigste bei Ihrer Entscheidung ist IHR eigenes Gefühl. Wenn wir wirklich achtsam sind und auf die Botschaften des Lebens hören, kann es möglich sein, dass Sie auf jemanden durch einen Bericht in der Fachpresse oder im TV aufmerksam werden. Oder Sie sind bei einem Gespräch dabei, in dem über jemanden gesprochen wird, der gute therapeutische Arbeit geleistet hat oder Ähnliches.

Vertrauen Sie Ihrem Herzen und es wird Sie bestimmt zum richtigen Zeitpunkt zu der Person führen, die Sie gerade brauchen und die Sie auffangen kann.

Ich wünsche Ihnen viel Glück bei der Auswahl Ihres Lehrers oder Therapeuten!

Die Zusammenfassung der Qualitäten Ihres Lehrers:

- *Vertrauenswürdigkeit*: Vertrauen ist das Wichtigste, was Sie zu Ihrem Lehrer haben sollten.
- *Respekt:* Ihr Lehrer respektiert Sie und lässt Sie so, wie Sie sind, und versucht nicht, Sie nach seinen Vorstellungen zu ändern.
- *Empathie – Einfühlungsvermögen:* Ihr Lehrer muss die Fähigkeit besitzen, sich in Ihre Gedanken, Gefühle und Ihr Weltbild hineinzuversetzen.
- *Mitgefühl, aber kein Mitleid:* Ihr Lehrer fühlt mit Ihnen und kann sich in Ihre Situation einfühlen. Wenn er aber anfängt, mit Ihnen zu leiden, kann er Ihnen nicht helfen! Achten Sie bitte darauf! Außerdem ist das ein Hinweis darauf, dass er seine eigenen Wunden noch nicht geheilt hat, und Ihr Prozess kann durch seine Gefühle negativ beeinflusst werden.
- *Geduld:* Er soll Ihnen für alles die Zeit geben, die Sie brauchen – für Ihr Verstehen der Situation und Ihre „Geschwindigkeit" der Entwicklung.
- *Kompetenz:* Kompetenz hängt mit dem Vertrauen eng zusammen. Ihr Lehrer sollte mit seiner Kompetenz Ihren Vorstellungen und Wünschen entsprechen.
- Er sollte ein guter Zuhörer sein.
- *Achtsamkeit:* Er kann sich voll und ganz auf Sie einstellen und ist während der Sitzung die ganze Zeit bei Ihnen und fängt Sie immer auf.
- *Gelassenheit:* Er sollte immer die innere Ruhe bewahren und die Fähigkeit haben, in schwierigen Situationen Haltung zu bewahren.
- *Verständnis:* In jeder Situation sollte er Ihnen mit Verständnis begegnen.
- *Offenheit:* Er sollte für alles offen sein, ohne zu werten.
- *Humor:* Die Ausgangslage ist eh schon von schweren Gefühlen belastet, deshalb ist es sehr angenehm, wenn der Lehrer nicht zusätzlich dramatisiert, sondern die Situation mit seinem Humor etwas auflockern kann, ohne dass es auf Sie ironisch wirkt.

- *Freundlichkeit*
- *Liebenswürdigkeit, Zuwendung*
- *Herzlichkeit*
- *Akzeptanz:* Er soll Sie so akzeptieren, wie Sie sind, und nicht versuchen, Sie zu verändern oder zu manipulieren.
- Er sollte keine Ratschläge geben, sondern Ihnen Möglichkeiten aufzeigen, aus denen Sie selbst wählen. Er sollte Ihnen die Möglichkeit geben und Sie dabei unterstützen, selbst zu entscheiden.
- *Freiheit:* Er sollte Sie unbedingt frei entscheiden lassen.

Das letzte Wort in diesem Kapitel gebe ich dem wunderbaren Autor Khalil Gibran aus dem Buch „Der Prophet":

> *„Der Lehrmeister, der von seinen Jüngern umgeben im Schatten des Tempels wandelt, gibt nicht von seiner Weisheit, sondern von seinem Glauben und der Fülle seiner Liebe.*
>
> *Ist er tatsächlich weise, lädt er euch nicht in das Haus seiner Weisheit ein, sondern führt euch zur Schwelle eures eigenen Verstands."*

Vergleichen Sie sich nicht! Die Geschichte: „Jeder ist ein besonderes Unikat!“

„Das Vergleichen ist das Ende des Glücks
und der Anfang der Unzufriedenheit.“
Sören Kierkegaard, dänischer Philosoph

Im Buch von Deepak Chopra „Feuer im Herzen“ habe ich eine wunderbare Geschichte gefunden, die uns deutlich macht, dass jeder ein ganz besonderer Schatz ist.

Eines Tages war niemand im Haus eines reichen Mannes und alle seine teuren Besitztümer begannen zu streiten.

„Ich bin das wertvollste Ding hier!“, verkündete ein goldener Ring voller Stolz.

„Nein, stimmt ja gar nicht“, sagte eine goldene Halskette noch stolzer. „Schau, wie fein ich gearbeitet und wie schön ich bin. Kein einfacher Ring kann sich mit mir vergleichen.“

„Ihr habt beide Unrecht“, sagte eine goldene Uhr voller Verachtung.

„Ich bin zehnmal komplizierter gebaut als jede Kette und außerdem bin ich auch noch nützlich.“

Der Streit wurde immer lauter, bis eine alte Standuhr in der Ecke sich einmischte.

„Ihr habt alle Unrecht“, sagte sie.

„Einen Ring kann man nicht mit einer Halskette vergleichen und eine Halskette ist etwas anderes als eine Uhr. Aber ihr seid alle aus demselben reinen Gold gemacht und das macht euch gleich.“

Gott ist wie diese Standuhr. Er sieht in jedem von uns die geistige Ebene, aber wir, wir sehen immer nur die Unterschiede. Wir glauben, unser Aussehen, unsere Worte und unsere Handlungen bestimmen, wer und was wir sind. Deswegen will Gott nur eines: Er will, dass wir unsere Masken fallenlassen. „Sobald du dich so siehst, wie er dich sieht, gibt es nichts, was Gott noch wollen könnte“, so Deepak Chopra.

Sobald wir versuchen, uns mit anderen zu vergleichen, beginnen wir zeitgleich, etwas zu vermissen, und vermitteln unserem Unterbewusstsein: Ich bin nicht gut genug; der eine oder andere ist besser, klüger, schöner, reicher oder spiritueller. Das bedeutet, wie Sie ja nun wissen, dass wir den Mangel, den wir mit unseren Gedanken produzieren, dann auch in unser Leben ziehen.

Jeder Mensch ist ein besonderes Unikat, ein individuelles Schmuckstück, ein Schatz, vollkommen in seiner Schönheit und Einzigartigkeit, und es geht im Leben nur darum, diesen Schatz in sich zu entdecken und zu entfalten.

Ernährung – ein gesunder Geist wohnt in einem gesunden Körper

„Lass das Essen deine Medizin sein und die Medizin deine Nahrung.“
Hippokrates, griechischer Arzt (400 Jahre v. Ch.)

Dieser Lehrsatz von Hippokrates, der immer noch ein guter ärztlicher Rat ist, vermittelt, dass unsere Ernährung und unsere Gesundheit eng zusammenhängen. Das wusste die Menschheit bereits vor über zweitausend Jahren, wahrscheinlich sogar schon früher.

Sich gesund zu ernähren gehört auch zu den Aufgaben, die wir angehen sollten, wenn wir glücklich sein wollen. Denn ein gesunder Geist fühlt sich nur in einem gesunden Körper wohl. Deshalb ist es wichtig, auf allen Ebenen für Harmonie zu sorgen – Körper, Geist und Seele im Einklang.

Die Energie, die in gesunden und vor allem natürlichen Lebensmitteln gespeichert ist, erweitert unser Bewusstsein und schärft unsere Konzentration, die uns wiederum bei verschiedenen Prozessen unterstützt.

Auch ich habe mir dieses Thema sehr zu Herzen genommen. Als mein Immunsystem vor einigen Jahren fast jede Nahrung ablehnte und ich sehr krank wurde, habe ich angefangen, mich mit dem Thema sehr intensiv zu beschäftigen, mir ein umfangreiches Grundwissen anzueignen sowie viele gute Tipps von Fachleuten zu sammeln.

In diesem Kapitel möchte ich Ihnen nur ein paar Informationen zusammenstellen, die Ihnen vielleicht helfen, sich neuen Gedanken über Ihre Ernährung zu öffnen.

In unserer modernen Welt beschäftigen sich nicht nur Forscher und Wissenschaftler mit gesunder Ernährung, es gibt auch jede Menge an Fachliteratur auf diesem Gebiet. Die heutige Medizin ist so hoch entwickelt wie wahrscheinlich noch nie zuvor, und trotzdem zeigen die Statistiken, dass es noch nie so viele kranke Menschen in den zivilisierten Ländern gab wie heutzutage. Es ist bekannt, dass die Menschen insgesamt älter werden, aber keinesfalls gesünder sind als vorherige Generationen, und das, obwohl wir im materiellen Reichtum leben. Noch nie waren so viele Menschen arm an Körper und Seele.

Eine sehr interessante Aussage dazu wurde auf einer alten, ägyptischen Papyrusrolle gefunden. Der Text besagt, dass der Körper nur von einem Viertel dessen, was wir essen, leben kann, und von den anderen drei Vierteln leben die Ärzte. Was für eine traurige Tatsache, die heute noch mehr Gewicht hat als damals, weil sich das Verhältnis sicher noch weiter zu Gunsten der Ärzte verschoben hat.

Das Problem liegt darin, dass der Mensch nicht mehr im Einklang mit der Natur lebt. Er isst kaum noch natürliche Produkte, obwohl die Gesetze der gesunden Ernährung immer noch dieselben sind wie vor Jahrtausenden. Wir haben uns daran gewöhnt, dass alles süß, lecker, gekocht und warm sein muss. Wir essen zu viel gekochte Speisen und zu viel tierisches Eiweiß, das zu dauerhaften Vergiftungen, zu Fäulnis und Gärung im Verdauungssystem führt. Wir lassen uns oft nur vom Aussehen und Geschmack leiten, ohne zu wissen, was in den Lebensmitteln steckt, was genau die Ingredienzien bedeuten. Die moderne Ernährung muss heutzutage kalorienreich sein, damit der Mensch schnell satt wird. Sie muss schnell zubereitet sein, da die heutige Gesellschaft wenig Zeit hat. Und dann muss auch noch schnell gegessen werden, da ein Termin den nächsten jagt und kein Raum für Genuss mehr bleibt. Zum Ausgleich nehmen viele Menschen Nahrungsergänzungsmittel, die allerdings chemisch und synthetisch hergestellt werden und ihre Aufgabe nicht so erfüllen, wie es versprochen wird. Sie können eine gesunde und natürliche Ernährung nicht ersetzen oder „ergänzen".

Die Natur hat uns mit Gesundheit beschenkt, und das Einzige, was sie dafür haben wollte, war, nach ihren Gesetzen zu leben. Aber leider hat der Mensch viel verändert und das Natürliche manipuliert. Der Körper kann aber nun mal nur mit den Substanzen gut umgehen, die in der Natur vorkommen. Nur sie werden optimal aufgenommen, verstoffwechselt und verdaut – mit allem anderen, was wir zu uns nehmen, muss der Körper kämpfen.

Darum ist es wichtig, auf eine vollwertige und natürliche Nahrung zu achten, die frei von Geschmacksverstärkern, künstlichen Aromen, Pestiziden und anderen chemischen oder synthetischen Substanzen ist.

Unser Körper ist ein Wunderwerk der Natur und arbeitet ununterbrochen auf Hochtouren. Die meisten Geräte, Motoren oder Maschinen hätten wahrscheinlich längst aufgehört zu funktionieren. Allein wenn man sich überlegt, wie viel Nahrung und Flüssigkeit täglich durch den Verdauungstrakt und die Nieren transportiert werden, wird schon deutlich, dass es gut wäre, wenn die Qualität dieser Menge hochwertig ist.

Hier ein paar Zahlen:

- Wenn man ein Kilogramm Nahrung pro Tag zu sich nimmt, ergibt das, wenn man 75 Jahre lebt, eine Menge von 27 Tonnen.
- Trinkt man zwei Liter Flüssigkeit pro Tag, dann sind das in 75 Jahren gut 54.750 Liter.

Diese Mengen muss unser Körper verarbeiten und er tut sich sehr schwer damit, wenn die Qualität der Nahrung und der Getränke nicht natürlich, sondern verändert ist.

Von großer Bedeutung für unseren Körper ist es auch, regelmäßig für Entgiftung, Entschlackung und Entsäuerung zu sorgen, da Schlacken und Ablagerungen die Ursache für viele Krankheiten sind. Es ist wichtig zu wissen, dass Entgiftung auf der körperlichen Ebene die „Entgiftung" auf der seelischen Ebene beschleunigt. Das kann Sie vielleicht motivieren!

Während einer Weiterbildung zum Thema Entsäuerung, Entgiftung, Entschlackung wurde über eine Studie berichtet, die deutlich darstellt, wie der Zustand unserer Gesundheit durch Schlacken, Gifte und Säuren beansprucht werden kann:

Man hat in Westeuropa 1.000 Menschen untersucht – Frauen, Männer in allen Altersgruppen und Kinder. Das Ergebnis war schockierend. Von diesen 1.000 Menschen waren nur 5 Prozent ganz gesund. Berücksichtigt wurden bei der Untersuchung auch Karies, Akne, Nagelpilz, Sodbrennen, Übersäuerung, Unfruchtbarkeit, also Beschwerden, die man eigentlich nicht automatisch als Krankheit bezeichnet.

Die gleiche Studie hat man in Asien durchgeführt und hier war das Ergebnis verblüffend.

Von 1.000 Menschen waren nur 5 Prozent krank. Die restlichen 95 Prozent waren gesund.

Ihnen fehlte nichts. Wie kommt das? Es liegt daran, dass im asiatischen Raum viel mehr als bei uns darauf geachtet wird, überwiegend natürliche Produkte zu sich zu nehmen.

Die Asiaten leben einfach viel bewusster.

Die Ernährung hat auch einen enormen Einfluss auf unser äußerliches Bild.

Jeder möchte jünger aussehen, aber da unsere Ernährung oft so unnatürlich und damit mangelhaft ist, wird der Alterungsprozess dadurch eher beschleunigt.

Diese Alterungsprozesse können wir nicht bremsen, wenn wir uns schlecht ernähren, und auch nicht mit moderner Kosmetik oder Schönheitsoperationen vertuschen. Unser Körper kann eben nicht lügen. Jede Falte, jede Verfärbung der Haut, der Zustand des Gewebes spiegeln den Zustand unserer Organe wider. Denn das Altern beginnt im Inneren, wie schon der Götterbote Hermes sagte: „Das, was man außen sieht, kommt von innen aus unserem Körper."

Nahrung ist etwas sehr Wertvolles und nicht immer selbstverständlich. Die Statistiken zeigen, dass jedes Jahr etwa 8,8 Millionen Menschen an Hunger sterben, obwohl es genügend Nahrung auf dieser Welt für alle geben könnte. In der westlichen Welt fehlt die Wertschätzung für die Nahrung, die im Übrigen auch ein wichtiger Aspekt auf dem Weg zu mehr Lebensglück ist. Wenn man sich selbst liebt und wertschätzt, ist man in der Lage, auch dem Körper nur gute und gesunde Nahrungsmittel zuzuführen und sich für das Essen auch die nötige Zeit zu nehmen.

Seien Sie bewusst im Umgang mit der Nahrung und sie wird Ihnen eine gute Unterstützung sein.

Dieses Essen ist ein Geschenk des ganzen Universums, des Himmels, der Erde und vieler harter Arbeit.

Mögen wir so leben, dass wir würdig sind, dies zu empfangen.

Mögen wir unsere unheilsamen Geisteszustände überwinden, insbesondere Verlangen und Aversion.

Mögen wir nur Nahrung zu uns nehmen, die uns ernährt und vor Krankheit schützt.

Wir nehmen dieses Essen an, um den Weg des Verstehens und der Liebe zu gehen.

Klassisches ZEN-Essensgebet – hier von Thich Nhat Hanh, buddhistischer Mönch, Schriftsteller und Lyriker

Das Schlusswort

„Das Märchen von der größten Kraft des Universums"

Es ist häufig ein langer Weg, bis sich die wahre Schönheit entwickelt und das Lebensglück sich einstellen kann, vergleichbar mit einer Blume, die sehr viel Liebe, Geduld und Zeit braucht, um ihre ganze Pracht zum Ausdruck zu bringen.

Wahre Schönheit und Lebensglück bedeuten für jeden etwas anderes, doch ich glaube, jeder Mensch möchte sich wohlfühlen und in allen seinen Lebensbereichen glücklich sein, jeder auf seine Art und Weise. Wie Sie erfahren haben, ist es möglich, in diesen Genuss zu kommen.

Das Lebensglück wird sich einstellen, je mehr Sie bei sich angekommen sind, je intensiver Sie auf Ihre Seele (das Bauchgefühl) hören und ihr vertrauen, je liebevoller Sie mit sich selbst umgehen und je besser Sie für sich auf allen Ebenen – Körper, Geist und Seele – sorgen.

Ein Mensch, der erkennt, was gerade ist, der achtsam und bewusst ist, die Verantwortung für alles übernimmt, was er selbst erschaffen hat, Vertrauen und Glaube an sich und das Leben hat, der das Alte loslassen lernt, auf sein Herz hört, sich selbst und seinen Tätern verzeiht und sich all seinen Prozessen stellt, bei dem heilen die emotionalen Wunden und der findet früher oder später den Weg zu wahrer Schönheit und zum Lebensglück.

SIE sind die einzige Person, die für Ihr Wohlbefinden verantwortlich ist, unabhängig davon, wie Ihre Vergangenheit war. Es gibt niemanden und auch keine

„Happy-Pille", die uns unser Leid und unsere Dramen abnehmen können. Auch kein Arzt, Therapeut oder Heiler ist dazu in der Lage. Es gehört viel dazu, diesen Weg zu gehen: Fleiß, Geduld, Zeit, Stille, Ruhe, Alleinsein, Gebete, Ausdauer und einfach viel Disziplin. Ich möchte Sie motivieren und Ihnen sagen, dass es viele Menschen gibt, die es geschafft haben, auch wenn es bei manch einem einige Jahre gedauert hat. Aber so ist doch das Leben – mit allen Höhen und Tiefen, die dazugehören und an denen wir wachsen dürfen.

Die meisten Menschen verfügen über die nötige Kraft, all die selbsterschaffenen Gefühle und damit ihre Vergangenheit zu verändern. Den meisten von ihnen ist es nur nicht bekannt, dass der wirkliche Reichtum des Lebens in den Tiefen des menschlichen Bewusstseins verborgen und vergraben ist. Die edelsten Dinge dieser Welt finden sich in uns selbst, wie in einer Schatzkammer, in der Tiefe unseres Unbewussten: grenzenlose Weisheit, unendliche Intelligenz, unbegrenzte Kraft sowie alle Wunder und Herrlichkeiten der göttlichen Gegenwart.

„Das Märchen von der größten Kraft des Universums" bringt diese Essenz sehr klar zum Ausdruck:

> *Ein altes Märchen erzählt von den Göttern, die zu entscheiden hatten, wo sie die größte Kraft des Universums verstecken sollten, damit sie der Mensch nicht finden könne, bevor er dazu reif sei, sie verantwortungsbewusst zu gebrauchen.*
>
> *Ein Gott schlug vor, sie auf der Spitze des höchsten Berges zu verstecken. Aber sie erkannten, dass der Mensch den höchsten Berg besteigen kann und die größte Kraft des Universums finden würde, bevor er dazu reif sei.*
>
> *Ein anderer Gott sagte: „Lass uns diese Kraft auf dem Grund des Meeres verstecken."*
>
> *Aber wieder erkannten sie, dass der Mensch auch diese Region erforschen und die größte Kraft des Universums finden würde, bevor er reif sei.*

Schließlich sagte der weiseste Gott: „Ich weiß, was zu tun ist. Lass uns die größte Kraft des Universums im Menschen selbst verstecken. Er wird dort niemals danach suchen, bevor er reif genug ist, den Weg nach innen zu gehen.“

Und so versteckten die Götter die größte Kraft des Universums im Menschen selbst, und dort ist sie noch immer und wartet darauf, dass wir sie in Besitz nehmen und weisen Gebrauch davon machen.

Unbekannter Verfasser

Wir können mit diesen Schätzen nur dann in Berührung kommen, wenn wir uns mit unserem Herzen verbinden, wenn wir es von den alten Verletzungen und der Vergangenheit befreien. Nur dann ist ein Leben in Glück, wahrer Schönheit, Leichtigkeit und Fülle möglich.

Haben Sie den Mut, sich auf diese Reise zu begeben, anders zu sein als die anderen, auch wenn es Konsequenzen für Sie haben wird. Sie sind doch einzigartig und ganz besonders! Und bald werden Sie Gleichgesinnten begegnen und sich die Freude am Leben zurückerobern. Bleiben Sie nicht in Ihren alten Mustern stecken. Entscheiden Sie sich neu, trauen Sie sich auch mal, alte Regeln zu brechen. Beweisen Sie sich selbst, dass Sie es können, und gehen Sie diesen neuen Weg. Gehen Sie aus dem Gewöhnlichen heraus. Trauen Sie sich, denn: „Die höchste Form des Glücks ist ein Leben mit einem gewissen Grad an Andersseins“, so Erasmus von Rotterdam, Theologe und Philosoph.

Es geht in unserem Leben darum, sich selbst und auch andere zu lieben, sich selbst zu respektieren, den richtigen Platz für sich zu finden, einen, an dem man sich wohlfühlt. Und letztendlich geht es darum, zu lernen, dass es richtig und gut ist, dass man geboren wurde und alle Möglichkeiten hat, ein glückliches Leben zu führen.

Ich weiß, dass Sie es können: Ihr eigenes Schicksal in die Hände zu nehmen und das Beste daraus zu machen. Wenn Sie jetzt sagen: „Ja, aber bei mir ist es anders“ oder „Ich bin viel zu wenig“ oder „Ich bin zu klein“, dann nehmen Sie sich selbst die Chance auf ein neues, leichteres Leben.

„Falls du glaubst, dass du zu klein bist, um etwas zu bewirken, dann versuche mal zu schlafen, wenn ein Moskito im Zimmer ist“, sagte der Dalai Lama und motiviert uns mit diesem weisen Satz dazu, unsere wahre Größe zu akzeptieren.

Ganz gleich, wie beschwerlich das Gestern war, Sie können heute von Neuem beginnen!

Man muss sich nur bewusst dazu entschließen, den ersten Schritt gehen, der da heißt: „Ja, ich tue es! Und zwar JETZT!“

Weitere Bücher aus dem Verlag Via Nova:

Spirituelle Impulse zum Glücklichsein

Warum es anders werden muss, damit es besser werden kann

Daniela Jost

Paperback, 336 Seiten, ISBN 978-3-86616-362-1

Abseits von spirituellen Klischees erzählt die Autorin aus ganz persönlicher Erfahrung und Perspektive ihr bewegtes Leben und ihre wunderbaren Entdeckungen auf dem Weg zu sich selbst. Karriere, Kinder, Ehe, Erfolg, tiefe Krisen und Wandlungen, hautnah ist der Leser dabei, im Bann einer schonungslos ehrlichen, authentischen und zugleich herzerfrischend erzählten Geschichte. Weder abgehoben noch oberflächlich zeigt die Autorin, wie das Leben selbst, „der ganz normale Wahnsinn" des Alltags, zum besten Lehrmeister werden kann, wenn man offen bleibt für seine Botschaften. Absolut empfehlenswert für alle, die immer glaubten, mit Spiritualität nichts am Hut zu haben, und entdecken, dass das Leben jeden Moment kleine und große Wunder für jeden von uns bereithält.

Sanftmut

Ein effektiver Weg, Egoismus abzubauen

Ingrid Antons

Paperback, 224 Seiten, ISBN 978-3-86616-360-7

Wenn in unseren Herzen Transformation stattfindet und wenn Qualitäten wie Empathie, Empfindsamkeit, Geduld und Wertschätzung in unser aller Leben mehr Raum bekommen, dann wird sich diese Welt verwandeln, so das Credo dieses Buches. Die Autorin stellt dar, wie Sanftmut als gestaltende Kraft und wahrhaftige Stärke mit Zukunft krankhaften Egoismus überwinden und zu einem neuen Umgang mit sich selbst und im Miteinander führen kann. Das Buch macht deutlich, wie wertvoll Sanftmut für viele Menschen heute schon ist, und zeigt, wie man sich als Sanftmütiger in dieser Welt behaupten kann, ohne seine innere Haltung aufgeben zu müssen. Es enthält alltagstaugliche Tipps, die helfen, egoistische Verhaltensweisen zu überwinden, sanftmütiger zu werden und neue Werte in die Welt zu bringen.

Die Urkraft der Weiblichkeit

oder weshalb Frauen die besseren Lebenskünstler sind

Jutta Westphalen

Paperback, 320 Seiten, ISBN 978-3-86616-359-1

„Die Welt wird durch die westliche Frau gerettet werden" Dalai Lama

Dieses Buch eröffnet neue Zugänge zu uraltem Frauen-Wissen und ganzheitlichen Heilwegen, die das schöpferische Potential haben, unser persönliches und gesellschaftliches Leben umfassend zu transformieren. Mythologische Geschichten und Visionen, fast vergessene Lehren alter Hochkulturen, wertvolle Seelenbotschaften und Meditationen verweben sich hier zu einem Patchwork weiblicher Weisheit und Kraft - inspirierend, tief berührend, voller Lebensklugheit und praktischem spirituellen Wissen! Dieses faszinierende Herzensbuch einer modernen weisen Medizinfrau zeigt eindrucksvoll, wie wichtig feminine Qualitäten sind, um uns wieder in Balance zu bringen. Eine Einladung – nicht nur für Frauen – , die Welt in allen Facetten mit der weiblichen Seele neu zu entdecken!

Glückliche Partnerschaft

Beziehungen in einer neuen Dimension
Chuck Spezzano

Hardcover, 272 Seiten, ISBN 978-3-86616-357-7

Es ist und bleibt Chuck Spezzanos große spirituelle Mission, uns immer wieder neu und immer wieder überraschend an das Essentielle zu erinnern, zugleich unsere Augen und Herzen zu öffnen, für das Göttliche in uns selbst und unseren Beziehungen. Ja, unser Traum von einer wirklich glücklichen, erfüllenden Partnerschaft kann wahr werden, so der weltberühmte Weisheitslehrer in seinem neuen Buch. Möglich, dass wir uns von blendenden Illusionen verabschieden müssen, dafür aber schaffen wir neuen Raum, um das Göttliche in unserem Leben und in unserer Partnerschaft zu begrüßen. Wie wir das Heilige und Heilende in unseren alltäglichen Beziehungen jeden Tag neu entdecken und leben können, zeigt uns Spezzanos neues Meisterwerk der Liebe. Ein beglückender Wegweiser für goldene Zeiten im Miteinander!

Lebensprozesse

Die universellen Gesetze der Gesundheit und Langlebigkeit
Frank Albrecht

Paperback, 240 Seiten, ISBN 978-3-86616-342-3

Ein Leben lang gesund zu bleiben und zugleich den Alterungsprozess zu verlangsamen oder gar aufzuhalten, klingt beinahe zu schön, um wahr zu sein. Doch durch ein vollkommen neues Verständnis der Lebensprozesse und den zugrundeliegenden universellen Lebensgesetzen wird dies für jeden Menschen zu einer ganz realen Möglichkeit, so der Gesundheits-Forscher Frank Albrecht. In diesem Buch vermittelt er eine neue Sichtweise auf die Zusammenhänge von Materie, Energie und Geist, die noch ungeahnte Perspektiven und Chancen für eine nachhaltig gesunde Lebensweise bietet. Bahnbrechendes Wissen über Ernährung, unsere energetische Umgebung und die Bedeutung des Seelenlebens sowie die zahlreichen praktischen Ratschläge könnten Ihr Leben von grundauf verändern, verbessern und sogar verlängern.

Warum lebe ich?

Wie ich meine Lebens-Lernaufgaben erkennen und lösen kann
Matt Galan Abend

Hardcover, 144 Seiten, ISBN 978-3-86616-331-7

Nichts in dieser Schöpfung geschieht zufällig – davon ist der Autor dieses Buches aufgrund Jahrzehnte langer Arbeit mit Menschen zutiefst überzeugt. Seine Botschaft: Hinter allen sich wiederholenden Dramen des Alltags stecken die zentralen Lernaufgaben unseres Lebens. Erst wer sie wirklich erkennt und sich ihnen stellt, erfährt jene Meisterschaft, die zu tiefer Ruhe und Gelassenheit führt. Dieses Buch hilft, seine wahre Lebensaufgabe zu erkennen. Wenn das nicht geschieht, werden wir so lange Leid und Enttäuschungen erfahren, bis sie uns bewusst wird und wir beginnen, sie zu verwirklichen. Wer versteht, dass das Leben sein bester Lehrmeister ist, weiß auch, dass er vom Großen Ganzen stets geführt, geschützt und getragen ist! Und wenn wirklich nichts zufällig geschieht, dann auch nicht, dass Sie jetzt dieses Buch entdeckt haben.

Sein Bewusstsein auf eine höhere Seinsebene bringen

Geführte Meditationen

Werner Vogel

CD, Laufzeit: 70 Minuten, ISBN 978-3-86616-123-8

Die Grundübung aller spirituellen Wege ist die Meditation. Das Ziel der Meditation in allen spirituellen Traditionen ist die Erfahrung eines nicht-dualistischen Bewusstseinszustands. Um in den Zustand des Geistes in der bewussten Erfahrung des „ewigen Hier und Jetzt" zu kommen, bedarf es einer stufenweise aufgebauten Übungspraxis. Geführte Meditationen können helfen, den zerstreuten Geist zu sammeln und auszurichten. Dadurch kommt der Übende zur Ruhe und zur Erfahrung der inneren Stille. Der Geist beruhigt sich und wird klar wie die Oberfläche eines aufgewühlten Sees, auf dessen Grund man sehen kann. Schließlich tritt der Zustand der gesammelten inhaltslosen Wachheit im Geist ein und der Übende wird offen und frei für ein höheres Bewusstsein. In der CD werden 3 Meditationsübungen angeboten, teilweise unterlegt mit meditativer Musik.

WIR!

Ein neuer Geist im Miteinander

Norbert Hörr

Paperback, 160 Seiten, ISBN 978-3-86616-334-8

Wie gelingt im Zusammenleben ein erfreuliches und entspanntes Miteinander? Dieser für viele Menschen so wesentlichen Frage geht dieses Buch nach und untersucht systematisch die Kernbereiche und Ursachen sozialer Störungen und Ängste. Es zeigt uns Wege und Methoden auf, wie wir falsche Denkgewohnheiten ablegen, Ängste überwinden und zu erfüllenden Begegnungen kommen können. Das Buch enthält wertvolles Wissen und inspirierende Anregungen, die geeignet sind, die zwischenmenschlichen Fähigkeiten zu vertiefen und zu erweitern. Am Ende steht eine erhöhte Achtsamkeit sich selbst und seiner Umwelt gegenüber und die Erfahrung eines neuen WIR-Gefühls.

Die Vision vom göttlichen Menschen

Eine spirituelle Weg-Begleitung in das neue Jahrtausend

Barbara Schenkbier

Paperback, 424 Seiten, 21 ganzseitige Bilder, ISBN 978-3-928632-68-3
Prachtband: Geb., 424 Seiten, Einband Kunstleder mit Goldaufdruck,
21 ganzseitige Bilder, Zweifarbendruck, ISBN 978-3-928632-18-8

Das Buch ist ein umfassendes Standardwerk, das den Durchbruch einer neuen Evolutionsstufe im Bewusstsein des Menschen vorbereiten hilft. Aufbauend auf wissenschaftlichen Erkenntnissen und der mystischen Tradition aller Religionen führt es zu einem tieferen Wissen über das menschliche Bewusstsein, um dann den Weg zum göttlichen Menschen zu beleuchten. Alle wichtigen Schritte werden beschrieben, wesentliche Übungen aus einer neuen Sicht heraus dargestellt und die Transformationsstufe zu einem neuen Bewusstsein geschildert. Beim Lesen und Anwenden der beschriebenen Wahrheiten eröffnet sich dem Leser eine neue Sicht auf den Sinn des Lebens. Alle, die den geistigen Weg beschreiten, werden ihn besser verstehen, ihn bewusster, mutiger und konsequenter weitergehen. Das Buch ist aus der eigenen spirituellen Erfahrung der Autorin heraus geschrieben und eröffnet den Blick in eine Zukunft, die die evolutionäre Schöpferkraft selbst schaffen wird.

Indische Heilkunst für Frauen

Konzepte und praktische Anwendungen aus dem Ayurveda
Dr. med. Issac Mathai

Paperback, 336 Seiten, ISBN 978-3-86616-344-7

Erstmals hat einer der berühmtesten Ayurveda-Therapeuten Indiens, Dr. med. Issac Mathai, einen ganzheitlichen Gesundheitsratgeber ganz speziell für Frauen geschrieben. Eine Schatztruhe voll wertvoller Hinweise und praktischer Anregungen, die Frauen einen neuen Umgang vermitteln bei typisch „weiblichen" Beschwerden, wie Menstruationsschmerzen, depressiven Verstimmungen nach der Geburt oder den Wechseljahren. Die einzigartige Kombination aus Ernährung, Naturheilkunde, Ayurveda, Yoga und Homöopathie kann bei fast allen Symptomen und Diagnosen heilsam und unterstützend angewendet sowie zur Vorbeugung und Regeneration gezielt genutzt werden. Geordnet nach den Lebenszyklen ist dieses Gesundheitsbuch ein hilfreicher Wegbegleiter für alle Lebenslagen, den eine Frau immer zur Hand haben sollte!

Darm o.k. – alles o.k.

Die geniale Bauchmassage und weitere Tipps zum Schlankwerden und Wohlbefinden
Maria Köllner

Paperback, 160 Seiten, 40 farbige Fotos, ISBN 978-3-86616-343-0

Hören Sie eigentlich immer auf Ihren Bauch? Falls nicht, dann liefert Ihnen dieser unterhaltsam erzählte, umfassend recherchierte und derzeit vielleicht ungewöhnlichste Darm-Gesundheitsratgeber entscheidende Gründe, jetzt damit zu beginnen. Denn hier kommt das größte Organ des menschlichen Körpers erstmals selbst zu Wort und lässt Sie teilhaben an spannenden Einsichten und Erkenntnissen sowie effektiven Methoden und praktischen Tipps, wie Sie ein ganz neues Bauchgefühl erlangen und ihre Lebensqualität wesentlich steigern können. Zum Beispiel mit der so genialen Bauchselbstmassage! Lassen Sie sich von den vielen wertvollen Anregungen für Ihr Wohlbefinden und Ihre Figur inspirieren und erkennen Sie, wie bedeutsam der Darm für die körperliche und seelische Gesundheit und Vitalität ist.

Vom Segen der Dankbarkeit

Was dich wirklich glücklich macht
Angeles Arrien

Paperback, 240 Seiten, ISBN 978-3-86616-262-4

Dankbare Menschen, so haben Studien ergeben, sind zufriedener, mehr mit sich im Einklang, sie leben länger, spüren mehr Freude, Liebe und Glück. Aber wie wird man dankbar? Angeles Arrien weist einen völlig neuen Weg: Im Einklang mit der Natur, Monat für Monat, nimmt sie den Leser an die Hand und führt ihn – begleitet von Übungen, Meditationen und Praktiken aus den spirituellen Traditionen der Welt – in ein neues Erleben der Wirklichkeit. Ein echtes Arbeitsbuch, ein Buch, mit dem man lernt, Dankbarkeit in alle Bereiche des eigenen Lebens zu bringen – in Beruf und Finanzen, in Beziehungen, in Gesundheit, Ernährung und Spiritualität.